国際政治学

主権国家体制とヨーロッパ政治外交

清水 聡 Shimizu Soh

法律文化社

ヨーロッパ

グリーンランド

アイスランド

スウェーデン フィンランド

ロシア

ノルウェー

エストニア

ラトビア

デンマーク

リトアニア

ロシア

ベラルーシ

アイルランド

イギリス

オランダ

ポーランド

ウクライナ

ドイツ

ベルギー

ルクセンブルク

チェコ スロバキア

モルドバ

リヒテンシュタイン

オーストリア ハンガリー

フランス

スイス

スロベニア

ルーマニア

クロアチア

イタリア

ボスニア セルビア

ヘルツェゴビナ

アンドラ モナコ

サンマリノ

モンテネグロ

ブルガリア

ポルトガル スペイン

バチカン

マケドニア

アルバニア

ギリシャ

トルコ

マルタ

モロッコ アルジェリア チュニジア

はじめに

　本書は，ヨーロッパにおける国家間関係の展開に焦点を当てながら，国際政治の仕組みについて簡潔にまとめた入門書である。国際政治学に関わる《Ｉ. 構造分析》，《Ⅱ. 歴史分析》さらに《Ⅲ. 情勢分析》を通じて，ヨーロッパを中心とした国際政治の展開について，総合的な基礎知識が獲得できるようにまとめられている。

　国際政治の特徴を際立たせるためには，国際政治の起源であるウェストファリア体制，国際政治の古典的な法則としての勢力均衡，近現代を特徴づけた帝国主義や二度の世界大戦，冷戦の展開とヨーロッパ統合，民族紛争と冷戦後世界，あるいはグローバリゼーションとアメリカ政治外交など，複数の課題に取り組むことが求められている。

　また国際政治の構造を把握するためには，ナチズムやスターリニズム（政治学的な視点），ロシア革命や「ベルリンの壁」（歴史学的な視点），民族紛争や移民問題（社会学的な視点），さらには帝国主義やグローバリゼーション（経済学的な視点）など，国際政治全般に関わる多様な視点から検討を試みることが重要である。

　本書はこうした課題に対応することを目的として複数の地域（イギリス，ドイツ，フランス，アメリカ，ロシア（ソ連），さらにユーゴスラヴィアなど）を分析の対象としてまとめられている。

　今日，国際政治の展開は混迷を深めている。２～３年後の展望を描くことはできても，20～30年後の展望を示すことはほぼ不可能である。

　しかし，国際政治には独特の法則がある。それは国際政治に関わる構造や歴史を学ぶことによって到達しうる「感覚」でもある。本書の狙いも，国際政治学がこれまでに残してきた学問的成果を提示し，その分析を通じて独自の視座をまとめていくことにある。本書の各部分に示された国際政治学者の見解や，巻末の参考文献を通して，国際政治学に関わる視野をさらに広げていくことも可能となる。

　人類は二度の世界大戦を経た後も軍備拡大競争を続け，冷戦の時代は核兵器の開発が際限なく進んだ。冷戦後世界では核兵器の拡散が進み，不安定な時代は依然として続いている。世界各国の「民主主義」を基礎としたシステムも，制度疲労の兆候を示しつつある。

　他方で，戦争や紛争へと至る前に，対話と外交への期待が世界的に高まる傾向は，国際社会が，対立よりも協調の可能性に，依然として高い価値を認めている側面を示している。国際社会を覆う不安定な兆候のなかで，協調の模索を目指す対話と外交の役割を問い直すことが国際政治学の意義であり，課題である。

　本書の執筆に際して，法律文化社のみなさまにたいへんお世話になった。とくに田靡純子社長から，多くのご助言を賜った。心からお礼を申し上げたい。

2017年 9 月 5 日

清水　聡

目　次

第Ⅱ部　歴史分析：ヨーロッパ政治外交の歴史

◀図表一覧▶ ────────────────────

略語一覧

APEC	Asia-Pacific Economic Cooperation……アジア太平洋経済協力	
BND	Bundesnachrichtendienst……（西）ドイツの連邦情報局	
CCFA	Commandement en Chef Français en Allemagne……フランス対ドイツ管理委員会	
CCG/BE	Control Commission for Germany, British Element……ドイツ管理委員会／イギリス部門	
CIA	Central Intelligence Agency……中央情報局〔アメリカ〕	
CDU	Christlich-Demokratische Union……キリスト教民主同盟〔ドイツ〕	
CFSP	Common Foreign and Security Policy……共通外交・安全保障政策	
CSU	Christlich-Soziale Union……キリスト教社会同盟〔ドイツ〕	
DEK	Deutsche Evangelische Kirche……ドイツ福音主義教会	
DGB	Deutscher Gewerkschaftsbund……ドイツ労働総同盟	
EC	European Community……欧州共同体	
ECB	European Central Bank……欧州中央銀行	
ECSC	European Coal and Steel Community……欧州石炭鉄鋼共同体	
EDC	European Defence Community……欧州防衛共同体	
EEC	European Economic Community……欧州経済共同体	
EKD	Evangelische Kirche in Deutschland……ドイツ福音主義教会	
EMU	Economic and Monetary Union……経済通貨統合	
EU	European Union……欧州連合	
EURATOM	European Atomic Energy Community……欧州原子力共同体	
FDP	Freie Demokratische Partei……自由民主党〔ドイツ〕	
FN	Front National……国民戦線〔フランス〕	
FSB	Federal Security Service of the Russian Federation……ロシア連邦保安庁	
GATT	General Agreement on Tariffs and Trade……関税と貿易に関する一般協定	
Gestapo	Geheime Staatspolizei……ゲシュタポ〔ナチの秘密国家警察〕	
GHQ	General Headquarters……連合国総司令部	
GPU	Gosudarstvennoe Politicheskoe Upravlenie……国家政治保安部〔ソ連〕	
IBRD	International Bank for Reconstruction and Development……国際復興開発銀行	
ICBM	Intercontinental Ballistic Missile……大陸間弾道ミサイル	
IMF	International Monetary Fund……国際通貨基金	
KGB	Komitet Gosudarstvennoi Bezopasnosti……国家保安委員会〔ソ連〕	

KLA	Kosovo Liberation Army……コソヴォ解放軍	
MI 5	Military Intelligence, Section 5……イギリス情報局保安部	
MI 6	Military Intelligence, Section 6……秘密情報部〔イギリス〕	
MPLA	Movimento Popular de Libertação de Angola……アンゴラ解放人民運動	
MSP	Mutual Security Program……相互安全保障計画	
NATO	North Atlantic Treaty Organization……北大西洋条約機構	
NEP	Novaya Ekonomicheskaya Politika……新経済政策〔ソヴィエト→ソ連〕	
NGO	Non Governmental Organization……非政府組織	
NKVD	Narodnyi Komissariat Vnutrennikh Del……内務人民委員部〔ソ連〕	
NPT	Treaty on the Non-Proliferation of Nuclear Weapons……核拡散防止条約	
OAS	Organisation Armée Secrète……秘密軍事組織〔フランス〕	
OEEC	Organization for European Economic Cooperation……欧州経済協力機構	
OMGUS	Office of Military Government for Germany, United States……アメリカ対ドイツ軍政本部	
PDS	Partei der Demokratischen Sozialismus……民主社会党〔ドイツ〕	
PJCC	Police and Judicial Co-operation in Criminal Matters……警察・刑事司法協力	
PKO	Peacekeeping Operations……平和維持活動	
PTBT	Partial Test Ban Treaty……部分的核実験停止条約	
SED	Sozialistische Einheitspartei Deutschlands……ドイツ社会主義統一党	
SMAD	Sowjetische Militäradministration in Deutschland……ソ連軍政本部	
SPD	Sozialdemokratische Partei Deutschlands……ドイツ社会民主党	
TPP	Trans-Pacific Partnership……環太平洋戦略的経済連携協定	
UNITA	União Nacional para a Independência Total de Angola……アンゴラ全面独立民族同盟	
VW	Volkswagen……フォルクス・ワーゲン	
WEU	Western European Union……西欧同盟	
WTO	World Trade Organization……世界貿易機関	
WTO	Warsaw Treaty Organization……ワルシャワ条約機構	

引用文献は，巻末の参考文献に掲載し，本文中には著者名または編著者名と刊行年（必要に応じて頁数）のみを，（ ）のなかに表記した。翻訳文献については，翻訳書の刊行年を表記した。また引用文献のなかには，複数の部（第Ⅰ部，第Ⅱ部，第Ⅲ部）に関連した文献があるため，巻末の参考文献の分類（第Ⅰ部，第Ⅱ部，第Ⅲ部）は，おおよその分野に対応するように掲載してある。

序　章 ｜ 社会科学のなかの国際政治学

1　社会科学のなかの国際政治学

　「国際政治学」(science of international politics) は複数の学問の影響を受け，また学問間の整合性を図りつつ発展してきた。国際政治学は，現実の国際政治の動態を説明し，また国際政治の行方を探るために，歴史分析，情勢分析を深め，そこからもたらされる成果を洗練化させ，様々な理論を構築してきた。本書はこれらの背景を念頭に，構造分析（第Ⅰ部），歴史分析（第Ⅱ部），情勢分析（第Ⅲ部）から構成されている。

　国際政治学は，ほぼあらゆる学問から影響を受け発展してきた。そのなかでもとくに，政治学，法律学，さらに歴史学は国際政治学の発展に強い影響を与えた。

　政治学は，「共同体」(community) の制御に関わる諸事象を分析する学問であり，その起源は古い。古代アテネのポリス (polis) における「民主主義」(デモクラシー：democracy) の特徴を探る分析は，直接民主主義の実相を際立たせた。あるいは，古代ローマの独裁官に関わる分析は，「独裁」(dictatorship) についての定義の視角から，近現代に成立した独裁体制の本質に迫る視点を現代社会に提供した。政治学は，人類の歴史を追いかけるように発展してきた。人間と人間との闘争の本質に迫れば，権力の視点から，また支配の側面に注意すれば，その正統性 (legitimacy) の視点から，普遍的社会の追求に関わる分析からは，イデオロギーの分類について，それぞれ学問的な探究が進められてきた。

　このような政治学の学問のなかでも，「共同体」に関わるテーマは，人間の生活を守るシステムとしての「国家」(state) に対する検討をもたらした。人間の生活環境が「自然」状態におかれれば，闘争が始まり，生命，財産が守られなくなる可能性が高まる——そのように訴えたのはイギリスの哲学者ホップ

ズであった。ホッブズは，『リヴァイアサン』（1651年）のなかで，「国家」こそが人間の生活を守るシステムであると位置づけたのである。

　近代の成立とともに，「国家」は人間の生活を左右する巨大なシステムとして人類の歴史に立ち現れた。こうして，「国家」は政治学の課題となり，近代政治学は「国家」の仕組みを説明するために，思想，哲学，統治，政治史，代議制，権力分立，官僚と軍隊，そして国家間関係（外交）をテーマとしたのである。

　このような経緯のなかから外交史を検討する必然性が生まれた。外交には，執行的側面としての「外交」（diplomacy）と，立法的側面としての「外交政策」（foreign policy）が存在する。両者は相互につながり，総体としての「外交」を形作っている。外交は，国家と国家との間の諸関係を調整する仕組みをもっている。そして，世界の他地域に先駆けて国家間関係が成立したヨーロッパのなかに，その伝統と歴史が集積されることとなった。そこには，国家主権の概念，国際法の原則，さらには，勢力均衡の政治に関わる学問的な見取り図が存在した。それは，政治学と法律学が重なる学際的な空間でもあった。本書はこの観点から，ヨーロッパにおける国家間関係の成立と展開を分析することを課題としている。

　ヨーロッパにおいて成立した国家間関係は，当初，「主権国家」体制としての特徴をもち，市民革命の後，「国民国家」体制としての特徴へと移行した。「国民国家」体制は，「ナショナリズム」（nationalism）の暴走を制御することに失敗し，「帝国主義」（imperialism）の段階を経て，世界大戦へと突き進んだ。この経緯は歴史学の課題でもある。

　国家間関係は，世界大戦の後も独特な発展を遂げ，世界を覆いつくし，今日，複雑なシステムへと変貌した。本書はヨーロッパを中心にその見取り図を検討することを試みる。その際とくに，国際政治学が，①国家と国家との間に作用する関係（外交），②国家と国家との間に生まれる空間（国際社会），さらに，③国家の外の世界が国家の内部に与える影響，ならびに国家の内部の問題が国家の外の世界に与える影響（政治学）を分析し，総合化する学問であることに注意して本書は検討を進める。

2　国際関係論と政治学

　社会科学には，国際政治学とは別に，「政治」に関わる検討を薄めつつ，国際社会で生じる問題を多様な「行為主体」（アクター）の間の相互作用の視点から捉え直す学問として，「国際関係論」（International Relations）が存在する。

　国際関係論は学際的な学問（interdisciplinary research）であり，法律学，政治学，経済学，社会学，歴史学の影響を受けつつ，伝統的な学問の範疇に捉われないテーマの解明に取り組む傾向がある。現実主義と理想主義，国際連合と国際機構，平和構築，紛争メカニズム，非政府組織，開発と貧困，多国籍企業，国際金融，エスニシティ，移民，難民，多文化主義，テクノロジー，国際衛生，環境保護に関わるテーマは，学際的な研究が求められる課題であり，国際関係論が対象とする研究テーマである。

　他方，国際政治学において，「国際」に関わる検討を薄めることは，政治学への接近を促すこととなる。それは近代政治学ないしは現代政治学である。そこでは，デモクラシーの理論，比較政治学，政治体制論，計量政治学，政党システム，選挙分析と投票行動，世論とメディア，政策過程，公共圏，政治文化，公共政策と行政学，地方自治と市民に関わるテーマが課題とされる。

　国際政治学は，これらのテーマから間接的に影響を受けつつ，専門とする領域として，外交，主権国家，国民国家，安全保障に関わる研究を発展させてきた。そこから，対外政策決定過程，相互依存論，機能主義と地域統合，覇権論，文明，政治と宗教，軍事研究，冷戦史研究に関わる個別テーマの研究が進められてきた。

　このような見取り図から，国際政治学の固有の範囲が特定される。しかし，国際政治学と，国際関係論の範囲，ならびに政治学の範囲とを，明確に区分することは不可能である。相互に間接的に影響を及ぼしているためである。その上，学問間の領域を厳密に区分することで，学問がもつダイナミズムが失われてしまう可能性もある。本書は，そうした問題点に注意しながら，国際関係論ならびに政治学に関わる分野への検討も進め，記述する。

3 本書の構成

　ヨーロッパの歴史と伝統に関わる分析を中心課題として，本書は，第Ⅰ部（構造分析）において主権国家体制の展開に注意しながら，国際政治に特徴的な構造を分析する視角を探る。また，イギリス外交の諸相，あるいはロシア革命の実相についても検討を進める。

　第Ⅱ部（歴史分析）においては，ヨーロッパ政治外交の歴史について，二度の世界大戦，ヴェルサイユ体制，さらには冷戦の展開について，それぞれの特徴を際出させる。

　その上で，第Ⅲ部（情勢分析）では，冷戦終焉以降のヨーロッパ政治外交，ならびに21世紀の国際社会の動向について，ユーゴスラヴィア内戦，9.11テロと国際社会，移民をめぐる国際政治，ヨーロッパ統合の展開について，それぞれの問題がもたらした課題の本質に迫る。

　終章では，21世紀における国際政治学が直面している課題について，その特徴を指摘することで，展望を示したい。

第Ⅰ部

構造分析
──国際政治と主権国家体制──

第 **1** 章 ウェストファリア体制と主権国家体制

1　30年戦争とウェストファリア講和会議

　国際政治（international politics）は，国家間の政治的諸現象を総称する用語である。したがって，複数の国家間の相互作用（国家間体制）が前提とされる。そこで，第1章では，国家間体制が，いつ，どこで，どのような経緯を経て誕生したのか，また，その体制にはどのような特徴があるのかを整理する。

　国際政治学（さらには国際関係論）において，国家間体制は，1648年に西ヨーロッパにおいて成立したと位置づけられている。西ヨーロッパでは，中世末期に至るまで，教会（キリスト教）の影響力が社会の隅々に浸透しており，教会は社会的紛争の調停者としての役割も担っていた。しかし，1618年に宗教対立をきっかけとして始まった「30年戦争」は，教会（さらには神聖ローマ帝国）の権威を失墜させるとともに，西ヨーロッパにおける権力の構造に巨大な変化をもたらした。

　30年戦争は，1618〜48年の30年間にかけて，ヨーロッパ（とりわけドイツ）を荒廃させた。30年戦争は，当初，ドイツにおけるカトリックとプロテスタントとの間の宗教対立・宗教紛争をきっかけとしたが，そこに近隣のフランス，あるいはスウェーデンが軍事介入したことで，たちまち前例のない大規模な戦争となった。この戦争の結果，ドイツの発展が200年後退したとする歴史家もいれば，戦争の被害や略奪，さらには疫病の結果，ドイツの人口が半分にまで減少したとする歴史家もいる（林，1991年）。この悲惨な戦争は思想家の世界観にも影響を与え，グロティウスは，『戦争と平和の法について』（1625年）を執筆することを決意した。戦争は極限状態における〈人間〉対〈人間〉の闘争であり，勝利することに至上の命題がおかれるが，グロティウスは，そのような局面においても，人間には人間として守るべき最低限の「きまり」があることを説き，それを体系化したのである。グロティウスによる体系は後に国際法の起

源と解釈され，それによってグロティウスは「国際法の父」（近代国際法学の創始者）と位置づけられ，今日に至っている。

他方，戦争終結の糸口を探っていた30年戦争の当事者（国王，貴族，外交官）は，グロティウスの思想の影響を受けて，戦争の終結に関わる会議（国際会議）の開催を決意した。1648年，ドイツのウェストファリアにおいて，講和会議が開かれた。

ウェストファリア講和会議は3つの画期的な意義をもった。第1に，国際会議の開催においては，開催の時期，場所，参加者，会議場，席順，議長の選出，議事手続，条約の締結など，一連の「手続」（外交慣行，外交儀礼）が必要とされる。これらの点において，ウェストファリア講和会議（ウェストファリア条約の締結によって閉幕した）は成果を残し，その後の国際会議における「手続」（「古典外交」）の原型となった。第2に，ウェストファリア講和会議の成果によって，30年戦争は終結した。第3に，ウェストファリア講和会議の成果によって，「ウェストファリア体制」と称される国家間体制（主権国家体制）が成立し，それは国際政治の幕開けとなった。ウェストファリア体制は，その後，無数の挑戦を受けつつも，おおむね今日の国際政治まで受け継がれてきた。

2 ウェストファリア体制と神聖ローマ帝国

キリスト教の権威の揺らぎは中世末期に拡大した。中世のヨーロッパにおいて，絶大な力を保持していたローマ教皇（ないしはローマ法王）は，ドイツにおいては神聖ローマ帝国を媒介として自らの影響力を行使した。神聖ローマ帝国の頂点に君臨した神聖ローマ皇帝は，13世紀中葉以降，七選帝侯により選出されたが，およそローマ教皇の代弁者としての役割を担う存在であった。中世の時代に，時として発生した〈教皇：聖〉と〈皇帝：俗〉との対立は，一部の例外を除いて全般的にローマ教皇が勝利した。

他方，神聖ローマ帝国は今日のドイツの版図とほぼ重なっていた。そのドイツでは，中世から近代初期にかけて，邦国，諸侯，選帝侯，領邦国家，自由都市など，300あまりの複数の政体が併存していた。神聖ローマ帝国は，これらの300あまりの政体を統轄する上位権力であった。しかしその統制力は弱く，

全般的に分権化・分散化（割拠状態）を特徴としていた。

　しかし，〈教皇：聖〉と〈皇帝：俗〉を組み合わせたそれまでの秩序（ヨーロッパの力の構造）は，16世紀に大きく変動した。贖宥状（免罪符）への強い疑義から始まったルターによる宗教改革（1517年，「95カ条の提題」を発表）は，キリスト教の世界に新しい潮流（プロテスタント）を生み出し，また，ほぼ同時期にイギリスにおいても宗教改革の結果，イギリス国教会（アングリカン・チャーチ）が成立し，キリスト教の世界観は分散化の傾向を強めたのである。さらに，活版印刷技術の発明による活字文化の広がりは，キリスト教の世界観に対する問い直しを拡大させた。

　中世末期に至るまでに，ローマ教皇の権威は弱まった。ローマ教皇の権威の弱体化は，神聖ローマ皇帝の権威の失墜と同時に進んだ。キリスト教世界の危機は30年戦争において頂点に達し，この後，西ヨーロッパ（とりわけドイツ）における支配的権威は，神聖ローマ帝国の下位単位であった各邦国へと移行したのである。

　30年戦争の結果，締結されたウェストファリア条約は，神聖ローマ帝国内の各邦国の自立を促す内容であり，帝国の有名無実化をもたらした。各邦国には実質的な対外的主権が認められ，また宗教に関わる選択の権限も委ねられた。結果として，ウェストファリア条約は，一方で神聖ローマ帝国の力を弱め，他方で各邦国を「主権国家」として再編することとなったのである。

3　ウェストファリア体制の3つの特徴

　ウェストファリア講和会議ならびにウェストファリア条約の名称をとって，1648年以降，西ヨーロッパに成立した国際システムを「ウェストファリア体制」と称する。それは1648年当初，西欧の地域に限定されていたため「西欧国家体系」とも表現され，さらにはその後，今日に至るまで同体系が世界規模へと拡大したことから「西欧国際体系」とも表現される。

　ウェストファリア体制の特徴は次の3点に示される。すなわち，①国家主権の概念の普遍化，②国際法の原則の普及，③勢力均衡（バランス・オブ・パワー：balance of power）の政治である。

　国家主権の概念の普遍化は，西ヨーロッパにおいてキリスト教の絶対的権威が揺らぐなかで進んだ。西欧における支配的権威が，宗教の権威（教会）から，世俗の権威（国家）へと入れ替わる分岐点が1648年であった。それ以降，国家主権に関わる概念が世界化する時代が始まったのである。「主権」（sovereignty）とは国家の至高の力を表現する概念であった。「主権」の定義（近代的主権概念）を先駆的に体系化したのは，『国家論』（1576年）をまとめたフランスの政治思想家ボダンであった。ボダンによれば，国家の主権として，宣戦，講和，立法，貨幣鋳造，度量衡選定，恩赦，終審的裁決，官吏任免，課税，免税などの権限が該当するとされる。

　国際法の原則の普及は，国家間において，第1に取り決めとしての「条約」（成文国際法）と，第2に手続の型としての「慣習」（慣習国際法）という，2つの柱を中心に普及した。国際法はさらに戦時と平時とを区別しつつ発展した。すなわち「戦時国際法」（交戦法規と中立法規）と，「平時国際法」（国籍，領土，外交使節に関わる内容）である。その目的は，平和と安定を維持するために，国家間の国益（National Interest）や，国家間の紛争を調整ならびに調停することにおかれた。そして，第一次世界大戦の後に，国際法の遵守を体現する組織として「国際連盟」（League of Nations）が設立された。国際連盟は，第二次世界大戦後，「国際連合」（United Nations）へと発展した。しかし国際法は，制裁力の不備（あるいは不足）の点から，国内法との比較において，効力が弱く，その点が課題となって積み残され，今日に至っている。国内法は明確な該当政府の存在と，法を適用・行使し得る制裁手段（警察権と裁判権）の整備により，その効力が保たれている。しかし，国際法の効力を保ち得る世界政府，世界警察は，いまだ存在していない。この点は，戦争と平和をめぐる国際政治の主要なテーマの1つとなり，「理想主義」の立場から，様々な思想家により問題提起がなされた分野である。

　勢力均衡（バランス・オブ・パワー）の政治は，キリスト教の権威が揺らぐなかで編み出された国家の生存の方式であった。ウェストファリア体制が成立する以前の時代においては，紛争の最終的な調停者（裁決者）は教会の権威であった。しかし，30年戦争の結果，キリスト教の権威は弱まり，そのなかで国家は自国の存立を自らの力で維持しなければならなくなった。そのための最良の方

式の1つとして，国家は複雑な「同盟」(alliance)のネットワークを作り上げた。同盟のネットワークに自国の安全を委ねたのである。複数の同盟のネットワークが併存するなかで，外交の担当者は，勢力の均衡に国家間体制の安定と維持の可能性を見い出した。この勢力均衡（バランス・オブ・パワー）の政治は，国際政治の核心の1つとなり，ウェストファリア体制（初期），フランス革命，ウィーン体制，イギリス外交，ビスマルク外交，さらには第一次世界大戦へと至る国際政治の局面において複雑な発展と展開を示した（勢力均衡の政治については第2章で詳しく扱う）。

4　主権国家体制から国民国家体制へ

　初期の主権国家体制は，フランス革命の勃発によって変容した。フランス革命によりブルボン王朝がいったん終焉し，フランスにおいては市民（ブルジョア）が新たな支配層となった。市民は革命政府を樹立した。他方，フランスの近隣に位置した国々は，革命の理念が自国へと波及することを恐れた。とくに，イギリス，プロイセン，オーストリアは，革命政府（フランス）に対抗するために対仏大同盟を結成し，干渉戦争を開始した。この時，革命の成果を守ることを決意したフランスの人々は，祖国（フランス）を守るための戦いに参集した。それは，フランスの人々が「国民」（ネイション）としてのアイデンティティを獲得した瞬間であった。さらに，干渉戦争に際し，革命政府の軍隊を率いてフランスを勝利へと導いたナポレオンが，革命の守護者としてフランスの新しい指導者となった。

　しかしナポレオンの進めた戦争（1796～1815年）には，革命の守護者としての側面と侵略者としての側面とが同居し，この2つの側面は連動しながらヨーロッパを変容させた。というのも，「防衛」を目的としていた戦争は，「侵略」を目的とした戦争へと傾斜しつつ，他方で，古い遺物となった神聖ローマ帝国の崩壊（1806年）がナポレオンを同地（今日のドイツに該当する）へと引きずり込む作用を与えたのである。換言すれば，神聖ローマ帝国の崩壊に引っ張られる形で，ナポレオンの進めた「防衛」戦争は，力点を「侵略」戦争に移したのである。こうして，際限のない戦争へとナポレオンは引き込まれることとなった。

　他方，神聖ローマ帝国を構成した各邦国にとっては，ナポレオンはただの侵略者であった。フランスにより蹂躙され，支配された各邦国の人々は，フランスへの敵意を増幅させるなかで，自らの「国民」（ネイション）意識を覚醒させ始めた。こうして，エジプト遠征（1798～99年）の後，ロシア遠征（1812年）を開始したナポレオンに対して，ロシアがひとたびナポレオンの進撃を止めると，「国民」意識の覚醒が始まったプロイセン，ならびにオーストリアはロシアに味方し，「諸国民戦争」を展開したのである。その頂点は「ライプツィヒの戦い」（1813年）であり，この場でナポレオンを敗北へと追い込んだ。

　結局，ドイツの視点で状況を観察すると，ナポレオン戦争は，神聖ローマ帝国の崩壊（1806年）により生じた「力の空白」を，どのような秩序で埋め合わせるのかという，新しい時代の構想力をめぐる闘争でもあった。したがって，ナポレオン戦争の後，新たな時代の構想者となったオーストリアの外交官メッテルニヒは，「ウィーン体制」として五大国（英露普墺仏）による勢力均衡構造を新たに設計（創出）し，その中核に人工的な「ドイツ連邦」という構造物を設置した（1815年に英露普墺によって結成された四国同盟は，1818年に仏の参加により五国同盟となった）。1815年に成立したドイツ連邦は，各邦国を緩やかに連結した神聖ローマ帝国の代替物であり，五大国により制御された。さらに，ドイツ連邦の版図は，プロイセンの大半の領地とオーストリアの一部の領地からも構成されていた。ここから，ドイツ連邦内部における，プロイセンとオーストリアの主導権争いが後に勃発する構図を読み取ることができるのである（図1-1）。

　ウィーン体制は，ドイツ連邦を設置したことからもわかるように，「復古」に力点をおいていた。五大国による勢力均衡構造は，古典外交（旧外交）を基礎とし，封建的な国家間体制の再生を目指していた。ウィーン体制では，特定の一国が突出した力を保持することを抑制し，相互の同盟関係のなかで力の抑制と均衡が図られたのである。すなわち，メッテルニヒは，ウィーン体制の維持のために勢力均衡の機能を活かすことを各国に要求し，各国もそれに応えたのである。それは五大国間相互の抗争よりも，争点が国内の支配層と被支配層との間の抗争へと移行し始めていたためであった。

　ナポレオン戦争がヨーロッパ各地に「国民」意識を覚醒させたことで，「国

図1-1　1815年のヨーロッパ

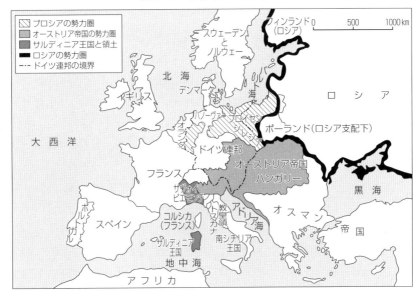

出所：渡邊啓貴編『ヨーロッパ国際関係史：繁栄と凋落，そして再生』有斐閣，2002年，38頁。

民国家」誕生の気運が広がっていた。ウィーン体制は，そうした「下から」の気運を「封じ込め」つつ，「復古」を目指した体制であった。結局，ウィーン体制の抑制力は長く続かなかった。1848年，革命が勃発し，「下から」の気運の封じ込めに失敗したウィーン体制は瓦解した。メッテルニヒはイギリスへと亡命した。

　革命に際して，民衆は，市民層を中核としつつも，その層をはるかに超える社会各層を基礎としていた。ここから，ヨーロッパ各国は2つの方向へと向かった。1つは，「市民」が国家の支配層となり，「市民」を中心として「国民」が創出される方向であり，「市民」とは参政権を有する人々であった。したがって，参政権（いわば，普通選挙制度）の広まりに応じて，「市民」＝「国民」の数もそれに相応する規模へと拡大した。2つ目の方向は，封建的支配層が民衆を懐柔し，民衆を「国民」化することで，帰属意識を新たに創出し，封建体制の延命を図った方向であった。そこでは領内に住む者は，すべて「国民」であった。その上，領内は土地と連結し，土地は血縁に基礎づけられた。こうして血

統を重視する「国民」概念が，今一つの方向のなかから立ち現れたのである。それは，「民族」＝「国民」であった。

　ウィーン体制の崩壊の後，ドイツ連邦のなかで，プロイセン（普）とオーストリア（墺）との間の主導権争いが強まった。その傾向は1850年代から始まり，1866年に勃発した普墺戦争によって頂点に達した。新しいドイツの輪郭はこの戦争の結果に左右された。すなわち，プロイセンの勝利によって，プロイセン主導のドイツ統一過程が始まったのである。プロイセンはその第一歩として，ドイツ連邦を廃止し，さらにオーストリアを排除した形で，新たに「北ドイツ連邦」を結成した。1870年に勃発した普仏戦争で勝利したプロイセンは，フランスからアルザス＝ロレーヌを獲得し，さらに巨額の賠償金（50億フラン）を手にし，ビスマルクを中心にドイツ帝国の設立へと進んだ。その際，北ドイツ連邦を核としてドイツ帝国は建設された。1871年，ドイツ帝国が誕生した。

　ビスマルクは，帝国建設にあたって，国民意識の確立を目指し，「ドイツ人」の創出を急いだ。ヨーロッパ各地では「国民」概念が浸透し始め，その気運は拡大の一途をたどっていた。こうして，ドイツ帝国（1871年）の誕生に至るまでに，ヨーロッパにおける「主権国家」の大半は「国民国家」へと移行した。それは，ヨーロッパにおける国家間体制が「主権国家体制」から「国民国家体制」へと変容しつつあったことを示していた。

5　ウェストファリア体制としての国際政治

（1）ウェストファリア体制のモデル

　ここで，ウェストファリア体制の概要をモデルとして図示する。図1-2は，ウェストファリア体制の概略図である。個々の三角形は「国家」を示しており，それぞれは①「主権」，②「住民」→「国民」，③「領域」を備えている。今日，国際社会では193カ国（2017年現在，国際連合の加盟国総数）の存在が認められており，その点を踏まえれば193個の三角形を図示することになるが，ここでは便宜上，３個の「国家」（順に，イギリス，フランス，ドイツとする）に限定して，それ以外の国家を，「…」と表記する。

　国際政治学の視点から，①「主権」，②「住民」→「国民」，③「領域」につ

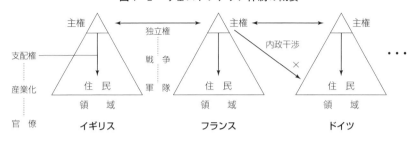

図1-2　ウェストファリア体制の概要

いて，その特徴と研究動向についてまとめよう。

（2）ウェストファリア体制と主権

　「主権」については既述のように，国家の至高の力であるが，その力（決定権力）の行使者が，絶対君主に独占されているのか（君主主権），あるいは決定権力の源泉が国民に由来しているのか（国民主権），それにより２つに分類される。また「主権」は，２つの異なる立場から承認されなければならない。第１に，その国家の外部の世界がその国家の主権を外から承認する場合，第２に，その国家の内部の構成員がその国家の主権を内側から承認する場合である（図1-3）。

　その上で特徴的な部分は，三角形相互の関係（図1-2）において「独立権」（水平方向）が作用し，三角形内部の関係において「支配権」（垂直方向）が作用していることである。しかし，国家間関係が相互に独立しているとする「独立権」の主張は，それが国家に権利として与えられているのではなく，むしろ「独立権」を主張することにより，相手国に侵略を思い留まらせることを目的としている。既述したように，紛争の最終的な調停者（裁決者）としての教会の権威が揺らぐなかで，主権国家は自国の存立を独力で維持しなければならなくなった。主権国家は常に戦争の危機と隣り合わせの環境におかれたのである。こうして「独立権」を主張すると同時に，主権国家は軍隊の増強に突き進んだ。さらに三角形（国家）を強化するために，主権国家は住民への支配を強めた（「支配権」）。しかしそれは，住民を酷使することではなく，戦争の勃発に備えて，あらかじめ三角形（国家）を強化すること，すなわち産業化の推進に向けて住

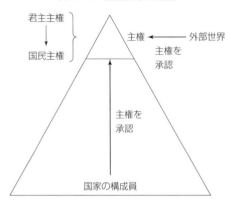

図1-3　近代国家と主権

君主主権
↓
国民主権

主権 ← 外部世界
主権を承認

主権を承認

国家の構成員

民を方向づけることを目的としていた。産業化の方針は国家の中枢で官僚を中心に計画が立案された。こうして，水平方向（独立権→戦争→軍隊）と垂直方向（支配権→産業化→官僚）の論理のなかから，主権国家の中枢に巨大な2つの組織，すなわち軍隊と官僚が配置される必然性が生まれた。軍隊と官僚の整備に特徴づけられる国家は，しばしば近代国家と呼ばれる。近代国家は，「内政不干渉」の原則を掲げることで，他国が内政に干渉することを退け，三角形（国家）の強化に邁進した。

（3）ウェストファリア体制と国民（ネイション）

　「住民」に該当する部分は，今日，「国民」（ネイション：nation）と呼ばれている。国家の内部の「住民」が，ある時，「ナショナル・アイデンティティー」（national identity）を獲得し，「ネイション」となるのであり，その集団は「ナショナリズム」（nationalism）を備えている。国家の構成員が「住民」である場合，その国家は定義上，「主権国家」であり，国家の構成員が「国民」である場合，「国民国家」である。

　しかし歴史学研究においては，いつネイションが誕生したのか，その起源をめぐって様々な見解が存在し決着がついていない。言語，宗教，人種，領域（生活空間）を共通とする太古の集合的共同体のなかに，ネイションの起源を求める研究もあれば，ネイションの成立の起源を近代に求める研究もある。すなわち，ネイションの代表的な研究者であるアンダーソンは，宗教の衰退と出版資本主義の拡大のなかにネイション成立の起源を捉え，ネイションを「想像の共同体」として分析した。またゲルナーは，産業化がネイションの成立を促したと捉えた。アンダーソンとゲルナーは異なる要因に注目したが，いずれも近代にネイション成立の起源を特定する見解を示し，その点において両者の立場

は「近代主義者」と呼ばれた。これに対して太古の人々の結び付きのなかにネイションの存在を捉えたシルズの分析は，近代にとらわれずにネイションの本質を探り，その立場は「原初主義者」と呼ばれた（スミス，1999年）。

　ネイションの成立に関わる論争と同様に，ナショナリズムの特質に関わる探究が国際政治学に難しい問題を投げかけている。ナショナリズムは，本来，共同体のために貢献し，共同体をより良い空間へと変えていくことを目指した積極的な価値が認められる。しかし，ひとたびそれが暴走すれば，時として戦争の原因ともなり得た。いわば「健全」なナショナリズムと「暴走」したナショナリズムが存在するのであり，「暴走」したナショナリズムは排外主義を高め，戦争を引き起こす原因の 1 つともなった。この点は自明のこととされた。しかし，次のように問いを変えると難しいテーマとなった。すなわち，〈どこからが（どこまでが）「健全」なナショナリズムであり，どこからが（どこまでが）「暴走」したナショナリズムなのか〉，また，〈「健全」なナショナリズムとは具体的に何（どのような状態）か〉，同様に，〈「暴走」したナショナリズムとは具体的に何（どのような状態）か〉。これらの問いに対して，明確な 1 つの答えを導き出すことは困難である。というのも，人々の社会的立場や感覚（個人の社会化の過程），さらには所属する共同体（国家）によって，「答え」にバラつきが生まれるためである。

　ネイションならびにナショナリズムに関わる探究は繰り返し続けられ，それに応じて国際政治学も問い直しが進んでいる。

（4）ウェストファリア体制と領域

　「領域」に関わる部分は，今日，「国境線」（ボーダー：border）として可視化されており，それは内と外とを区別する境界線によって認識される。境界線の内部空間（陸・海・空）が，該当国家の「主権」の及ぶ範囲である。国境線は，自然条件（河川，山脈，海，湖，盆地など）により，古代から「住民」によって承認されてきた境界線が国境線となった場合もあれば，戦争・紛争・割譲，国家の合併・併合，分離・独立，外交上の取引（条約など），あるいは国家の建設・再編過程（住民投票など）において，人工的に設定された事例も存在する。

　今日（あるいは歴史的に），国際社会における紛争の多くは領域をめぐる問題

から発生しており，国境線が確定されていない地域も無数に存在する。また領域内においても，該当国家の「主権」の適用が条約により制限されている場合や，該当国家（ないしは該当地域）が占領下におかれ，やはり「主権」の行使が制限されていた場合もある。

歴史学研究の成果からは，国境線（ボーダー）とは異なる概念として「境界領域」（フロンティア：frontier）の存在が指摘されている。主権国家体制の成立過程においては，依然として帰属が不明瞭な無数の地域が存在し，それらは「より漠然とした広がりをもった境界領域（frontier）であった」とされる。すなわち「フランスの場合でも，フランス革命以前には，その境界はいまだあいまいなものだった」（歴史学研究会編，1994年，6～7頁）とされるのである。

さらに今日，ヨーロッパでは，ヨーロッパ統合の過程のなかで様々な境界領域（フロンティア）が新たに創出され，それはしばしば出会いの場（コンタクト・ゾーン）ともなっている。

このように，①「主権」，②「住民」→「国民」，③「領域」をめぐる前提と研究動向，さらにはそれぞれの定義の不明瞭な部分（研究上の争点）をまとめてきたが，明確に定義づけることができる側面と，複雑な要因が絡み合い定義づけることが困難な側面が存在していることが確認された。そして，そのことが国際政治にダイナミズムを与える源泉ともなっている。

6 ウェストファリア体制の拡大──西欧国家体系から西欧国際体系へ

3つの特徴──①国家主権の概念の普遍化，②国際法の原則の普及，③勢力均衡の政治──をもつ「ウェストファリア体制」は，西欧における国家間体制（西欧国家体系）として発展し，フランス，オーストリア，イギリス，プロイセン，ロシアを中心とした大国間の抗争のなかで発展した。そして次の3つの転機を経て，ウェストファリア体制は世界化した。それは「西欧国家体系」が「西欧国際体系」へと変貌したことを示している。

第1の転機はアメリカ独立宣言（1776年）であり，イギリス（ないしは西欧）の影響下からの脱却を目指したアメリカが，ウェストファリア体制を西欧世界から非西欧世界へと拡大させた。

　第2の転機は産業革命であり，西欧世界は非西欧世界を商品輸出のための
「市場」として組み替えることを目指した。イギリスから開始された産業革命
はグローバリゼーションの起源となり，科学技術（テクノロジー）の発展にも
寄与した。それと同時に経済の側面からウェストファリア体制を非西欧世界へ
と拡大させる作用をもたらした。

　第3の転機は植民地の独立であり，第二次世界大戦終結後，アジアならびに
アフリカを中心に多くの独立国家が誕生した。これらの独立国家は西欧におけ
る国家の仕組みを参考にして国家を建設した。その点においてアジアならびに
アフリカにおける独立国家の誕生は，ウェストファリア体制が同地域へと拡大
したことを示している。

第**2**章 | 勢力均衡と集団安全保障

1 国家理性 (レゾン・デタ)

　「勢力均衡の政治」は国際政治の構造を洞察する上で最も重要な課題である。「勢力均衡」(バランス・オブ・パワー) は，1648年に成立した「ウェストファリア体制」のなかで最も一般的な外交スタイルであり，破滅的な第一次世界大戦以降も，多様な修正を受けながら，実質的に今日の国際政治にも受け継がれている側面がある。

　ウェストファリア体制の始まりとともに，主権国家 (後に国民国家) は，無秩序な国際社会へと放り込まれた。近代国際社会の成立の時期には，ローマ教皇 (ないしは神聖ローマ皇帝) の調停力はすでに弱まっており，その結果，国家は，自国の存立を自らの力で確保しなければならなくなった。その際に，国家の合理的な対内・対外行動の追求を思想的に支えた概念が「国家理性」(レゾン・デタ) であった。この思想の源流には，マキアベリが体系化した権謀術数 (マキアベリズム：Machiavellism) の影響があり，目的を追求する過程では手段は問われないとする合理的思考は，主権国家の自己保存の方針と合致した。

　国家理性はフランスでは，宰相リシュリューによって対外政策を推進する際の至上原理とされた。そこでは国家主権を樹立するために，道徳や規範 (すなわち宗教や倫理) は軽視され得ること，むしろ国家の存続と強化を積極的に目指すことを求めていた。そして国家理性は，勢力均衡の原理ともなった。

　勢力均衡の政治は，初期のウェストファリア体制，フランス革命，ウィーン体制，ユトレヒト条約に代表されるイギリス外交，ビスマルク外交，第一次世界大戦，ヴェルサイユ体制，第二次世界大戦，冷戦，そして冷戦後世界において様々な外交上のバリエーションを歴史に残した。次にそれをまとめることで，勢力均衡の特徴を抽出する。

2　勢力均衡の諸事例

（1）勢力均衡政策の前提——初期のウェストファリア体制

　ウェストファリア体制（初期）の諸戦争の経験が，「勢力均衡」政策の創出について，その輪郭を形成した。そこで，イギリスとフランスを中心としたヨーロッパで勃発した主要な諸戦争を，フランス革命以前の時期（したがって「国民国家」誕生以前の，「主権国家」による諸戦争）に限定して列挙（図示）し，その特徴を指摘したい。表2-1は，第一次英蘭戦争（1652～54年），第二次英蘭戦争（1665～67年），南ネーデルラント継承戦争（1667～68年），第三次英蘭戦争（1672～74年），オランダ侵略戦争（1672～78年），プファルツ継承戦争（1688～97年），スペイン継承戦争（1701～13年），オーストリア継承戦争（1740～48年），七年戦争（1756～63年）に関わる戦争について，その戦争への関係国，その戦争のグループ（☆と★）を分類した一覧である。

　これらの諸戦争は，初期の段階における二国家間の戦争が，次第に複数国家間の戦争へと舞台を拡大させたこと，また西欧から東欧（さらにはロシア）へ

表2-1　「主権国家」による諸戦争の特徴

	西	英	仏	蘭	スウェーデン	神聖ローマ帝国	墺	普	露
第一次英蘭戦争		☆		★					
第二次英蘭戦争		☆		★					
南ネーデルラント継承戦争	☆	☆	★	☆	☆				
第三次英蘭戦争		☆		★					
オランダ侵略戦争	★	☆★	☆	★	☆	★			
プファルツ継承戦争	☆	☆	★	☆	☆	☆			
スペイン継承戦争	★	☆	★	☆			☆	☆	
オーストリア継承戦争	★	☆	★				☆	★	
七年戦争		☆	★				★	☆	★

備考：表は，諸戦争に関与した代表的な国家に限定した。諸戦争は☆のグループと★のグループに分類される。オランダ侵略戦争においてイギリスは，1674年の講和の後，★の側へと移行した。西＝スペイン，蘭＝オランダ，墺＝オーストリア，普＝プロイセンである。

と，関係国が東方へ拡大したこと，さらに，☆と★に示されるように，複雑な
同盟関係が形成されつつも，原理的には 2 つのグループ（A 対 B）に単純化し
得ることに特徴がある。さらに国際法の観点からは，次第に戦争の開始（宣戦
布告）と，戦争の終結（講和締結）に関わる手続が一定の原則として確立し始め
たこと，その点において，とくに戦争の終結に関わる講和会議と講和条約が外
交慣行として普遍化し始めたことに特徴がある。

　なお，全般的にフランス（ブルボン王朝）とオーストリア（ハプスブルク帝国）
は，ヨーロッパ大陸において対抗関係にあった。しかしプロイセンが台頭する
につれて，オーストリアはフランスとの連携を模索した。七年戦争は旧来の宿
敵同士であったフランスとオーストリアが連携（同盟）したことにより，しば
しば「外交革命」とも称される。宮廷外交を推進するハプスブルク帝国の女帝
マリア＝テレジアは，1770年に娘のマリー・アントワネットをブルボン王朝の
ルイ16世に嫁がせることで，両国の関係を強化することを目指した。

（2）勢力均衡政策の展開

　勢力均衡政策の諸事例としては，しばしば次の 4 つの事例が最も適合的であ
るとされている。

　第 1 には，ユトレヒト条約（1713年）の事例である。同条約はスペイン継承
戦争（1701～13年）の講和条約であり，勢力均衡に基づいたイギリスの伝統外
交を象徴していた。そこではフランスの力の突出を抑えるために，イギリスが
「バランサー」（balancer）としての役割を果たし，フランスとその他のヨーロッ
パ諸国との間に国力の均衡を創出することを率先して追求した。そしてユトレ
ヒト条約は18世紀の国家間体制の方向を決定づけた。

　第 2 には，「ウィーン体制」の事例である。ウィーン体制は露墺普英仏の五
大国による国力の均衡であった。ナポレオン戦争がヨーロッパの安定を崩した
ことへの認識から，ウィーン体制は革命の再発を防止することを最大の課題と
しつつ，封建的な国家間体制の再生を古典外交（旧外交）を通じて確立しよう
とした。その特徴は「復古」であり，五大国による協調的な国家間体制の追求
であった。

　第 3 には，ビスマルク外交の展開である。ビスマルクの目指した外交政策は

ドイツ帝国の国力を高めるために，ロシアならびにオーストリアとの連携を模索した部分に特徴があった。根底には普仏戦争に敗北したフランスからの報復を恐れたビスマルクが，「フランスの孤立化」を通じてドイツの安全を保障しようとしたところにある。したがってその核心はフランスの孤立化を狙った勢力均衡政策であった。

　第 4 には，冷戦のなかの国家間体制である。冷戦は米ソを盟主とした 2 つの陣営が対立したシステムであり，米ソは自陣営の構成国の内政に干渉し得る力を有し，また時として内政に干渉する局面も生じたことから，勢力均衡が特殊な変形を示した構造であったと位置づけられる。それと同時にアメリカ陣営の内部（西側世界）では複雑な外交上の力関係が作用し（したがって勢力均衡に該当する状況が存在していた），またソ連陣営の内部（東側世界）においても，限定的ながら複雑な外交上の力関係が存在していた（したがって勢力均衡に該当する状況が，東側においても限定的に存在していた）。

　もっともこれ以外の局面においても，外交により国家間の国力の均衡が図られる場合は，勢力均衡の事例に当てはまる。それは戦争に至らない段階であり，したがって外交が機能している段階である。とはいえ，その事例は本来の勢力均衡概念からは相当に逸脱した国家間体制である。これらの事例には，ヴェルサイユ体制，冷戦後世界の動態が該当しよう。第一次世界大戦後に成立したヴェルサイユ体制は米英仏を中心とした国家間体制であり，国力の均衡を図る場面も存在したが，国際連盟の創設や「民族自決」に沿った小国家が東欧に乱立したこと，さらにはドイツの弱体化とソ連の排除を追求した点において，本来の勢力均衡概念からは相当にズレた国家間体制であった。また冷戦後世界では，グローバリゼーションが進展することで「主権」概念が揺らぎ，勢力の均衡を追求することが困難な環境が生まれている。国家以外の諸組織が時として国家を上回る役割を果たしている。国際連合，ヨーロッパ連合（EU），北大西洋条約機構（NATO），世界貿易機関（WTO），アジア太平洋経済協力（APEC），さらには，非政府組織（NGO）など，無数の行為主体が今日，存在する。これらの諸組織は，国際社会のなかで重層化し，それぞれの組織は相互に対称を成していない。勢力均衡概念に沿った国家間体制が冷戦後世界において新たに創出されたとしても，勢力均衡に価値が見出されないケースも生じ得

るのである。とはいえ，冷戦後の世界においても国家は一定の存在感を保持しており，国家間の同盟関係が存続しているケースも多い。勢力均衡概念が作用する余地も残されているのである。

　また，勢力均衡の過程で複雑な同盟が組まれ，同盟が「総体」として戦争へと引きずり込まれたことから世界戦争へと至るケースも存在する。それはオーストリアとセルビアとの間の戦争が，ヨーロッパ全土へと拡大し，第一次世界大戦となったケースであり，ここでは勢力均衡が模索した「均衡」が崩れた際に，国家間体制が世界戦争へと向かう可能性があったことを示している。この事例には第二次世界大戦も該当する。

　また，勢力均衡の概念は国家の存在を前提とする。それと同時に国家と国家との間に「均衡」と「対立」が存在することも前提とされる。したがって勢力均衡の概念を適用させることが困難な事例が存在する。それはフランス革命，ないしはロシア革命に関わる事例であり，革命に際して国家の内部は流動化していた。

3　勢力均衡政策

　勢力均衡政策（balance-of-power policy）は「国力」の「均衡」を図ることにより，当該国家が，過酷な国際政治のなかで生存を模索する方策である。それは一国あるいは１つの国家群が，国家間体制において突出した力を獲得することによって，それまでの環境の「均衡」が崩れることを阻止し，それによって平和と安定を維持することを目指すことに特徴がある。そして一国の力の突出を抑えるために複雑な「同盟」が組まれていく。

　国際政治において「パワー」とはしばしば「国力」として把握され，また勢力の「均衡」（バランス）を図る上で，それに関連する国家は，複数国に上る可能性が高い（したがって勢力均衡政策は，複数国家間における諸国の「国力」均衡を目指す政策となる）ことには，注意が必要である。

　ここでは，図2-1と図2-2を用いて分析を進める。図2-1は，大国Ａが小国Ｂを征服し，中規模国家Ｃと向かい合っている状態を表現した図である。他方，図2-2は，小国Ｂと中規模国家Ｃとが，「あらかじめ」同盟を組み，大

図2-1　勢力均衡政策の分析(1)　**図2-2　勢力均衡政策の分析(2)**

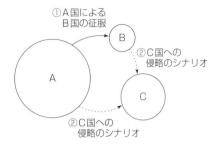 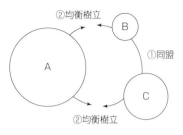

国Aと向かい合っている図である。**図2-1**は勢力の均衡が崩れた状態を示しており，**図2-2**は，勢力が均衡された状態を示している。この2つの図を説明するためには，背景の3つの要因を指摘する必要がある。

　それは第1に，C国がB国と同盟を組む「目的」である。B国の「住民」（ないしは「国民」）は図2-1の事例では征服されてしまう。そこでしばしば，B国への同情や配慮のため（B国を守るため）に，C国はB国と同盟を組むとする結論を引き出す視点が生まれる。しかし，国際政治の舞台では，外交は合理的な選択の下に行われ，「同情や配慮」から同盟が組まれることはない。その理由は，次の第2の要因と関わっている。すなわち第2に，同盟は「あらかじめ」組まれなければならない点にある。図2-1のシナリオは，B国にとって最悪のシナリオであるが，それと同時にC国にとっても最悪のシナリオとなる。それはB国を征服した後，A国の次の標的（ターゲット）が，C国となる可能性が高いためである。C国にとっては，したがって最悪のシナリオを消しておくために，B国が征服されてしまう前に，「あらかじめ」B国と同盟を組む必要（選択肢）が生まれるのである。B国が征服された後に，C国はB国と同盟を組むことはできない。そのためC国にとっては，A国の行動について，事前に「情報」を収集し，分析しておかなければならなくなる。ここから第3の要因，すなわち国際政治の舞台における「情報」の問題が生じることとなる。多くの国に情報機関（諜報機関）が存在し，そこからもたらされた「情報」は，時として外交判断に影響を与える。アメリカの中央情報局（CIA），イギリスのイギリス情報局保安部（MI5）ならびに秘密情報部（MI6），ロシアのロシア

連邦保安庁（FSB），イスラエルのイスラエル諜報特務庁（通称，モサド），（西）ドイツの連邦情報局（BND），さらには過去の事例として，ナチス・ドイツの秘密国家警察（通称，ゲシュタポ），旧ソ連の国家保安委員会（KGB），旧東ドイツの国家保安省（通称，シュタージ）などは，代表的な情報機関（諜報機関）である。それらの役割と活動をめぐる研究は，今日，「インテリジェンス」研究とされ，歴史研究や国際比較が進められている。

4　勢力均衡政策の欠点

　勢力均衡政策には外交や同盟の構築をめぐり，国際政治の洗練化に寄与した長所もあれば，他方で第一次世界大戦を引き起こす原因となった短所もある。ここでは勢力均衡政策の致命的な 4 つの欠点を指摘する。

（1）国力の把握方法

　「勢力」を「均衡」させるためには，国力の把握が必要不可欠である。しかし，図 2-1，図 2-2 のように，国力を大きさによって図示することは，実際，困難な作業である。「国力」とは，政治力，経済力，外交力，軍事力などの総合力によって推し量られるが，その他，地形と人口を掛け合わせた地政学的要因，対外的文化発信力，国家の統率力と国家への忠誠心，テクノロジーやイノベーション，さらには国際秩序の創出に関わる構想力なども重要な要素となる。

　しかし，「戦時」と「平時」とでは，求められる国力の側面も異なる。今日，超大国のアメリカは，巨大な円で図示できよう。しかし，ヨーロッパ連合（EU）（EU については第15章で取り上げる）は，どのように図示されるのであろうか。EU は，一見，それ自体が国家（ヨーロッパ合衆国）のような政体をもっている印象を周囲に与えるが，実際のところ，ドイツ，フランス，ベルギーなどの諸国が連合を形成しているにすぎない。勢力均衡モデルのなかで EU を図示することは複雑な作業となる。あるいはここ20年あまりの期間に急速に経済力を高め，それに合わせて政治力や軍事力を強化した中国（中華人民共和国）はどのように図示できるのであろうか。さらには，技術力や経済力において突出し

た存在感を示してきた日本は，安全保障の分野においては脆弱な側面を残している。このような国家はどのように図示できるのであろうか。

　これらの問いへの「答え」を導き出すことが困難なことは，国力とは何か，とする問いに対する「答え」が不定であること，また，国力が時間の経過とともに動態的に変化することと関連している。勢力均衡をモデルとして，それをもとに国際政治の展開をシミュレーションすることは，実際のところ，相当，複雑な作業となるのである。

（2）大国主導の政策

　勢力の均衡を主導する担い手は，国際秩序の形成へ向けて指導力をもった大国である事例が多い。その上，勢力を均衡させることが，該当国家の対外方針を正当化する論理として用いられることともなる。その典型的な事例が，1772年（第1回），1793年（第2回），1795年（第3回）の三度にわたる「ポーランド分割」（Partitions of Poland）であった。ポーランドは，西に大国のドイツ，東にやはり大国のロシアを抱えた勢力圏の間に位置した国家である。第一次世界大戦後にもポーランドは，国内に少数ながらもドイツ人やロシア人を抱え込み，そのことがドイツならびにロシアの介入を招くきっかけを生み出した。第二次世界大戦の直前にはドイツとソ連との間で，ポーランドを分割することが独ソ不可侵条約のなかで取り決められた。第二次世界大戦期にはドイツとソ連により侵攻され，国土は分割され，その後，ポーランド国内にはホロコーストのための強制収容所，さらには絶滅収容所が建設された。戦後は，ソ連が自国の国益を追求したために，ポーランドの国境線は西へ移動することを余儀なくされた。冷戦期は，ソ連の影響力の下に統制され，ポーランドは，冷戦の終焉によってようやく自立を勝ち得た。

　これらのポーランドの歴史のなかでも，勢力均衡の分析との関連においては，18世紀末のポーランド分割をめぐる国際政治の動向が課題とされる。「国力」の増強を進めたロシアは，18世紀を通じて，西方への対外進出の傾向を強めていた。ロシアがポーランドへの進出の傾向を示すなかで，ドイツならびにオーストリアは，ポーランドがロシアの領域へと編入されるならば，ヨーロッパの勢力の均衡は崩れるとして，ポーランド分割を行ったのである。ポーラン

ド国民の祖国への思いは大国の利害によって引き裂かれることとなった。ポーランド分割の経緯は，勢力均衡政策が「大国」の利害に沿った政策となり得ること，換言すれば小国あるいは中規模国家の利害は軽視される傾向があることを示している。

（3）植民地体制への潮流

「ウェストファリア体制」のなかで編み出された勢力均衡政策は，西ヨーロッパ以外の世界へも拡大した。その際，西欧の大国は，国益の追求のなかで，西欧以外の世界を植民地（colony）として自国につなぎ止めることで，国力の増強を図った。いかに多くの植民地を確保し，それにより自国の経済的発展を進めるか，このことが問われたのである。そうした西欧の世界各地への進出（西欧の膨張）は，「帝国主義」の原動力の1つともなり，それと同時に，世界各地で生じ得る紛争が，本国に逆流し得る可能性も生み出した。西欧の帝国主義列強諸国が世界各地へと過度に膨張したことは，かえって「均衡」の創出を困難にさせた。その帰結は，世界戦争（第一次世界大戦）の勃発となった。

（4）第一次世界大戦

勢力均衡政策の最大の欠点は，世界戦争（第一次世界大戦）の危機（リスク）を高めたことである。

勢力均衡政策の最大の目標は，想定し得る敵国・敵陣営（仮想敵国と表現される）に対して，勝利する（ないしは相手を上回る力を保持する）ことにより，優位に国際秩序の創出に携わることにある。その結果，勝利することに至上の目的がおかれる傾向が生み出される。すなわち第1に，最終的には武力の行使が正当な手段と見なされる傾向が高まり（武力行使の正当化傾向），そのため軍備拡大傾向が促進され，また第2に自国の陣営を強化するために，周辺諸国への積極的な働きかけが行なわれやすいのである。図2-3に示したように，〈A国・B国・C国〉は同盟を形成し，仮想敵国である〈D国・E国・F国〉の同盟に対抗していると仮定する。自国の陣営を強化するために，それぞれ，周辺諸国のG国，H国，I国……，あるいは，J国，K国，L国……へと，積極的な働きかけが生じる傾向があり（対外的傾向），自国陣営の構成国を増加することで

図 2 - 3　勢力均衡政策の展開と課題

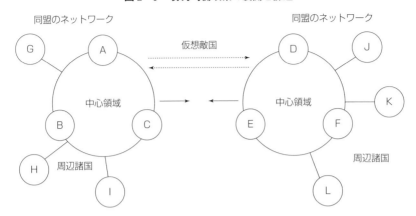

優位に立とうとする。この対外的傾向は，際限がなく，したがって同盟のネットワークは拡大を続ける傾向がある。その結果，周辺諸国における小さなトラブルにも同盟のネットワークは影響を受けやすくなる。実際，第一次世界大戦前夜には，同盟のネットワークは，ヨーロッパ全域にくまなく張り巡らされていた。そして，トラブル（オーストリア皇太子夫妻のセルビア青年による暗殺事件：サラエボ事件）は，同盟のネットワークを通じてヨーロッパ全域へと波及した。本来，オーストリアとセルビアとの間の紛争として処理される問題であったにもかかわらず，同盟のネットワークがあったために，紛争はたちまち関連するすべての国に波及し，同盟のネットワーク全体が戦争へと引きずり込まれることとなったのである。

5　集団安全保障

　破滅的な第一次世界大戦の後，国際政治の舞台では，戦争の勃発を抑制するための制度の創出に向けた気運が高まった。勢力均衡政策における「武力行使の正当化傾向」，ならびに「対外的傾向」は，均衡（バランス）が崩れた時に世界戦争を引き起こす危機（リスク）が高く，したがって課題は，いかなる制度を作るか，という点にあった。その結果，考案された方式が「集団安全保障」

図2-4　集団安全保障の概要(1)　　図2-5　集団安全保障の概要(2)

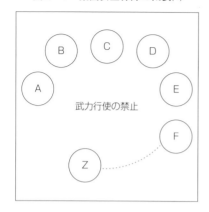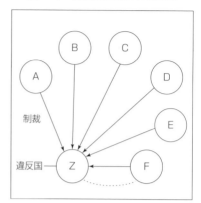

（collective security）であった。この方式は，第1に集団を創出し，その集団の
すべての構成国が，「武力行使の禁止」を誓約することから始まる（**図2-4**）。
しかし，第2に，不幸にしてある国（**図2-5**におけるZ国）がその誓約に違反
した場合，集団のなかの残りすべての構成国（**図2-5**における，A国，B国，C
国，D国，E国，……国）が，集団で該当国家（違反国）（**図2-5**におけるZ国）に
対して制裁（sanction）を加える方式であり，したがって，「対内的傾向」を特
徴とする。制裁は，経済封鎖に代表される経済制裁から，軍事介入に至る軍事
制裁まで，複数の段階が設定される。この集団安全保障の方式は，様々な制度
上の不備を抱えながらも，第一次世界大戦後，国際連盟の創設によって初めて
制度化された。

　国際連盟は，しかしながら，世界大戦の再発を阻止することに失敗した。第
二次世界大戦後，国際連盟は，国際連合へと制度の革新が進められ，集団安全
保障の方式は国際連合のなかで制度的に強化され，今日に至っている。

第**3**章 | 帝国主義とイギリス外交の諸相

1 グローバリゼーションの3つの波

　19世紀後半から20世紀初頭にかけて，世界銀行の分析によれば，人類はグローバリゼーションの「第1の波」のなかにあったとされる。

　ここで，世界銀行が提起したグローバリゼーションに関わる「3つの波」について分析しよう（図3-1）。世界銀行は，1980年頃から始まった冷戦後の今日のグローバリゼーションの過程を，「第3の波」と位置づけている。すなわち，「第1の波」は1870〜1914年の時期，「第2の波」は1945〜80年である。

　「第1の波」は蒸気船を通じた輸送コストの低下，関税障壁の引き下げ，鉄道技術の開発に特徴づけられ，貿易の促進と輸出の増加がグローバリゼーションを引き起こしたとされる。しかし，ナショナリズムへの後退が1914〜45年の期間に生じ，それにより，保護主義の高まりが国際貿易を後退させたとされる（グローバリゼーションからの後退）。

　戦後の「第2の波」は，貿易の自由化が促進され，先進国に急速な成長をもたらしたとされる。他方，発展途上国は成長から取り残される傾向が強かった。

　「第3の波」は，人口移動と資本移動に特徴づけられ，発展途上国のなかでもグローバル市場に参入し，急速な成長を進める地域と，国際経済のなかで引き続き周縁に留まっている地域が存在しているとされる。

　今日グローバリゼーションと呼ばれる現象を，「支配」と「被支配」，さらには「政治」と「経済」の視点から捉えた分析視角が「帝国主義」論であった。世界銀行が提起した分析を参考にしつつ，ここでは，19世紀末から20世紀初頭にかけてヨーロッパを中心に拡大した帝国主義の現象を指摘しよう。

図3-1　グローバリゼーションの3つの波

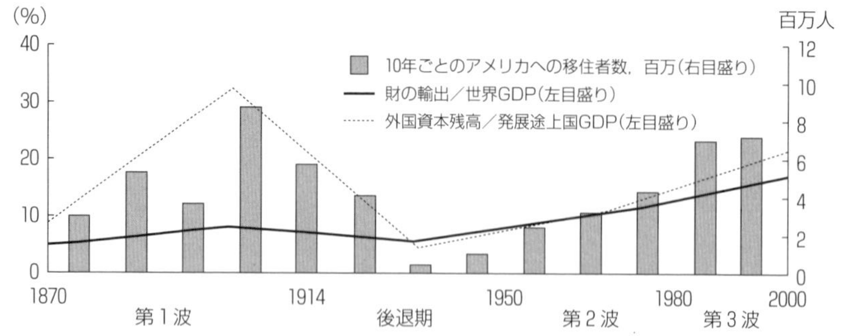

出所：世界銀行／新井敬夫訳『グローバリゼーションと経済開発：世界銀行による政策研究レポート』シュプリンガー・フェアラーク東京，2004年，27頁。

2　帝国主義現象

（1）帝国と帝国主義

　「帝国」（empire）とは，内部世界の統治力を高めつつ，それと同時に外部世界に影響を与える支配体制である。外部世界への影響は，内部世界へと直接的に組み込んだり（侵略，割譲，合併），間接的に支配力を及ぼしたりする（植民地体制）。その根底には「膨張主義」が存在し，「帝国」の力を高める方針を「帝国主義」（imperialism）と呼ぶ。

　歴史的に，古代ローマ帝国に帝国の原型の1つが確認されるが，現代においても，東欧に「社会主義」を植え付けたソ連を帝国として，あるいは日本の政治へと影響（自由貿易体制への適合）を及ぼすアメリカを帝国として，それぞれ見出すことがある。あるいは，「9.11テロ」の後，イラク戦争へと突き進んだアメリカを，中東にアメリカ型民主主義を拡大させることを追求する「デモクラシーの帝国」として，描き出す試みも存在した（藤原，2002年）。「帝国」は，このように多様な目的で活用されることがあるが，ここでは，国際政治学が一般的に対象とする19世紀末から20世紀初頭にかけて，ヨーロッパを中心に拡大した帝国主義を扱うこととする。

（2）帝国主義現象が生じた諸要因

　「帝国主義」現象が生じる要因として，ここでは次の3点を指摘したい。第1には，資本主義の発展の結果，複数の変異が生まれたことである。それは複数のヨーロッパ諸国を，質的には独占資本主義へと，量的には植民地獲得へと突き動かした。

　19世紀末，ドイツにおいて景気の後退局面が深刻化した。普仏戦争（1870～71年）の結果として得た賠償金を活用して，ドイツでは会社設立ブームが生じていたが，景気の過熱が一巡すると，1873年以降，ほぼ20年間にわたる景気の後退の時期が続いた。この結果，企業は生き残りをかけ，企業間の連結を加速させた。淘汰される企業が相次ぐなかで，景気後退を乗り切った企業は，市場の独占に成功し，いわゆる「独占資本主義」（monopoly capitalism）と表現される市場形態を誕生させた。

　さらに，景気後退の局面がヨーロッパ全域へと拡大していくなかで，企業は，ヨーロッパの外に市場を獲得することを目指した。海外進出（海外市場獲得競争）が加速されたのである。ヨーロッパ列強は植民地獲得競争へと向かい，自国（帝国）に従属させるために，非ヨーロッパ世界を「植民地」として独占的に獲得することを目指した。膨張は帝国主義の論理に支えられた。

　第2の要因は，イギリスならびにフランスに代表される帝国主義の先発グループに対する，ドイツに代表される帝国主義の後発グループの挑戦が，帝国主義の傾向を世界化させたことにある。ドイツ帝国は，内政・外政に指導力を発揮した宰相ビスマルクが，1890年に政治の舞台から姿を消した後，ヴィルヘルム2世の下，軍事，経済，双方において拡大路線を図った。すなわち，「世界政策」（ヴェルト・ポリティーク）の方針を追求して，イギリスの覇権（パクス・ブリタニカ：Pax Britannica）への挑戦を開始したのである。イギリスの進める3C政策（カイロ，ケープタウン，カルカッタ）と，ドイツの進める3B政策（ベルリン，ビザンティウム，バグダード）が併存した。3B政策は，海上への進出を目指すことがイギリスとの対立を深める可能性があることを危惧したヴィルヘルム2世が，内陸（バグダード鉄道建設計画）を通じてペルシャ湾への進出を図った政策であったが，国際社会からは警戒された。

　第3の要因は，産業革命を通じた新しい技術の発明が，列強の膨張を促した

ことであった。20世紀初頭には，第二次産業革命がヨーロッパ列強を中心に進展し，その傾向は，日本，アメリカなどの非ヨーロッパ列強へも拡大した。第一次産業革命が，石炭を基礎資源として蒸気力を生み出し，鉄道建設の発展を促進したのに対して，第二次産業革命は，石油を基礎資源として電力を生み出した。さらには第二次産業革命を通じて，内燃機関が開発され，それは自動車や船舶に活用された。自動車や高速化された船舶が増産され，普及したことは，人々の移動距離を広げ，帝国主義的な膨張の速度も加速させた。さらに，内燃機関の開発と普及は，重化学工業の発展も促し，列強の工業化を加速させた。

（3）帝国主義をめぐる諸研究

　「帝国主義」的現象が列強を中心に，世界規模へと拡大するなかで，その傾向を批判的に捉え，警戒する声が複数の理論家（さらには活動家）から主張された。

　代表的な分析はイギリスの経済学者ホブソンによってまとめられた『帝国主義論』（1902年）である。ホブソンは，イギリスの産業構造が，商品輸出から資本輸出へと移行するなかで，金融業者や投資家を中心とした利益構造が形成され，イギリスが利子や配当に依存する国家へと変貌を遂げつつある実態を批判した。ホブソンは，帝国主義が軍国主義を促す可能性を危惧し，状況を改善するために「社会改良」（social reform）を求めた。

　他方，世界規模の分析を試みたのがレーニンによる『帝国主義論』（1916年）である。ホブソンの議論はイギリスに限定された分析であった。これに対してレーニンは，列強の動向に焦点を当てつつ，世界を覆いつつある帝国主義の傾向を巨視的に捉えた。レーニンは帝国主義を批判し，それを打破するためには，「社会主義」の世界を作り上げる必要があることを主張した。

（4）帝国主義と国際政治

　「帝国主義」現象の拡大は，国際政治に次の3つの影響をもたらした。第1には，帝国主義諸国（いわば「中心」領域）が，「植民地」諸国（いわば「周辺」領域）を，垂直的（中心→周辺）に支配するなかで，世界の一体化が進んだこと

である。その結果，「周辺」領域におけるトラブルが，「中心」領域へと逆流する現象が生じ始めた。

第2には，帝国主義現象が国内政治の歪みを拡大させ，その結果，「社会改良」，労働運動，「社会主義」などの，複数の「左」派イデオロギーが，無数の社会的弱者の支持を獲得し始めたことである。それらの複数のイデオロギーの潮流のなかには，後に，革命を志向するグループも生まれ始めた。

第3には，勢力均衡の内実が変容し始めたことである。帝国主義は，必然的に「膨張主義」を内在している。したがって均衡すべき「勢力」が，帝国主義の傾向を強めると，「膨張」を志向する「勢力」間の衝突のリスクは高まる。換言すれば，第一次世界大戦の時期までに，「膨張」を志向する複数の「勢力」間の均衡を維持することが不可能となったのである。

3　イギリス外交の諸相

（1）イギリスの仕組み

次に，産業革命を牽引し，世界規模の大帝国を建設することで，近現代の国際政治に大きな影響を与えたイギリスの事例を確認しておこう。

イギリス（United Kingdom）は，次のような経緯を経て，今日の版図となった。すなわち，①829年，イングランドの統一，②1536年，ウェールズの合併，③1707年，スコットランドの合併，④1800年，アイルランドの合併，その後，⑤1922年，32県から構成されていたアイルランド島のなかの26県（後のアイルランド）が自治領となり，そして，⑥1937年，同26県の独立が承認され，この段階で，現在の版図となった。なお，アイルランド島の残りの6県（アルスター地方）は，プロテスタントが多く，北アイルランドとしてイギリスに引き続き帰属した（これが北アイルランド紛争の起源となった）。

このような経緯から，イギリスの正式名称は，「グレートブリテンおよび北アイルランド連合王国」（United Kingdom of Great Britain and Northern Ireland）と呼ばれる。ここでは近現代のイギリスの歴史と国際政治との関わりについて，宗教改革，大英帝国，戦間期のイギリス外交，冷戦とイギリス外交を中心に，イギリスの盛衰を探る。

（2）ヘンリー8世と宗教改革

　1534年，ヘンリー8世により宗教改革が行われ，イギリスにおけるキリスト教は，カトリックから「アングリカン・チャーチ」（イギリス国教会：Anglican Church）へと移行した。イギリスにおける宗教改革はヨーロッパ大陸における宗教改革（プロテスタント諸教会を生み出した運動）の時期（1517年，ルターが「95カ条の提題」を発表）と，ほぼ重なっており，キリスト教のあり方を問い直すと同時に，ヨーロッパの権威構造を変容させた。

　ヘンリー8世は宗教改革の過程で，カトリック（修道院）が所有していた所領を没収し，その富を活用して海軍力の増強を図った。エリザベス1世（女王）の時代に，イギリスは，スペインの無敵艦隊を撃破（1588年）し，制海権を手にした。制海権を掌握したことは，イギリスが海洋帝国として新たな一歩を踏み出したことを示しており，それは覇権国としてのイギリスの始まりであった。

　イギリスは世界に先駆けて清教徒革命（1642〜49年）ならびに名誉革命（1688〜89年）に代表される市民革命を経験した。それは，「市民」（ブルジョワ）の台頭を促し，王権を制約した市民により，議会主義の確立が目指された。「市民」（ブルジョワ）を中心とした経済活動の拡大は，産業革命の素地を作った。

　この結果，1770〜1830年代にかけて，イギリスでは「産業革命」が始まった。第一次産業革命（石炭→蒸気力）は，おおよそ100年後に第二次産業革命（石油→電力）へと発展し，イギリスの工業力・産業力を飛躍的に向上させた。「世界の工場」として発展の段階を高めたイギリスは，次第に「帝国主義」の傾向を強め，ヴィクトリア女王の時代（在位：1837〜1901年）に，その傾向は頂点に達した。64年間におよぶヴィクトリア女王の治世（とくにその前半期）は，イギリスの最盛期となった。

（3）ヴィクトリア時代

　ヴィクトリア女王時代の前半期には，イギリスは植民地の獲得を通じて世界の陸地の4分の1を統治する大帝国となっていた。自由主義的改革，議会改革も促進され，産業も発達した。自立した「市民」（ブルジョワ）は次第に「資本家」（ブルジョワ）としての立場を強め，商品を輸出するために海外市場を獲得する

ことを支持した。イギリスの発展は，イギリスの風景も変えた。大都市ロンドンは世界で最も早く，都市化による人口集中と工業化を通じた環境破壊の問題に直面し，貧富の差が激増したことは，「資本家」（有産階級：ブルジョワ）と「労働者」（無産階級：プロレタリア）という2つの社会層を併存させることとなった（イギリスの政治家ディズレーリは「2つの国民」と呼んだ）。ヴィクトリア時代のイギリス社会の急激な変容は，イギリス社会のなかに様々な矛盾を生み出した。

　こうしてヴィクトリア時代の後半期に入ると，イギリスの覇権（「パクス・ブリタニカ：Pax Britannica」）は揺らぎ始めた。ドイツ，フランス，イタリア，ロシア，ベルギー，アメリカ，さらには日本に代表される後発の「帝国主義」列強諸国が，イギリス型の発展方式（産業革命と植民地主義）を模倣し，世界の分割を追求したのである。そのなかでもとくにドイツは，皇帝ヴィルヘルム2世の下，パクス・ブリタニカへの挑戦の姿勢を強めた。

（4）宥和政策

　第一次世界大戦の後，イギリス外交は限界に突き当たり始めた。

　アメリカの参戦を通じてかろうじて戦勝国となったイギリスは，覇権の維持を，第一次世界大戦後のヴェルサイユ体制のなかに期待した。とくにイギリスは植民地体制の維持を追求した。

　しかし，ヴェルサイユ体制が世界恐慌（1929年）の影響のなかで揺らぐと，イギリス国内でもモズリーを中心としてファシスト運動が台頭し，イギリスは覇権国の地位から滑り落ち始めた。世界各地でファシスト運動が吹き荒れ（ドイツ，イタリア，ハンガリー，スペイン，アメリカ），イギリスの政治・外交における政策選択の幅は狭まった。なかでも，ヒトラーの対外政策は，イギリスを中心としたヴェルサイユ体制を掘り崩すものであった。1933年に支配体制を確立したヒトラーは，再軍備宣言（1935年），ラインラントへの進駐（1936年），オーストリア併合（1938年3月），ミュンヘン会談（1938年9月）へと至る過程において，ヴェルサイユ条約への違反を繰り返した。

　守勢に立たされたイギリスは，フランスと連携しながら，「宥和政策」（appeasement policy）を選択した。それは，イギリス外交の行き詰まりを示し

ていた。

　イギリス外交には次の３つの特徴が存在した。①島国であることから，海洋進出に活路を見出し，その動機が海外に植民地を抱える「大英帝国」の建設に結実したこと，②大陸（ヨーロッパ諸国）との関わりに影響を受けたこと，③近現代以降，アメリカとの「特別な関係」を築いたことである。

　戦間期のイギリス外交と宥和政策の選択は，②の影響を受けていた。すなわちイギリスは伝統的に特定の同盟をもたず，ヨーロッパ大陸の諸国家のバランスを保つことに尽くしてきた。そうした「バランサー」（balancer）としてのイギリスの役割は，ヨーロッパ大陸の国家間関係を分断し，細分化し，統一勢力が生まれないことを目指すものであった。ヨーロッパ大陸に強力な統一国家が誕生すれば，島国のイギリスは孤立し，行き場を失う恐れがあった。イギリスは状況に応じて，フランス（ブルボン王朝）とオーストリア（ハプスブルク帝国）を競わせ，ヨーロッパに統一国家が誕生することを阻止した。

　しかし，1933年以降の国際社会の情勢は，近代ヨーロッパの勢力図と変わっていた。ヨーロッパ大陸を占めた力の「場」は，フランス（第三共和政），ドイツ（ナチズム），ソ連（社会主義）の３つであった。イギリスは議会主義と民主主義の伝統に基づくフランスと利害を共通化することができた。しかし，ドイツならびにソ連に対して，苦しい選択を迫られた。イギリスとフランスが，ドイツとソ連の二国を相手に対峙することは難しかった。どちらかの相手と妥協的な協調を模索し，それにより，その国家をヴェルサイユ体制に適合するように誘導していくことが，イギリス，フランスが取り得る選択肢であり，それは宥和政策であったのである。

　その際，ロンドンの中心街シティー（金融の中心地）が，ナチスによる再軍備宣言（1935年）を黙認するように，イギリス政界に影響を与えていたことは，１つの分岐点であった。ソ連で体現された社会主義は国有化を前提としていた。イギリスの財界にとって，国有化は受け入れられないシナリオであった。スターリンのソ連（社会主義）よりも，ヒトラーのドイツ（資本主義）の方が，シティーにとっては選び得る選択肢であったのである。

　こうした背景の下，イギリスは３つの要因からドイツに対する宥和政策を採用した。すなわち第１に，ヴェルサイユ体制への敵対的政策をヒトラーが追求

していたにもかかわらず，イギリス（ならびにフランス）には，それを懲罰的に
制裁するための戦争準備ができていなかった。第2に，ドイツ国民から熱狂的
な支持を集めていた印象をドイツ内外に与えていたヒトラーであったが，イギ
リス（ならびにフランス）は，それを短期的な現象と捉えていた。そして第3に，
イギリスは，ヨーロッパへの潜在的脅威として，社会主義（ソ連）への警戒感
を強めていた。イギリスは，東方への領土要求を繰り広げるヒトラーが，ヨー
ロッパの東に位置するソ連（スターリン）と衝突し，独ソ間で戦争が勃発する
シナリオを予測していた。

　宥和政策が誤りであったことは，1939年8月，独ソ不可侵条約が締結された
ことによって明らかとなった。同条約により，ドイツとソ連が結託したのであ
る。9月1日，ドイツがポーランドに侵攻，結局，イギリスは9月3日，ドイ
ツに宣戦布告した。第二次世界大戦が始まったのである。このことはイギリス
外交の限界を示していた。

（5）イギリスと冷戦

　冷戦時代のイギリスは国力の衰退に苦しむこととなった。過酷な第二次世界
大戦がイギリスを弱体化させたのである。そこにさらに次の2つの傾向が折り
重なった。すなわち第1に，植民地独立の気運が戦後の世界的な傾向となった
ことにより，イギリスが支配下においていた植民地が相次いで独立し，イギリ
スの衰退を加速させたのである。インドとアフリカを中心とした独立は，海外
に領土を獲得することを力の源泉の1つとしていたイギリスにとって，致命的
な問題であった。

　第2には，「イギリス病」と表現されるイギリスの産業構造の長期的な衰退
傾向であった。イギリスでは，アトリー政権の誕生とともに，社会保障制度の
拡充が促進された。その傾向は戦時中に，『社会保険および関連サービス』（ベ
バリッジ報告）（1942年）として示され，そのなかで「ナショナル・ミニマム」（国
民生活の最低基準）の概念が提起されていた。そうした発想は，「ゆりかごから
墓場まで」と称されるイギリス型の社会保障制度の確立に影響を与えた。しか
し，水準の高い福祉政策を維持するために，高福祉の対価としての高予算の側
面が強められた。予算を確保するために，税率が引き上げられ，イギリスの企

業から国際的競争力を奪った。さらに産業構造の改革が十分に進められなかったため，イギリス経済は長期的な停滞の時期に入った。

　このような衰退傾向のなかで，戦後，首相に返り咲いたチャーチルは，「外交力」にイギリス再興のための活路を見出した。イギリスには，大英帝国として世界の頂点に君臨した歴史と経験があり，それを活かして，深まる米ソの対立（冷戦）のなかで存在感を発揮し，さらには米ソ間の仲介役をイギリスが果たし得ることを目指した外交指針である。

　さらにチャーチルには「3つの環」と表現されたイギリスの国力を分析した見取り図があった。3つの環とは，①「コモンウェルス」(commonwealth)，②アメリカとの「特別な関係」，そして，③ヨーロッパ統合を，イギリスの国力の源泉と捉え，3つの領域を巧みに組み合わせながら，イギリスの国力の増進を目指す発想であった。しかしコモンウェルス（イギリス連邦）は，南アフリカ共和国の脱退（1961年）を通じて，次第に弱体化した。

　またアメリカとの特別な関係も，「スエズ危機」(1956年)により揺さぶられた。すなわちスエズ危機とは，1956年7月，エジプトのナセル大統領がイギリスの管轄下にあった万国スエズ運河会社（イギリスがスエズ運河の株式を保有していた）の国有化を宣言し，それに対してイギリスならびにフランスが武力行使を通してスエズ運河をめぐる利権を死守しようとした事件である。その際，アメリカは英仏の行動を支持せず，結局，英仏はスエズを失った。この経緯が英仏の威信を傷つけ，両国ではアメリカへの不信感が高まった。

　さらに，ヨーロッパ統合へのイギリスの参加（EEC加盟申請）は，フランス大統領のド゠ゴールによって繰り返し阻止された。ド゠ゴールは，イギリスを介してアメリカの影響力がヨーロッパ統合へと流れ込む可能性

図3-2　チャーチルの「3つの環」

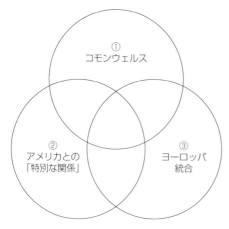

を危惧したのである。こうして，イギリスのヨーロッパ統合への参加は，ド＝ゴールが大統領を辞めた後に，果たされることとなった。

　3つの環は，イギリスの国力の源泉を象徴していたが，その基盤は国際政治の展開のなかで，強まったり，弱まったりした。

　そのようななか，1969年に北海において油田が発見されたことは，イギリスの風景を少しずつ変えた。北海油田は1975年に生産が開始され，イギリス再興への第一歩となり，1979年に誕生したサッチャー政権は，そうしたイギリス復活の潮流と，自らの政権が進める「新保守主義」的政策とを結び付けた。それは，イギリス政治に新たな傾向，すなわち「サッチャリズム」（Thatcherism）をもたらした。サッチャリズムは規制緩和と民営化を基礎にイギリスの再興（イギリス病の克服）を目指した経済政策であり，その点で「小さな政府」を志向していた。

　イギリスは，冷戦の終焉の時期にかけて，再び国際的存在感を高め，その傾向はブレア政権の登場によって加速した。20世紀末から21世紀初頭のイギリスは，ブレアを中心に，ヨーロッパに新しい価値観（「第3の道」として知られる）をもたらすこととなった。その経緯は，西欧諸国に複数の中道左派政権が誕生したことと関連していた。とくに，ドイツのシュレーダー政権（SPD）との新しい価値観の創造は，21世紀のヨーロッパの行方に影響を与えた。この点については，第12章で扱う。

　今日，イギリス外交はヨーロッパ統合との関係の再構築を目指している。2016年6月23日，イギリスでは欧州連合（EU）からの離脱の是非をめぐる国民投票が実施され，離脱派が残留派を上回った。イギリスのEUからの離脱手続，すなわち「ブレグジット」（Brexit）（「Britain」（英国）と「Exit」（退出）を組み合わせた傾向）の行方が21世紀の国際政治の争点の1つとなっている。

第4章 冷戦論の特徴

　冷戦は主権国家体制にそれまでと異なる新しい傾向をもたらした。冷戦はお
およそ，1947（1948）年から1989（1990）年の期間に，超大国アメリカと，超
大国ソ連との間で繰り広げられた，政治，外交，心理，経済，軍事，社会，学
問，さらには文化の領域を巻き込んだ包括的な対立であった。そしてそれまで
の国際政治史のなかに同様の事例が存在しなかったことに重要な特徴があっ
た。いわば，従来の主権国家体制の延長線上に位置しつつも，冷戦は，従来の
国家間体制の伝統とは異なる新しい力の関係（＝力の場）を生み出したのであ
る。ここではこの点に注意して，冷戦に関する理論的な検討を試みる。以下，
冷戦論（冷戦研究）に関わる7つの特徴を示したい。

■1 冷戦と時期区分

　冷戦論の第1の特徴は，時期区分の問題である。冷戦における米ソの対立は
相互の「不信感」の上に成立した。それは，資本主義を基礎とするアメリカと，
社会主義を基礎とするソ連との間のイデオロギーをめぐる闘争であり，換言す
れば，「世界観」をめぐる覇権争いでもあった。しかし，不信感について理論
的な分析を展開することは困難である。アメリカがソ連に対して不信感を抱い
た時期と，ソ連がアメリカに対して不信感を抱いた時期にはズレが生じる上，
アメリカの対外政策，ならびにソ連の対外政策の分析についても，冷戦へ向け
た傾向が両国のなかで生まれる時期について，研究者の間に異なる見解が存在
しているのである。

　イデオロギーの点を重視すれば，1917年の「ロシア革命」の時期から冷戦が
始まったと捉えることもできようし，第二次世界大戦後の戦後処理の点に注意
すれば「ヤルタ会談」に冷戦の起源を求められよう。あるいは政治的リーダー
シップの点に注意すれば，アメリカにおける指導者の交代（ローズヴェルトから
トルーマンへ）の時期に，そしてまた，戦後政策の点に注意すれば，ソ連によ

る東欧への浸透（東欧各国の社会主義化）の時期に冷戦の起源を特定するかもしれない。

二度の世界大戦，またそれ以前の近代戦争は，宣戦布告（戦争開始の合図）と講和締結（戦争終結の合図）により，「開始」と「終結」の時間が特定されてきた。それは軍事システム（軍隊）が上意下達システムにより統率され，上層部の指令のなかに戦争の諸段階に関わる時間（日付）が記録されているためであった。しかし，冷戦については，その起源（時期）を特定することは困難である。

これらの背景の上に，冷戦は学問としての輪郭を与えられ，研究分野として発展してきた。その際，冷戦論（冷戦研究）は，アメリカ外交の展開を説明することに力点がおかれてきた。換言すれば，アメリカにおいて，冷戦論（冷戦研究）はアメリカ外交の分析でもあった。

このような観点から，一般的に「冷戦の起源」は，アメリカが社会主義（ソ連）の「封じ込め」（containment）を国家戦略として採用した1947年に求められている。すなわち，トルーマン・ドクトリン，ならびにマーシャル・プランが開始された時期である。本書でもそれを基準と捉えつつ，新しい研究動向を踏まえて，冷戦論を捉え直していきたい。なお，冷戦の「終結」については，一般的に「ベルリンの壁」の崩壊から，東欧革命の進展，さらにはソ連の崩壊の時期に該当する1989〜91年と捉えられている（冷戦の歴史についての分析は，第9章で扱う）。

❷ 「準双極体系」としての冷戦

冷戦論の第2の特徴は，戦後の国家間体制を，「極」という概念を用いて分析した点にある。例えばカプランは，冷戦の特徴を「準双極体系」（Loose Bipolar System）として表現して概念化した（Kaplan, 1957）。

換言すれば，カプランによる準双極体系は，「極」という概念を用いて冷戦を説明したことに特徴があった。「極」とは，国際政治を動かす中心的な基軸のことであり，アメリカとソ連が基軸となった冷戦は「二極」（ないしは「双極」）と呼ばれた。「極」は圧倒的に抜きん出た力を保持した国が，力の「場」を形成しているとみる視角の表現であり，「極」と捉えることで国際政治の構造を立体化させ，分析の促進を促すものである。

「極」の概念は様々に応用され，冷戦の時代にあっても，西欧，中国，日本などの国々が国際的に存在感を示し，状況に応じて自立化の傾向を見せ，独自の外交を発揮する局面があらわれた場合には，「多極」とも表現された。

冷戦後の今日にも「極」の概念は活用され，ソ連が崩壊した後のアメリカの優位を，アメリカへの「一極」集中と表現する傾向も存在した。カプランの議論は，米ソの存在を「極」と捉えつつも，「緩やかに」「極」が体系づけられていると捉える点で，「準」双極体系として冷戦が説明された。

❸ 冷戦とイデオロギー

冷戦論の第3の特徴は，イデオロギーの存在であった。すなわち，2つの「極」の間には「鉄のカーテン」（ベルリンでは「ベルリンの壁」である）が存在し，東西を「2つの世界」へと分断したことにある。アメリカを盟主とした国々は，西欧，日本，韓国，オーストラリアなどに代表され，西欧の「西」の表現をとってこれらのグループは「西側」と総称された。他方，ソ連を盟主とした国々は，東欧，中国，北朝鮮，キューバ（革命後のキューバ）などに代表され，東欧の「東」の表現をとってこれらのグループは「東側」と総称された。ここから冷戦は，米ソ間に焦点を当てれば「米ソ対立」と呼ばれ，東側と西側に焦点を当てれば「東西対立」と呼ばれた。あるいはヤルタ会談の合意事項を重視すれば，「ヤルタ体制」とも表現された。

双方のブロックには，それを支える3つの柱が存在した。すなわち，経済的にはマーシャル・プラン（西側）とコメコン（東側）であり，軍事的には北大西洋条約機構（NATO）（西側）とワルシャワ条約機構（WTO）（東側）であり，イデオロギーの点では資本主義（西側）と社会主義（東側）であった（図4-1）。

このなかで，冷戦に最も特徴的な傾向はイデオロギーであった。西側と東側の諸国家における国内システムはイデオロギーに基礎づけられたシステムを備えていた。その際，資本主義はアメリカ型の資本主義（アメリカ化）である傾向が強く，また，社会主義はソ連型の社会主義（ソ連化）である傾向が強かった。そして，この点は，諸国家におけるイデオロギー（資本主義あるいは社会主義）の受容をめぐる問題として，国際社会における冷戦（国際冷戦）とは異なる次元（国内冷戦）の過程を生み出した。

図4-1　冷戦の対立軸

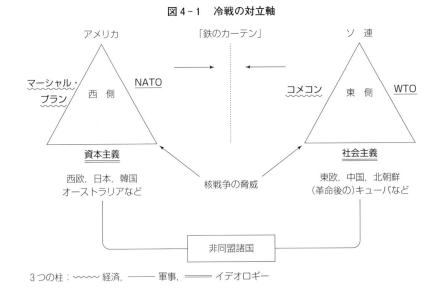

3つの柱：〰〰〰 経済，──── 軍事，═══ イデオロギー

❹ 非同盟諸国と南北問題

　冷戦論の第4の特徴は，非同盟の存在である。東西への二極化が進むにつれて，いずれのブロックにも与しない「非同盟」の立場が登場した。その代表的な国は，ユーゴスラヴィアやインドであった。これらの国々は，東西対立から距離をおくことで，自国の国際的な存在感をアピールすることを目指した（図4-1）。

　そして，1950〜60年代にかけて非同盟の立場への共鳴国が増加した。背景には，戦後の植民地独立運動の過程で，新しい独立国家がアジアとアフリカの地域を中心に次々と誕生したことがあった。これらの国は国際連合に加盟した。そして数の多さで影響力を高めた。「アジア・アフリカ諸国」（「A・A諸国」）は，その大半が「小国」であったが，数の多さを武器に，国連の舞台（とくに，国連総会）で結束し，国際社会の構造を変えることを要求したのである。

　というのも，1960年代以降，国際政治の場面では，もう1つの新たな潮流として，相対的に豊かな「北」の先進工業地域と，貧しい「南」の開発途上地域との間の経済格差をめぐる「南北問題」が争点として浮上していた。そして，

非同盟諸国と「南」の開発途上地域とは，アジアとアフリカの地域を中心に同一の国である場合が多かった。これらの国々は，A・A 諸国として，「非同盟」と「南」の問題を国連の舞台で連結させ，一方で東西対立の克服を，他方で格差構造の克服を追求したのである。

　これらの国々は，第一世界（資本主義諸国）でも，第二世界（社会主義諸国）でもない，「第三世界」の立場を確立することを目指した。このように，冷戦（東西対立）のなかで，南北問題が新たな対抗軸となり，国連を舞台とした様々な試みが目指された。他方，アメリカとソ連は国益を死守するために，国連での議論を避け，東西対立のなかで自国の強化を目指した。

　第三世界は，国際社会の仕組みを修正することにより，南北問題を解決させることを求めていた。しかし，アメリカとソ連は，相応の経済援助をすることにより解決させることへと論理を転換させた。ここから米ソは第三世界への援助競争を加速させた。米ソは，経済援助を通じて第三世界の諸地域に働きかけ，「非同盟諸国」の結束を切り崩し，自陣営へと取り込むことを目指したのである。

⑤ 冷戦とテクノロジー

　冷戦論の第 5 の特徴は，テクノロジーの急速な進歩であった。とくにそれは，軍事技術の動向に顕著であった。第一次世界大戦時に開発され，戦場に導入された軍事技術は，機関銃→戦車→毒ガス→火炎放射器→長距離砲（地上戦）へと，目覚しく殺傷能力の高い兵器へと変容した。第二次世界大戦では，戦車→戦闘機→爆撃機→核兵器（航空戦）へと展開した。

　第二次世界大戦後，ナチス・ドイツの科学者のなかには，アメリカならびにソ連に渡って研究を続ける者もいた。例えば，ナチス・ドイツにおいてロケット開発に携わったブラウンは，戦犯の容疑を逃れ，アメリカで研究開発に従事したのである。ナチス時代に大型ロケット（V-2 号）を開発したブラウンは，戦後，アメリカでアポロ計画の推進に携わった。

　第二次世界大戦時に，アメリカは「マンハッタン計画」（Manhattan Project）を通じて核兵器（原子爆弾）を手にした。トルーマン政権は，この軍事的優位が，ヨーロッパにおいてソ連の進出を 10〜15 年間，食い止めるだろうと予測し

ていた。しかし，核兵器製造に関わる機密情報は，スパイによってアメリカから
らソ連へと持ち出されていた。ソ連は1949年に原子爆弾を手に入れるのであ
る。こうして，冷戦時代に，テクノロジーは軍事技術を中心に急速に進歩し
た。1952年，アメリカは水素爆弾を手に入れた。1953年，ソ連も水素爆弾を手
に入れた。当時，アメリカの核戦略は，爆撃機に核兵器を搭載して，敵地上空
（ソ連）で投下する方式であった。そこで1952年に，アメリカは，爆撃機の長
距離飛行を実現するために，空中で爆撃機への燃料を補給する「空中給油」の
技術を開発した。他方，ソ連はミサイル開発を進めた。核実験を通じて小型化
した核兵器を，ミサイルに搭載して，敵国（アメリカ）を狙う技術である。
1957年にソ連が打ち上げた人工衛星「スプートニク」（Sputnik）は，大陸間弾
道ミサイル（ICBM）の開発計画の一環であった。ミサイル開発において後れ
を取っているという恐怖にとらわれたアメリカでは，「ミサイル・ギャップ」
（missile gap)論争が巻き起こり，以後，アメリカもミサイル開発を推し進めた。

　テクノロジーの急速な発展により，核戦略をめぐる理論もまとめられた。と
いうのも，米ソ双方が大量の核兵器とミサイルを手にしたことで，相互に大量
殺傷能力が与えられた。その上，ミサイル技術の向上によって，お互いから判
断への時間も奪ってしまったのである。ひとたびミサイルが発射されれば，15
〜30分で対象（目的）へと到達してしまう。こうして核戦略は，あらゆるケー
スを想定して理論化が目指され，国家戦略の1つの柱となったのである。

　しかし，理論化と同時に，テクノロジーも進歩した。新たな軍事技術の開発
により，それまでに構築された理論も，繰り返し再検討されなければならな
かった。とくに，偵察機，ならびに偵察衛星の進歩により，ミサイル発射基地
に関わる情報は，事前に集められるようになった。その結果，米ソは，「ミサ
イル発射基地」に関わる部分を，潜水艦に搭載する計画を進めた。レーダーに
探知されない潜水艦に，核ミサイルを搭載したのである。こうすることで，米
ソは相互に，先制攻撃の優位を保持することを引き続き目指したのである。

　こうして破滅的な核兵器の存在は，冷戦を一貫して特徴づけた。双極（西側
と東側）の内実（ブロック）は，固い結束で構成されつつも，その動機は，核兵
器の脅威（安全保障問題）に由来している部分が強かったのである（図4-1）。

　なお冷戦時代，軍事技術は米ソが相互に敵対していたことにより，米ソで

「対称」に発展した。したがって冷戦終焉以降は，ソ連が消滅したことにより，アメリカは「対称」化する相手を失った。それは，冷戦後世界において，アメリカがテロを相手に「非対称」な戦争（「対テロ戦争」）を遂行したことに示されている。

⑥ 冷戦の「中心─周辺」

　冷戦論の第6の特徴は，冷戦の「中心─周辺」構造であった。

　上述したように，米ソ双方が無数の核兵器を手にしたことにより，米ソは戦争に至ることができなくなった。米ソ間での戦争は，核兵器の使用を通じた破滅的な戦争へと向かう可能性があり，したがって米ソは，直接的な武力行使を控える構造を確立することを目指したのである。しかし，その法則が当てはまったのは，冷戦における「中心」地域に限定されていた。すなわち，米ソ本土，西欧と東欧，東西ベルリンなどが「中心」であった。これらの地域では，西側内部での武力行使（1968年を頂点とした学生やデモ隊と機動隊との衝突），あるいは，東側内部での武力行使（1953年の東ドイツ，1956年のハンガリー，1968年のチェコスロヴァキア，1980年のポーランドにおける人々の「民主化」要求への，現地政府ないしはソ連軍による武力弾圧）は確認されるものの，東西間における武力行使は控えられた。

　他方，冷戦における「周辺」地域では，「冷戦」が「熱戦」に転化する局面が生じた。朝鮮戦争，ヴェトナム戦争，あるいはアフリカにおいて頻発した内戦がそれに該当する。「周辺」における「熱戦」には4つの傾向があった。第1には，米ソの「代理戦争」の様相を呈していたことである。朝鮮戦争（1950～53年）では，大韓民国（南）を支援するアメリカ軍を主力とした「国連軍」に対して，朝鮮民主主義人民共和国（北）は中国の義勇軍，また間接的にソ連の援助を受けていた。ヴェトナム戦争（1964～75年）では，ヴェトナム共和国（南）をアメリカが支援し，ヴェトナム民主共和国（北）をソ連が支援した。アフリカにおけるアンゴラ内戦（1975～2002年）は，アンゴラ全面独立民族同盟（UNITA）をアメリカが，アンゴラ解放人民運動（MPLA）をソ連が，それぞれ支援した。いずれも，米ソの直接的あるいは間接的な介入が存在した。

　第2の傾向は，「熱戦」が「中心」地域へと拡大しないように，戦争の局地

化（「限定戦争」）が進められたことである。例えば，朝鮮戦争に際して，国連軍を指揮したマッカーサーは，原子爆弾の使用をトルーマン大統領に提案した。中国の義勇軍の介入により国連軍は守勢に立たされ，マッカーサーは形勢の立て直しを目指したのである。しかしトルーマンは，原爆の使用が戦争の規模を拡大させる可能性があることを危惧し，同提案を却下し，その上，マッカーサーを直ちに解任した。

　第 3 の傾向は，「周辺」における「熱戦」（「限定戦争」）に，米ソから最新式の武器が提供されたことである。「限定」化された「戦争」であったが，無数の武器が流入したことにより，凄惨な戦闘が繰り広げられた。

　第 4 の傾向は，「熱戦」による犠牲を黙認する米ソの姿勢であった。「周辺」地域がアメリカへと接近すれば，それはソ連の失点となり，逆に，ソ連へと接近すれば，それはアメリカの失点となった。しかも複数の「周辺」地域が連鎖的に相手陣営へと接近すれば，それは自陣営にとっての壊滅的な損失となり得た。ダレス米国務長官は，それを「ドミノ理論」と表現した。ドミノが次々と倒れるように，社会主義の影響が次々と拡大する様子である。ヴェトナムの人々は，民族の統一を悲願としていた。しかし，アメリカは「ドミノ理論」に基づきヴェトナム戦争に介入し，自国の「正義」のために，多くの犠牲を黙認した。

　このように冷戦の「中心─周辺」構造は，「周辺」地域で発生した「熱戦」の悲劇を常態化させた。

7 諜報機関

　冷戦論の第 7 の特徴は，諜報機関の存在である。諜報はそれ自体，冷戦時代に固有の活動ではないが，冷戦は世界を二分したことから，大規模な諜報活動が国家の支援の下に行われた。ソ連は諜報活動を通じて，原爆製造情報をアメリカから入手した。その事実を知ったアメリカ国内では「赤狩り」が始まり，反共を呼びかけるマッカーシー上院議員の掛け声の下，「マッカーシズム」が拡大した。ソ連に同調的な人々への個人攻撃が高まったのである。あるいは，FBI の諜報員であったレーガン（後に大統領となる）は，俳優の政治的立場について情報を集め，FBI に密告していた。ソ連が原爆ならびに水爆の実験に成功

すると，アメリカ社会はソ連への恐怖で覆われた。諜報機関はそうした背景の
なかで，諜報活動を通じて，アメリカ国内から「ソ連的」な要素を排除するこ
とを目指したのである。しかし諜報の対象が拡大したことは，アメリカ国内に
深い傷を残した。諜報の目は，国内に紛れ込んだ外部の「敵」を確定するため
に，内部の「仲間」にも向けられたのである。

　他方，「ソ連・東欧圏」では，アメリカを上回る規模の諜報活動が進められ
ていた。KGB（ソ連），ないしはシュタージ（東ドイツ）は，内部の人々への監
視を進めていたのである。それは，冷戦初期から冷戦終盤にかけて強化され続
けた。監視と密告のネットワークが社会の隅々に張り巡らされ，社会に深刻な
分断をもたらし，疑心暗鬼の心理を拡大させた。それと同時に，ソ連・東欧圏
の指導部も，際限のない監視のなかで「疑い」を深めた。そしてそれに対する
「答え」を「粛清」のなかに見出した。アメリカ社会がマッカーシズムで揺れ
ていた時期に，ソ連・東欧圏では「粛清」が拡大していたのである。それと同
時に，1952年には，最高権力者であったスターリンが，疑心暗鬼のなかで「パ
ラノイア（妄想症）」の兆候を示していた。

　冷戦は，このような諜報活動を通じて，各国の「公共空間」にも影響を与え
た。

　第4章では，冷戦論の特徴を検討してきたが，歴史として冷戦を分析する研
究（「冷戦史研究」）の動向と概要については，第9章で扱う。

第 **5** 章 国際政治の諸理論

■1 国際政治理論の研究傾向

これまで国際政治に関わる概念と傾向を検討してきたが，ここでは，本書でこれまで扱ってこなかったその他の諸理論を指摘する。その際，複数の諸理論を１つの総体へと系統化するよりも，個別に列挙しながら整理する。

というのも，しばしば国際政治理論に関わる研究において，諸理論を系統化ないし総合化する手法が試みられるためである。そこにはとくに３つの傾向が存在する。第１には，ヨーロッパ，アメリカ，あるいは日本の立ち位置から総合化する傾向である。例えば，戦後の国際政治学は，アメリカの圧倒的な存在感のなかで，アメリカの安全保障研究とほぼ同義と捉えられる時代があった。同盟や核抑止に関わる分析はアメリカの立場から総合化され，「ソ連・東欧圏」や中国の動向はアメリカの国益の観点から検討され，さらに国連に関わる分析はアメリカの理想主義との関連から体系化される傾向があった。いわばアメリカ的な国際政治理論の見取り図のなかに，すべての国際政治理論の成果が配置されるのである。同様の傾向は，ヨーロッパにも当てはまり，イギリスが支配的な時代にはイギリスの覇権に関わる分析の視点から，またフランスが支配的な時代にはフランス外交の特徴を検討する視角から，体系化される傾向があった。

第２の傾向は，イデオロギーの観点（保守的立場と革新的立場）から総合化される試みであった。近代国際政治に影響を与えた勢力均衡概念は，戦後，保守的な立場から，同盟研究ならびに核戦略研究として探究が進められた。他方，南北問題（経済格差の構造）に関わる分野は，革新的な立場から，「従属理論」あるいは「世界システム論」として理論化が進められた。換言すれば，ここではイデオロギーの観点に沿った国際政治理論の見取り図のなかに，すべての国際政治理論の成果が配置されることとなる。

さらに第３の傾向として，二度の世界大戦，戦間期，冷戦時代，さらには，

冷戦後世界に示される時代の変化との関連で捉える試みである。ここでは，各時代の国際政治理論の見取り図のなかに，すべての時代の国際政治理論の成果が配置されることとなる。冷戦時代であれば，冷戦の視角に沿って，国際政治理論は体系化される傾向があった。また，冷戦後の今日，グローバリゼーションの進展が確認されれば，「グローバリゼーション」という視点から，国際政治理論を体系化する傾向がある。

これらの傾向は，学問の基盤研究として，決定的に重要な視角である。

しかし本書では，むしろ個別の理論の特徴を示すことに注意して記述する。というのも，それぞれの理論を1つの総体へと系統化することにより，かえってそれぞれの理論がもつ固有のダイナミズムが切り落とされてしまう危険性があるからである。そこでここでは本書がこれまで扱ってこなかった国際政治の諸理論を列挙することを試みる。

② 覇 権 論

国際政治における「力」に注目した理論として「覇権」(hegemony) 概念が存在する。「他」を圧倒する力を「覇権」と捉え，その力を独占的に保持した国家を「覇権国」と定義し，国政政治の傾向を分析する手法である。覇権国は，政治，経済，軍事，外交に関わる力を保持しているだけではなく，社会に関わる軌範力，文化に関わる伝播力，さらには価値に関わる普遍力を創出する。そしてそれらの多面的で複合的な力は，国際公共財の創出へと向かう。すなわち，覇権国は，通信，交通，通商，貿易など，各国の国際活動に関わる際の国際的基準を決定し，その決定を具体化するために，国際公共財を創出するのである。覇権国は，単独で国際公共財を提供すると同時に，各国に国際公共財への遵守を迫る。古くは，イギリスによる海洋法の提起であり，戦後世界においては，アメリカが構想を描いた自由貿易体制への適合である。

しかし，国際公共財の提供に関わるコストは巨額に上る。やがて，その負担に耐えられなくなった覇権国は，2つの方向へと向かう。すなわち，第1に，多国間から成る国際組織を新たに創出し，国際組織を中心として国際公共財に関わる負担を分かち合うものである。この場合，覇権国は事実上，覇権国の地位を放棄することになる。第2には，新たに台頭した国家（挑戦国）に，覇権

国の地位が移行することである。この事例は，第二次世界大戦後，イギリスからアメリカへと覇権国の地位が移行したことに象徴される。

　しかし覇権国は実際には，通常，その力を保持することを目指す。すなわち，国際組織にいったん負担の分担を求めながらも，国力が回復した後に，国際組織を形骸化ないしは空洞化させて，もう一度新しい国際公共財を創出するのである。あるいは，覇権国の地位を狙う，新たに台頭を目指す国家（挑戦国）に対して，覇権国は，対決を通じて挑戦国を退けるのである。覇権国と挑戦国との対決は歴史的に大戦争を誘発してきた（典型的な事例は，二度の世界大戦における覇権国イギリスに対する挑戦国ドイツとの間の対決である）。

　もっとも，そのような「覇権主義」（hegemonism）の維持に依拠する論理の抽出は，しばしば，国際政治の分析を歪ませた。例えばキンドルバーガーは，戦後，覇権国となったアメリカが，1970年代に経済的な衰退の局面に遭遇すると，「覇権安定論」（theory of hegemonic stability）を提起した。キンドルバーガーは，国際政治の構造を表現する言葉として「国際レジーム」を使用し，次のような議論を展開した。すなわち，覇権国の衰退による国際政治の変化は，国際公共財の空洞化をもたらし，結局，国際政治上におけるリスクを増大させ，逆に覇権国の力が維持される（覇権が安定する）場合には，国際政治の安定は保たれる（国際レジームも安定する），とまとめたのである。しかし，この議論の実証性は乏しく，また，アメリカ（覇権国）の立場を不必要に正当化する理論として，批判も向けられた。

3 世界システム論

　マルクス主義の理論を国際政治の分析に応用した研究として，「世界システム論」（theory of the world-system）が存在する。これは，アメリカの国際政治学者ウォーラステインによって提起された理論であり，国際政治研究の一大潮流を生み出した。

　もっとも，世界システム論は，複数の国際政治に関わる理論の延長線上に位置している。すなわち，「近代化論」を批判することで「従属理論」が登場し，さらに「従属理論」を発展させることで「世界システム論」が誕生した。この分野においては，学問的な深化と発展の側面を確認することができる。

　「近代化論」は，一方で近代の特徴を分析し，他方で西欧の市民革命以降の政治体制に近代の起源を見出し，その発展モデルを世界レヴェルへと適応させることを検討した議論である。通常，封建社会の最終段階に出現した絶対主義に対して，新たに台頭した市民（ブルジョア）が，「革命」（ブルジョア革命）を通じて新たな支配者となり，近代化が開始されたとされる。さらにその発展モデル（西欧型近代化）は，アメリカ，日本などの非西欧世界にも波及し，応用され，したがって，世界レヴェルにおける近代化（「工業化」と「都市化」）の法則を解明することが近代化論の課題であった。換言すれば，近代化論では，モデル社会へ追いつくための法則が分析された。

　しかし，近代化論の発展モデルが適合し得ない地域が存在することが，第二次世界大戦以降，自覚されるようになった。そこで，1960年代以降，ラテンアメリカの分析に際して，「従属理論」（dependency theory）が展開されるようになった。従属理論は近代化論を批判し，国際政治には「中心」（支配領域）と「周辺」（被支配領域：従属領域）が存在すること，「中心」とは先進諸国であり，「周辺」とは第三世界諸国であること，複数の「中心」が相互に連結していること，そして，「中心」が「周辺」を搾取していることを理論化した。従属理論は，ドイツの経済学者フランクや，サミール・アミンによって基礎がまとめられ，「中心＝周辺理論」（あるいは「中枢・衛星構造」）とも呼ばれた。

　ウォーラステインは，そうした従属理論を発展させ，「世界システム論」を提起した。そこでは，「中心」が「周辺」を搾取していること，「中心」とはアメリカならびに先進工業諸国であり，「周辺」とは発展途上国（第三世界諸国）であることが説明され，その上で，「周辺」のなかにも「周辺の中心」が存在することが明らかにされた。「周辺の中心」とは，「周辺」のなかにも外国資本とつながった特権階級，ならびに民族ブルジョアジーが存在することであり，したがって，「中心」と「周辺の中心」の双方が「周辺」を搾取している構図が浮かび上がった。「世界システム論」は国際政治学ならびに国際関係論の発展に大きな影響を与えた。

❹ 地 政 学

　国際政治の理論として，古い伝統のある学問の１つが，「地政学」（geopolitics）

である。「政治」と「地理」とを結合させた「空間」のなかに，主権国家体制をおき，それにより主権国家の歴史，現状，さらには予測を分析する学問である。その独特の分析は，イギリスならびにドイツを中心に発展した。平野，盆地，河川，山脈，湖水など，自然の地形が安全保障上の政策形成の際に考慮され，また各国の人口動態の把握が政治外交上の分析に活用されてきた。地政学は，その伝統を重視し，「地理」が「政治」に与え得る影響を考察することにより，国際政治の動向の解明を目指したのである。

イギリスの代表的な地政学者のマッキンダーは，「ハートランド」（内陸地域）概念を駆使して，ロシアの伝統外交の特徴を抽出した。

他方，ドイツの代表的な地政学者のハウスホーファーは，国家の生存に関わる考察のなかから，「生存圏」（Lebensraum）概念を発展させた。しかし，生存圏思想は，ナチス・ドイツの侵略主義を正当化するための論拠とされた。

5 相互依存論

国際的な「相互依存」（interdependencies）は，1960年代から，西側世界において経済的な結び付きが深まるなかで進展した。とくに，金融，貿易，経済に関わる分野における国家と国家との密接な結び付きは，対内（国内）問題と，対外（国際）問題との区分を不明瞭にし，国家と国家との「相互浸透」（interpenetrations）の深まりを加速させた。相互依存論はこうした現象を説明するために体系化された。

さらに1970年代に，国際経済を揺さぶった「資源ナショナリズム」の動向が，相互依存論を活性化させた。資源ナショナリズムとは，自国の資源の価値が国際的に十分に尊重されていないことに抗議した資源保有国が展開した資源戦略である。代表的な事例は，1973年の石油輸出国機構（OPEC）による石油価格の引上げ措置である。この結果，国際経済の動向が国内経済の動向に深刻な影響を及ぼし，そうした経済危機が冷戦における米ソ対立（安全保障問題）と同様に，深刻なダメージを国内に与え得ることが認識された。どのような状況で危機が連鎖するのか，その見取り図を把握するために，相互依存論の分析視角が検討されたのである。

⑥ 機能主義と交流主義──地域統合論

　地域統合の進展を説明する代表的な国際政治の理論として，機能主義と交流主義が存在する。機能主義とは，イギリスの政治学者ミトラニイによってまとめられた理論であり，各国を機能的に統合することで，平和と安全を実現する国家間体制を目指す理論である（機能主義では国家の存在・存続が前提とされる）。具体的には，図5-1のように，郵便，通信，交通，衛生などの分野について，A国，B国，C国，D国，E国，……国の間で合意を達成し，共通の手続（機能）を実現することである。その上で，ひとたび1つの分野で合意が達成されれば，その合意が諸国民を結び付け，戦争が発生し難い状況を国家間体制にもたらす，というアイディアであった。

　このミトラニイの機能主義を発展させたハースは，新機能主義を提唱した。新機能主義は，A国，B国，C国，D国，E国，……国の間で合意を達成し，共通の手続（機能）を実現した上で，ひとたび1つの分野で合意が達成されれば，それが他の分野へと連鎖的に波及し（波及効果は「スピル・オーバー」(spill-over effect) と呼ばれる），機能的な合意の束がやがて1つの国家（超国家機構）の創出へと至るという見取り図を示した。ハースの提唱した新機能主義は，西欧における統合（ヨーロッパ統合）が，やがて統合を「深化」させることで，超国家機構の創出へと至ることが想定されていた。すなわち，政治統合を通じた「超国家的」(supranational) な政治体制の創出である。ハースの理論は地域統合の推進を説明し得る最も的確な見取り図となった。とくにヨーロッパ統合の分析に有効であった。

　というのも，ハースの分析は，ヨーロッパ統合の説明に部分的に適合していた。ドイツとフランスとの間の歴史的な対立は，「石炭」に関わる資源獲得競争を背景としていた。そこで，第二次世界大戦後，「石炭」を共同管理する超国家機構を創設することで，ドイツとフランスとの間に対立が発生しないメカニズムを作り出すことが，ヨーロッパ統合として目指されたのである。「石炭」に関わる各国の国家主権を，超国家機構であるヨーロッパ石炭鉄鋼共同体（ECSE）へと移譲することで（主権の共有），各国（とくに独仏）を協力関係のネットワークのなかへと閉じ込め（ヨーロッパ統合の推進），そのネットワークが戦

図 5 - 1　機能主義と新機能主義

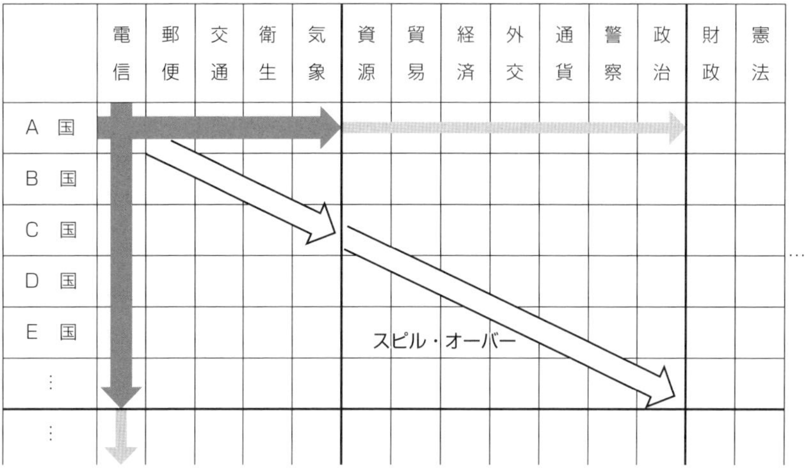

	電信	郵便	交通	衛生	気象	資源	貿易	経済	外交	通貨	警察	政治	財政	憲法
A 国														
B 国														
C 国														
D 国														
E 国														
⋮														
⋮														

スピル・オーバー

争の再発を防止するという発想であった。したがってこのアイディアは「不戦共同体」と表現された。ハースの提唱した新機能主義は、地域統合の先駆的な理論となった。戦後、世界各地で模索される地域統合を比較検討する上でも有効な理論であった。

　もっともハースの指摘する「超国家的」な政治体制の具体像は不明瞭であった。すなわち、ヨーロッパが統合を通じて、アメリカ合衆国のような「ヨーロッパ合衆国」となるのか、あるいは地域統合は世界政府へと至る過渡期の現象なのか、さらには、「超国家的」な政治体制とは主権国家（ないしは国民国家）を超える政治体制の創出（したがってポスト・ウェストファリア現象）なのか、これらの点において疑問が残ったのである。さらに機能主義ならびに新機能主義に基づく地域統合の展開には、政治的リーダーシップが必要であった。換言すれば、「上から」の統合である。こうして、地域統合に関わるもう1つの理論、すなわち交流主義が関心を集めた。

　アメリカの政治学者ドイッチュは、コミュニケーションに関わる分析を通じて、別の視角から地域統合を説明した。すなわち、人々が国境を越えた相互交流を深めることで、新たな「連帯感」が生まれ、そこから安全保障共同体が創出される、とする見取り図であり、交流主義と呼ばれる。ここでは、「下から」

の統合の可能性が指摘された（21世紀における「東アジア共同体」の創出の可能性をめぐる議論は，交流主義の理論に影響を受けていた）。しかし，交流主義にも欠点が存在した。それは，連帯感から安全保障共同体へと至る過程に関する分析が不明確であった点である。

このようにして地域統合は，一方で理論的な分析が試みられる学問的な争点であった。他方で，地域統合は現実の国際政治の展開への対応のなかで進められ，今日，欧州連合（EU）へと発展している。

地域統合に関わる分析は第10章と第15章で扱う。

７ 国際関係論に関わる諸理論——理想主義と現実主義の視角から

序論で指摘したように，「国際政治学」から「政治学」に関わる分析を薄めることで，「国際関係論」が成立する。国際関係論において最も重要な視角が，理想主義と現実主義に関わる検討である。「理想主義」（リベラリズムあるいはユートピアニズム）は「道義」の側面を重視し国際関係を理想的に捉え（国際社会を対話に基づき合意が可能であると把握する），他方，「現実主義」（リアリズム）は「権力」の側面を重視し国際関係を現実的に捉えている（国際社会における闘争の恐怖に備えて警戒を強めることを指摘する）。この2つの主義は国際関係論の骨格を構成し，2つの主義の激しい論争の過程で，国際関係論が発展してきた。

理想主義は，国際法，国際機構，国際組織の検討を中心的な課題とした。そこでは対話と合意（国際法の成果）により平和が達成されると捉えられた。理想主義が最も脚光を浴びた時代は，第一次世界大戦後，世界的な反戦気運の高まりのなかで平和への志向が高まった時期であった。この頃，国際連盟が創設され（1920年），「戦争放棄に関する条約」（パリ不戦条約）（1928年）が調印され，国際法の意義が高まっていた。

これに対して現実主義は，国際関係の根底を特徴づける「権力」（パワー）の側面を分析することを指摘し，国家利益について探究すること，また国際法よりも国際政治を課題とした。現実主義が脚光を浴びた時代は，世界恐慌（1929年），満州事変（1931年），ヒトラーの台頭（1933年）により戦間期（ヴェルサイユ体制）の一時的な安定が揺らいだ時期だった。

　戦後，アメリカの存在感が高まるなかで，国際関係論では「行動科学」(behavioral science) 的アプローチが具体化された。それは，ゲーム理論（関係者の意思決定を分析するために活用される数理的方法），シミュレーション，サイバネティクス，コミュニケーション理論に代表され，客観的な分析手法を確立することが求められた。

　そして1980年代以降，現実主義を，「新現実主義」(neorealism) として発展させる試みが進められている。以前の現実主義が「権力」の側面に力点をおいたことに対して，新現実主義は国際社会の「構造」（無秩序な状態）の側面に力点をおき，国家の役割を再考した。

　国際関係論は，このように研究手法の確立をめぐって，様々な論争と洗練化を進め，今日の複雑な事象を分析する視角の確立を進めてきている。

第Ⅱ部

歴史分析

──ヨーロッパ政治外交の歴史──

第**6**章｜第一次世界大戦からヴェルサイユ体制へ

1 第一次世界大戦と国際政治

1914年6月28日，ボスニアのサラエボで，オーストリア帝位継承者夫妻がセルビア青年の犯行によって暗殺された。この「サラエボ事件」を引き金として世界は破滅的な第一次世界大戦へと突き進んだ。第一次世界大戦は国家間関係を変容させた。戦争が長期化するなかで，参戦国は，国内の支持を獲得するために，次第に国民の関心に配慮する姿勢を示さなければならなくなったのである。

第一次世界大戦に至るまでにヨーロッパは，三国同盟(独墺伊)と三国協商(英仏露)との間で対立を深めた。とくにオスマン・トルコの力が弱まるなかで，バルカン半島に力の空白が生まれ，同地へと勢力の拡大を狙う独墺（パン・ゲルマン主義）と，露（パン・スラブ主義）が，相互に緊張を高めていた。サラエボ事件は相互対立を武力衝突へと発展させた。

7月28日，オーストリアはセルビアに宣戦布告した。30日，ロシアの動員が始まった。ドイツは，8月1日，ロシアに宣戦し，3日，フランスに宣戦した。4日，ドイツは中立国ベルギーへ侵攻。同日，イギリスはドイツに宣戦した。イタリアはロンドン密約（ダルマツィア等の取得が約束された）に基づき，三国協商（連合国）側へと寝返った。1915年5月，イタリアは対独宣戦した。各国は連鎖的に戦争へと向かった。こうして第一次世界大戦が始まった。

戦争が始まると三国同盟は，ドイツ，オーストリア，トルコ（1914年10月，参戦），ブルガリア（1915年10月，参戦）に代表される「中欧同盟」へと構成を変えた。他方，三国協商は，イギリス，フランス，ロシア，セルビア，イタリア，ルーマニア（1916年9月，参戦）に代表される「連合国」へと構成を変えた。連合国には非ヨーロッパ諸国も加わった。すなわち，日本（1914年8月），アメリカ（1917年4月），キューバ（1917年4月），ブラジル（1917年4月），シャム（1917

年7月），中華民国（1917年8月）等である（括弧内は対独宣戦または交戦状態に入った時期）。戦争は世界諸地域に拡大し，文字通り「世界大戦」となった。

　ドイツ軍部は，「シュリーフェン・プラン」（Schlieffen Plan）として知られる短期決戦構想に沿って戦争を進めた。これは，6週間でフランスを撃破した後，反転してロシアを撃破するとした「二正面」（仏露）戦争への対応策として編み出された計画であった。

　しかしドイツ軍は緒戦でつまずいた。というのもフランス軍は，ホッチキス社が新たに開発した機関銃を準備してドイツ軍に対峙したのである。「クリスマスまでには帰ってくる」と戦場へ向かったドイツ兵士は，当初，開戦の知らせに歓喜したとされる。戦争は短期間で終結し，勝利して帰還した兵士の昇進は約束されていると思っていたのである。しかし，機関銃の登場は，ドイツ軍の前進を止めた。

　ほどなくしてドイツ軍も機関銃を戦場に持ち込んだ。こうして独仏両軍は塹壕を掘り進め，お互いに睨み合う戦法，すなわち「塹壕戦」（trench warfare）へと入り込んだのである。

　独仏間の西部戦線が塹壕戦の様相を呈するなかで，シュリーフェン・プランの失敗が明らかになった。戦争は長期化し，それによりヨーロッパ各国の政治，経済，社会，さらには外交の在り方に大きな影響を与えた。長期化する戦争を継続するために，各国の指導部は，国内の支持を取り付ける必要に迫られ，世論の動向への注意が必要となったのである。他方，国民の側は，戦争へ向けて日常生活の様々な場面において協力を求められ，その結果，戦場と銃後が協力して戦争を遂行する「総力戦」（total war）へと戦争は変容した。

　ドイツはフランスとの戦争（西部戦線）と同時に，ロシアとの戦争（東部戦線）にも対応しなければならなくなった。ドイツは「二正面戦争」を余儀なくされた。

　ドイツは情勢の打開のために，ユトランド半島沖でイギリスと激突した。このユトランド沖海戦（1916年5〜6月）はドイツ側がやや優勢であったが，イギリスから制海権を奪うことはできなかった。ドイツは，この結果，無軌道な戦争へと突き進み，1917年2月，無制限潜水艦作戦の開始を宣言した。その宣言にアメリカ国民は批判の声を上げた。というのも1915年5月，ドイツの潜水艦

がイギリスの豪華客船ルシタニア号を攻撃し，そこでアメリカの市民128人も犠牲となっていたのである。

　1917年4月，アメリカはドイツに対して宣戦した。ドイツの無制限潜水艦作戦がアメリカを参戦へと導いたのである。その際，ウィルソン米大統領は，デモクラシーを守ることを参戦の目的とした。

　もっとも，アメリカの参戦には他の理由が存在した。それは，英仏の敗北による対米負債の支払い不能を避けるためであった。英仏の勝利のためにアメリカは第一次世界大戦に関わらなければならなかったのである。しかし，参戦を決断することは，アメリカの国民と議会の理解を得ることが重要であった。そこでウィルソン米大統領は，ドイツによる無制限潜水艦作戦の機会を捉え，また，第一次世界大戦を「デモクラシー」のための戦いと位置づけることで，アメリカの国民と議会の理解を得ることを目指したのである。それは世論の動向が外交に影響を及ぼし得る時代の幕開けでもあった。

　第一次世界大戦では，テクノロジーが兵器の近代化を加速させ，大量殺戮の現場を生み出した。それは機関銃から始まり，戦車，潜水艦，航空機，列車砲，火炎放射器へと発展し，また非人道的な化学兵器（毒ガス）も使用された。通信手段として無線機器が活用され，戦争の効率化が促進された。

　また男性が戦場へと向かったことにより，銃後の社会では人手不足が生じた。その空白を埋めたのが女性であった。それは戦後の女性の社会進出を促すきっかけともなった。

　一進一退を繰り広げていた戦争の局面は，1918年，終盤へと突入した。1918年1月，ウィルソン米大統領は，「14ヵ条の平和原則」を発表し，そのなかでハプスブルク帝国（オーストリア＝ハンガリー帝国）内の諸民族に「民族自決」の機会を与える立場を表明した。多民族から構成されていたハプスブルク帝国に対して，内部の諸民族の間に独立への気運を高め，それにより，ハプスブルク帝国を内側から掘り崩すことを目指したのである。とくにチェコの政治家マサリクがウィルソンの構想に応じた。マサリクは第一次世界大戦後，チェコスロヴァキアの初代大統領（1918〜35年）となった。

　他方，東部戦線は，ロシア革命（1917年3月ならびに11月）の影響を受けた。ロシア革命の結果，ソヴィエトはドイツとの間にブレスト＝リトフスク条約を

締結した（1918年3月）。これにより東部戦線は消滅した。

　アメリカの参戦は戦局の展開に影響を与え，第一次世界大戦を終結へと導いていった。アメリカの支援を受けた英仏は攻勢を強め，1918年9月以降，ドイツは反撃に失敗したため追い詰められていった。中欧同盟は，1918年にブルガリア（9月30日），トルコ（10月30日），オーストリア（11月3日）の順番に相次いで降伏した。そして1918年11月，キール軍港を起点として革命（ドイツ革命）が勃発した。革命はドイツ全土へと飛び火し，ドイツ皇帝ヴィルヘルム2世はオランダへ亡命した。11月11日，ドイツは休戦協定に調印した。こうして第一次世界大戦は終結した。

　なお，ドイツ革命の過程で主導権を握ったドイツ社会民主党（SPD）は，旧勢力（軍部・官僚・資本家）を温存させながらヴァイマル共和国の成立へと向かった。これに対して革命の追求を目指したスパルタクス団（革命派）は，SPDと対立した。1919年，両勢力は激突した。この時，革命派は敗北し，指導者のルクセンブルクとリープクネヒトは殺害された。ドイツ革命はヴァイマル共和国の成立によって終結した。

2　第一次世界大戦と帝国

　第一次世界大戦は，ヨーロッパにおける「3つの帝国」を崩壊させた。すなわち，ドイツ帝国（1918年，滅亡），オーストリア帝国（ハプスブルク帝国）（1918年，滅亡），ロシア帝国（ロマノフ王朝）（1917年，滅亡）である。さらにはトルコ帝国（オスマン帝国）（1922年，滅亡）も，第一次世界大戦の敗戦の衝撃を受けて崩壊した。

　しかし他方で，新しい時代（「グローバリゼーションの第1の波」）（第3章）に適応できずに衰退が進んだ帝国も存在した。東アジアでは同時期に，清王朝（1636〜1912年）が「辛亥革命」の結果，276年の歴史に幕を閉じた。

　19世紀末から急速に拡大した「帝国主義―資本主義」は，各国の商品輸出と資本輸出を促し，市場獲得競争を激化させた。その傾向は，開放度の高い国々の経済活動に好循環（需要と供給）を生み出す環境を提供し，世界経済の一体化が進むなかで，世界諸地域において多様な交流を促進させた。これらのグ

ローバリゼーションの第1の波（19世紀末の帝国主義―資本主義）の影響は，ド
イツ帝国，オーストリア帝国，ロシア帝国，さらにはトルコ帝国に対して，そ
れぞれのもつ閉鎖的な支配体制を維持することを難しくさせた。というのも，
これらの「4つの帝国」（ドイツ，オーストリア，ロシア，トルコ）は，いずれも，
皇帝（ないしは君主専制）を頂点としたピラミッド型の権威構造を特徴とした「封
建的帝国主義」（ないしは「閉鎖的帝国主義」）であった（清王朝もこれに該当する）。

　開放度の高いイギリス，ならびにアメリカの傾向を，「市場的帝国主義」（な
いしは「開放的帝国主義」）と表現するならば，この両国は，金融・経済の自由
活動に重点をおきつつも，資本家（自由主義者）が議会を制御（運営）していた
ことに特徴があった。

3　ヴェルサイユ体制

　第一次世界大戦の後，5つの講和条約が締結された。すなわち，ヴェルサイ
ユ条約（ドイツ），サンジェルマン条約（オーストリア），ヌイイ条約（ブルガリ
ア），トリアノン条約（ハンガリー），セーブル条約（トルコ）である。これらの
諸講和条約において，ヴェルサイユ条約が相対的に突出した存在感を示してい
た。したがって，この後の戦間期は，国際政治学の研究において「ヴェルサイ
ユ体制」と呼ばれる。ここでは国際政治学の視点から，ヴェルサイユ体制に関
する5つの特徴を示そう。

　第1には，主要な敗戦国であったドイツとオーストリアの再興を，阻止する
ことを目指したことである。ドイツは軍備制限が課され，植民地ならびに領土
の相当部分を失い，巨額の賠償金を課された。またオーストリア（ハプスブル
ク帝国）は，第一次世界大戦の過程で，同地へと「民族自決」の原則が適用さ
れたことから，戦後，無数の小さな民族国家が誕生することとなった（戦後，
ハプスブルク帝国は分解した）。

　第2には，第一次世界大戦時に勃発したロシア革命とその結果として誕生し
たソヴィエトへの警戒であった。資本主義を基礎とするの英米仏にとって，社
会主義を標榜するソヴィエト（1922年以降，ソ連となる）は，異質のシステムで
あった。「平等」な世界の実現を目指す社会主義のメッセージは，社会の底辺

図6-1　第一次世界大戦後のヨーロッパ

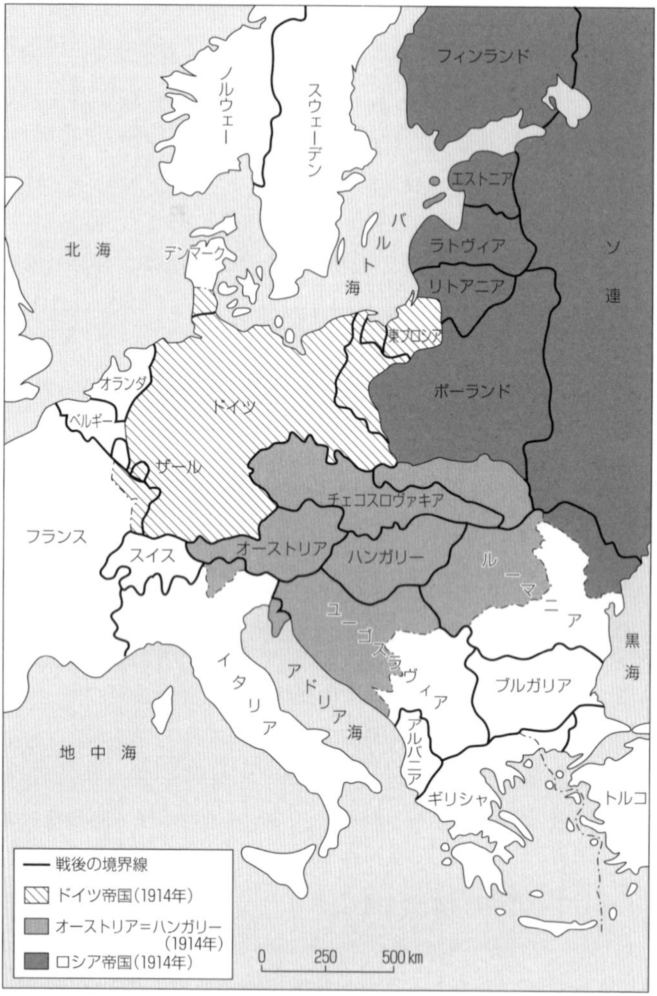

出所：渡邊啓貴『ヨーロッパ国際関係史：繁栄と凋落，そして再生』有斐閣，
2002年，65頁。

で貧困に苦しむ労働者にとって，希望の世界の実現を約束する主張と受け止められた。社会主義は，これらの人口の大部分を占める労働者（無産階級）の支持を獲得することにより，「数」の論理で政治を圧倒する戦術でもあった。英

米仏の指導層は，社会主義の運動が自国へと波及する可能性を恐れたのである。この結果，ヴェルサイユ体制のなかで，ソ連の国際的な承認はスムーズに進まなかった。ソ連が国際連盟に加盟したのは1934年であった。

　第 3 には，植民地体制を維持することであった。二度目の世界大戦の後，植民地独立運動が国際政治の潮流となり，アジアならびにアフリカ地域を中心に多くの独立国家が誕生した。しかし，第一次世界大戦後のヴェルサイユ体制のなかでは，植民地体制は維持された。

　第 4 には，議会主義化であった。議会主義の伝統を自負する英米仏は，第一次世界大戦の原因をドイツ帝国ならびにオーストリア帝国の封建的な特徴（議会主義の軽視）に求めた。したがって議会主義の発展が望まれた。

　第 5 には，国際連盟（League of Nations）の創設であった。ウィルソン米大統領の提唱により，史上最初の常設的で世界的な国際機構が，1920年 1 月に発足した（原加盟国は42カ国）。国際平和，国際協力，軍備縮小，集団安全保障，民族問題に代表される国際社会における諸問題を，国際機構の場において調整し，解決を目指す点において画期的な組織であった。しかし，アメリカが参加せず，出発の段階から国際連盟の調整力には課題があった。

4　ヴェルサイユ体制とヴァイマル共和国

　ヴェルサイユ体制のなかで，ドイツに新しく誕生したヴァイマル共和国は過酷な道を歩むこととなった。ヴァイマル共和国は水準の高い憲法を制定し，それにより「社会主義」をドイツ的に制御することを目指した。ドイツの労働者の声を取り込むことが重要であり，そのためには 2 つの道が想定されていた。すなわち，第 1 にはロシア革命に代表される暴力革命を通じて社会主義を実現する道であり，第 2 には議会における討議を通じて労働者の権利を「社会主義」的に実現する道であった。ヴァイマル共和国は，後者の道を選んだ。その選択は，ヴァイマル憲法のなかで表現された。

　ヴァイマル憲法（Weimarer Verfassung）では，第 1 条において「国家権力は国民から発する」として国民主権の原理が示された。さらに20歳以上の成年男女による普通選挙と比例代表制による国会選挙，国民の直接選挙による大統領

制が具体化された。また大統領は首相任免権，国会解散権，緊急権（第48条）
を保有するとされた。その上で，画期的な社会権の理念が，第151条ならびに
第159条に明記された。すなわち，第151条「経済生活の秩序は，すべての者に
人間たるに値する生活を保障する目的をもつ正義の原則に適合しなければなら
ない。この限界内で個人の経済的自由は確保されなければならない」ならび
に，第159条「労働条件および経済条件を維持し，かつ，改善するための団結
の自由は，各人すべての職業について保障される」である。社会権は，社会的
弱者が実質的平等の保障を国家に要求する権利であった。

　ヴァイマル共和国は，ヴァイマル憲法の理念を基礎として，ドイツ社会民主
党，中央党ならびに民主党から構成された政治勢力（「ヴァイマル連合」）を中心
に，ヴェルサイユ体制と向き合った。しかし，ヴェルサイユ条約はドイツに
とって次のような厳しい内容となっていた。①軍備制限（陸軍10万，海軍1万
5000），②徴兵制禁止，③全植民地の放棄，④ラインラントの非武装化（右岸）
と連合国による保障占領(左岸)，⑤ダンツィヒはドイツから奪われ国際「自由」
都市とされる，⑥ポーランドに海への出口を与える「ポーランド回廊」をつく
る（ドイツは東プロイセンと他の領土とのふたつにひき離される），⑦アルザス・ロ
レーヌをフランスへ，⑧メーメルをリトアニアへ，⑨オーストリアとの合併禁
止，⑩ブレスト＝リトフスク条約の失効，⑪賠償金（1320億金マルク）。

　過酷な出発のなかで，1920年3月，右翼を中心としたクーデタ（カップ一揆）
が発生したが，労働者のゼネストによる抗議でクーデタは失敗した。また，
1924年，賠償問題を解決するためにドーズ案（アメリカを中心とした外資の導入
による経済の再建計画）が採択された。これによりヴァイマル共和国の基盤は一
時的に安定した。そうした安定は，ロカルノ条約の調印（1925年10月）によっ
て，軌道に乗ったように思われた。それは，7カ国(英，仏，独，伊，ベルギー，
ポーランド，チェコスロヴァキア）がラインラント非武装化と紛争の平和的解決
を取り決めた条約であった。これにより，一時的にヨーロッパに国際協調の気
運が生まれた。このように，ヴェルサイユ体制，ならびにヴァイマル共和国
が，国際社会に安定を提供する可能性はあった。しかし，そのような見取り図
は，世界恐慌によって根底から崩壊することとなった。

5　世界恐慌とナチスの台頭

　1929年10月24日，空前の金融恐慌が，ニューヨーク株式取引所の株価暴落を
きっかけとして発生した（世界恐慌）。10月24日，木曜日は，「暗黒の木曜日」
と呼ばれた。世界恐慌はヴェルサイユ体制の安定を崩壊させ，戦間期の国家間
関係を根底から揺さぶることとなった。アメリカの失業者は1000万人に達し，
株価は6分の1となった。銀行は連鎖的に倒産した。世界恐慌の余波は資本主
義社会全域へと拡大し，各国は自国経済を保護するために関税を引き上げ，保
護貿易（保護主義）へと傾斜した。世界貿易は縮小し，ドイツにその影響が直
撃した。ドイツ経済は危機的状況に陥り，ドイツの失業者は600万人に達し，
3人に1人が収入の道を断たれた。

　第一次世界大戦の過程で，アメリカは戦場であったヨーロッパに大量の物資
を提供し，経済的な超大国へと変貌した。しかし戦後もアメリカは戦時中と同
様の大量生産方式を拡大させた。他方，1920年代には，ヨーロッパ経済も回復
の兆しを見せ始め，ヨーロッパも大量生産と商品輸出の拡大を加速させたので
ある。生産過剰が進み，供給と需要のバランスは崩壊した。景気の過熱は，突
然の，かつ空前の規模の恐慌を引き起こしたのである。

　アメリカは公共投資政策へと舵を切った（ニューディール政策）。イギリスと
フランスは植民地と本国とを排他的なブロックとして相互に連結させ，世界恐
慌の影響を最小限に食い止めることに腐心した。資本主義社会と切り離された
空間で「社会主義の建設」を進めていたソ連には，世界恐慌の影響は到達しな
かった。世界恐慌の影響は，これらのいずれにも該当しない無防備な国家（ド
イツ，イタリア，日本）を直撃した。独伊日では，社会不安の拡大が，軍国主義
と侵略主義を助長し，ファシズムの傾向が出現した。そのなかでも最も深刻な
危機に直面した国家は，ドイツ（ヴァイマル共和国）であった。

　ヴァイマル共和国の政治は迷走を深めた。「ヴァイマル連合」（ドイツ社会民
主党，中央党ならびに民主党）に対する左（ドイツ共産党）と右（ナチ党）からの攻
撃が強まった。

　その際，財界がナチ党を後押しした。というのも，ヴァイマル連合の退潮

表6-1　ヴァイマル期国会選挙動向（議席数）

政　党	1919	1920	1924.5	1924.12	1928	1930	1932.7	1932.11	1933
ナチ党	-	-	-	-	12	107	230	196	288
ドイツ国家人民党	42	66	95	103	73	41	38	52	52
ドイツ人民党	22	62	45	51	45	30	7	11	2
ドイツ民主党	75	45	28	32	25	14	4	2	5
中央党	90	69	65	69	62	68	76	71	74
ドイツ社会民主党	163	113	100	131	153	143	133	121	120
ドイツ共産党	-	2	62	45	54	77	89	100	81

備考：議席数の推移は主要な政党に限定した。1919年の中央党の90議席には，バイエルン人民党の
　　　議席も含まれる。ドイツ独立社会民主党の議席は，22議席（1919年），81議席（1920年）であっ
　　　たが，党内対立の後，左派はドイツ共産党へ，右派はドイツ社会民主党へと分裂した。
出所：林健太郎編『ドイツ史〔増補改訂版〕』山川出版社，1991年，76頁に筆者が修正と加筆を加え
　　　た。

は，左右への分極化を引き起こし，共産党の得票率（議席数）が増加し始めた
のである（表6-1）。世界恐慌は労働者を急進化させ，それが共産党を躍進さ
せた。1930年9月，選挙の結果は，共産党77議席，ナチ党107議席であった。
選挙期間中，ナチ党は「赤いテロ」の危機が迫っていると叫び，共産党を攻撃
し，路上や会場での乱闘では多数の死者が出ていた。他方，共産党はコミンテ
ルンの指示により社会民主党を標的としていた。

　財界に決断を促したのは，1932年11月に実施された選挙の結果であった。ナ
チ党は第一党（196議席）であったが議席を減らした。他方，共産党は100議席
へ躍進した。ロシアと同様，ドイツにおいても「ボリシェビキ革命」の可能性
が迫っていることを選挙結果から読み取った財界は，ナチ党の支持へと向かっ
た。1933年1月，ヒトラーは首相に就任した。

　1933年2月上旬，ナチ党と共産党は激突し，多数の死者と負傷者を出した。
そして，2月27日，国会議事堂が放火により炎上した。ナチスは共産主義者が
蜂起を開始したと捉え，4000人の共産主義者やその関係者を逮捕した。翌28
日，ヒトラーはヒンデンブルク大統領を説得して，ヴァイマル憲法第48条に基
づき，「民族と国家を防衛するための大統領緊急令」を発動させた。これによ
り基本権が停止され，共産党員が次々と拘束された。

　1933年 3 月，選挙においてナチ党は196議席から288議席へと躍進した。しかしナチ党の関係者は失望した。その得票率は43.9％であり，過半数に達していなかったためである。ナチ党の支配体制を確立するためにヒトラーは「民族および国家の困難除去のための法律」（全権委任法：Ermächtigungsgesetz）の制定を目指していた。そのためには 3 分の 2 の賛成票が必要であった。全権委任法の制定に反対の立場であった共産党員の大半は既に逮捕や監禁されていた。反対したのは社会民主党だけであった。しかし，全権委任法の可決に際して，賛成票を取りまとめるために，ヒトラーはカトリック系の中央党の支持を取り付けなければならなかった。そこでヒトラーは教会の権利の不可侵を中央党に約束し，かろうじて中央党の同意を得た。 3 月23日，444対94で，全権委任法は成立した。それは，政府に向こう 4 年間，憲法に縛られないで法律をつくる権限を付与する手続であった。

　全権委任法の結果，三権分立の原則が崩れ，ヴァイマル共和国の議会主義は崩壊した。

全権委任法（抜粋）

　第 1 条　ドイツ国法律は，ドイツ国憲法が定めている手続以外に，<u>ドイツ国政府によっても議決することができる</u>。[……]

　第 2 条　ドイツ国政府が議決したドイツ国法律は，ドイツ国議会およびドイツ国参議院の制度それ自体を（議論の）対象としない限り，ドイツ国憲法に反することができる。<u>ドイツ国大統領の権限は変更されない</u>。

[……]

　第 5 条　本法は公布の日をもってこれを施行する。<u>本法は1937年 4 月 1 日をもってその効力を失うものとし，さらに，現ドイツ国政府が辞職して，他の政府がこれに代る場合にも，本法は効力を失うものとする</u>。

備考：<u>下線部分</u>：近代議会の原則は，議会が法律の制定に携わり，政府の権限は執行権であった。該
　　　　　　　　　当部分の規定により，ヴァイマル共和国の議会主義は崩壊した。
　　　　<u>下線部分</u>：1934年 8 月，大統領が他界すると，ヒトラーは総統（大統領兼首相）となった。
　　　　<u>下線部分</u>：該当部分は内閣が改造されれば効力を失うことを規定したが，1933年 6 月，内閣が
　　　　　　　　　改造されたものの同法は継続された。
　　　　（　）内は筆者が補足した。
出所：Hofer, Walther（Hrsg.）, *Der Nationalsozialismus : Dokumente 1933-1945*（Frankfurt am Main :
　　　Fischer, 1957）, S.57-58.

　ヒトラーは引き続き，7月14日，「新党設立禁止法」の制定を進めた。そこでは，ドイツ国内には唯一つの政党として国民社会主義ドイツ労働者党が存在するものとするとされ，それによりナチスの独裁体制の確立が描き出されることとなった。

　「ナチズム」は「スターリニズム」と並んで，20世紀における最大の「負の遺産」となった。ナチズムの論理と対外政策については，第8章で扱う。

第**7**章｜国際政治と社会主義：ロシア革命とソ連

1　国際政治と社会主義

　市民革命は，君主主権から国民主権へと政治体制の移行を促す人類史上最大の出来事の１つであった。政治に関わる決定権力が，封建的支配層から，市民（ブルジョア）へと移行したのである。しかし市民革命の後，政治の決定に関わった人々は，教養と財産のある人々であり，しばしば「紳士による支配」と受け止められた。政治への参加（参政権）は，当初，すべての人々に平等に機会が与えられたわけではなく，納税額などで制限される傾向があり，女性にもその機会は認められていなかった。参政権（普通選挙運動）の拡大は，したがって，権利を与えられなかったすべての人々にとっての共通の課題であり，議会主義の伝統が充実していたイギリスにおいても普通選挙制度は，1918年（男子）ならびに1928年（女子）にようやく導入された。

　社会主義を最も戦闘的な形で理論化したマルクスは，この状況を階級闘争の問題として再定義化し，異なる社会層を有産階級（ブルジョア）と無産階級（プロレタリア）として分類し，階級間の対立が現実に存在しているような印象を人々の思考に植え付けた。確かに産業革命の後，ヨーロッパ各国における貧富の差は社会に深い分断と対立を引き起こしていた。工場の劣悪な環境下における長時間労働は，労働者の寿命を縮めていた。

　格差の構造は，イギリス，フランス，ドイツ，ロシアなど，産業革命を経験したヨーロッパ諸国において共通の現象となった。これらのなかでも，とくにドイツとロシアにおける社会不安は，19世紀末，先鋭化した。ドイツでは，ドイツ社会民主党（SPD）を中心にビスマルクの統治と対立し，ロシアでは農村を舞台に社会主義へと至る様々な変革の気運が高まったのである。

2　ロシア革命

（1）ロシアの近代化と第1次革命

　「ロシア革命」は，国際政治に新たな局面をもたらした。一般的に，1905年の「革命」を「第1次革命」，1917年の「2月革命」と「10月革命」を「第2次革命」と呼ぶ。

　革命へと至るロシア国内の潮流は次の2点であった。第1に，「グローバリゼーションの第1の波」（第3章）のなかで急速に進んだロシアの近代化はロシアの社会構造を歪ませ，さらには貧富の格差を増大させた。1890年代以降，フランスの支援により進められたロシアの近代化のなかで，ロシアの資本主義は発達し，シベリア鉄道の建設も進んだ。しかし労働者は劣悪な労働環境のなかにおかれ，またロシアの産業は外国資本に押えられていた。工業化もペテルブルク，あるいはバクーなどの都市に限定されていた。そのような不満が，都市部において社会主義を目指す革命へと，労働者を束ねる要因となった。

　第2に，ロシアの農民が苛酷な労働環境におかれ続けた状況が，革命へのもう1つの潮流を生み出していた。ロシアの農民は農奴制のなかにあった。農民は，土地所有者の指示を受けた武装組織を通じて監視され，強制的に農業に従事させられていた。その上，農奴制は，18世紀以降，事実上の奴隷制となった。農奴は土地と切り離され，自由に売買されることとなったのである。1861年の農奴解放令により農民の立場は部分的に改善されたが，農村の状況を憂えたロシアの知識人の一部は，ナロードニキの運動を始め，農民の啓蒙活動を開始した。すなわちロシア革命の第2の潮流は，「解放」（社会主義）へ向けた基盤を農村部に見出したことにあった。

　この2つの潮流を背景として，ロシアでは政党が結成された。1898年には，マルクス主義の影響を受けたロシア社会民主労働党がプレハーノフとレーニンを中心に結成された。プレハーノフはロシアにおける「マルクス主義の父」と称される人物であり，レーニンはプレハーノフから「マルクス主義」を学んだ。

　しかし次第にレーニンは，革命の方針をめぐってプレハーノフと対立し，同党は，1903年，ブルジョア革命（2月革命）とプロレタリア革命（10月革命）と

を連続させること（二段階連続革命）を追求した急進派のボリシェヴィキ（レーニンを中心とする）と，それに反対した穏健派のメンシェヴィキ（プレハーノフ，ならびにマルトフを中心とする）へと分裂した。

　また1901年，農村部に基盤を見出した社会革命党（通称，エス＝エル）が結成された。エス＝エルは，ナロードニキの運動に影響を受けた政治勢力であり，農村の「解放」を目指した。

　他方，ロシアの資本家は自由主義的要求を掲げ，議会主義の確立を目指す立憲民主党（カデット）を後押しした。

　ロシア帝国（ロマノフ王朝）末期のロシア政治のなかに，これらの政治の傾向が出現した。そして，日露戦争（1904～05年）の敗北以降，ロシア政治は急速に流動化し，「血の日曜日」事件（1905年：皇帝への請願に向かう労働者を官憲が阻止し発砲した）をきっかけとして「革命」（第1次革命）が勃発し，ゼネストが起った。その過程で，労働者が工場を中心に自発的に形成した代表選出の組織が「ソヴィエト」であった。「革命」の気運は，政府の譲歩によって一時的に後退した。しかしそのようななか，第一次世界大戦が勃発し，再び革命へと向かう気運が増幅することとなったのである。

（2）第一次世界大戦と「2月革命」

　第一次世界大戦が勃発すると，ロシアは動員をかけ，1500万人にのぼる巨大な軍隊が組織された。「ロシアの蒸気ローラー」と西欧から呼ばれた軍隊は，しかしながら東部戦線で対峙したドイツに対して連敗した。ロシアは兵器の近代化に遅れていたため，後退を続けた。武器，弾薬も不足し，戦争忌避者が続出した。

　他方，宮廷ではラスプーチンが暗躍した。ラスプーチンにまつわる逸話が，ロマノフ王朝末期のロシアの状況を象徴していた。皇帝ニコライ2世と，皇后アレクサンドラとの間に誕生した皇太子アレクセイは血友病を患い，医師の診察にもかかわらず病状は回復しなかった。そこに訪れたラスプーチンは催眠療法によって，アレクセイの病を一時的に回復させたとされる。皇帝と皇后は，これ以降，ラスプーチンを重用し始めた。

　第一次世界大戦が勃発すると，ニコライ2世は戦場へと向かい，ラスプーチ

ンは宮廷政治への介入を深めた。ラスプーチンは大臣の解任などを断行したのである。ロシアでは戦争や，宮廷政治への不満，さらには食糧危機などの要因が折り重なり，人々の怒りは，1917年3月（旧暦2月），頂点に達した（ラスプーチンは，1916年12月，暗殺された）。

　首都ペトログラード（現在のサンクトペテルブルク）での自然発生的な労働者のストライキは，瞬く内に大規模な抗議行動へと変貌し，革命へと至った。軍隊も反乱を起こし，この「2月革命」の結果，ニコライ2世は退位し，300年にわたるロマノフ王朝は終焉した。ニコライ2世は逮捕され，銃殺された。

　しかし2月革命はブルジョア革命（資本主義革命）であった。そこではまだ後のソ連へと至る輪郭は誕生していなかった。ロシアではもう一度，革命が勃発し，それにより社会主義への道程が始まるのである。その二度目の革命は計画的に準備された武装蜂起であった。それは「10月革命」と呼ばれる。主導したのはレーニンであった。

（3）レーニンと「10月革命」

　「2月革命」の勃発を知ったレーニンは，亡命先のスイスから，ドイツ軍が準備した「封印列車」に乗ってロシアへと帰国した。革命によるロシアの弱体化を望んだドイツが，レーニンの帰国を支援したのである。レーニンはスイス，ドイツ，スウェーデンを抜けて，ロシアへと向かった。道中では，革命の構想を「四月テーゼ」としてまとめあげた。

　「レーニン」はペンネームである。本名は，ウラジミール・イリイッチ・ウリヤーノフであった。レーニンの兄（アレクサンドル・イリイッチ・ウリヤーノフ）も革命を志していた。しかし兄は，皇帝アレクサンドル3世の暗殺計画（1887年）に関与し，失敗して拘束され，処刑された。レーニンは，この出来事をきっかけとして，革命への信念を高めたとされる。

　しかし革命を追求することは，ロマノフ王朝の秘密警察（オフラーナ）による捜査の対象として，身の危険を覚悟しなければならなかった。こうしてウラジミール・イリイッチ・ウリヤーノフは国外へと亡命し，そこで「レーニン」をペンネームとして新聞に記事を掲載し，得た資金を基に革命への計画を進めたのである（レーニンの亡命生活は1900〜17年の期間に及ぶ）。もっとも新聞への執

筆料では，革命組織を束ねることはできなかった。レーニン・グループが手掛けたのは，したがって「徴発」という名目で，政府の現金輸送や銀行（官有財産）を襲撃することであった。その先頭に立ったのは部下のスターリンであった。この頃から，レーニン・グループにおいて，理論派のトロツキーと，実動派のスターリンとは対抗関係にあった。

　レーニンの目的は，ロマノフ王朝を打倒し，社会主義の世界を実現することであった。そうして，この双方の目的を接続した戦略が，「民族自決」としてまとめられた。レーニンは第一次世界大戦に際して，ロシア国内の諸民族に民族自決を呼びかけた。諸民族を決起させることで，ロマノフ王朝を内部から掘り崩す運動を進めたのである。そのような民族自決概念は，諸民族が「平等」に権利を保持する世界観を喚起する点において「社会主義」的でもあった。当時，ウィルソン米大統領も「14カ条の平和原則」のなかで民族自決を主張していた。ウィルソン米大統領の狙いは，第一次世界大戦時のヨーロッパの敵国（とくにオーストリア）を対象としていた。これに対して，レーニンの目指した民族自決概念は，世界諸地域に向けて発せられた内容であった。

　2月革命を通じてロマノフ王朝が崩壊した後，臨時政府のなかで社会革命党（エス＝エル）のケレンスキーが主導権を握った。その際，臨時政府と「ソヴィエト」とが共存し，「二重権力」を生み出していた。ソヴィエトは当初，ストライキ委員会であったが，レーニンによって次第に革命権力の中枢と位置づけられた。他方，臨時政府は戦争継続を目指し，戦争終結を望む民衆の声と対立し始めていた。

　レーニンはこの機会を捉えた。臨時政府の遂行している戦争を「帝国主義」戦争と位置づけ，社会主義の世界を実現することを目指して，1917年11月7日（旧暦10月25日），武装蜂起（すなわち「10月革命」）を開始した。10月革命（スローガン：「すべての権力をソヴィエトへ」）は，こうして，プロレタリア革命（社会主義革命）として遂行されたのである。2月革命と10月革命を総称して「第2次革命」（「ロシア革命」）と呼ぶが，総体として，レーニンの唱えた「二段階連続革命」が実行され，その特徴は社会主義の革命が進められたことにあった。その際，社会主義を実現する「器」として，「ソヴィエト」（ロシア語：会議）を用いることをレーニンは決断した。「ソヴィエト」に関わる理論化は，亡命中

にレーニンが着想した社会主義への道であった。それは，ドイツで進められていた労働運動の影響から距離をおき，ロシア独自の社会主義を達成するための方策でもあった。レーニンの進めた10月革命は，ドイツ労働運動への対抗関係のなかにもあったのである。10月革命以降，1922年にソヴィエト社会主義共和国連邦（略称，ソ連）が成立するまで，その過渡期は「ソヴィエト」（1917～22年）と呼ばれる。

3　革命と反革命

　権力掌握後，レーニンは，トロツキーに命じて，戦争を終結させるためにドイツとの講和条約の締結作業を進めた。1918年3月，ブレスト＝リトフスクにおいて講和条約が締結された。その内容は，「ソヴィエト」にとって不利な内容であった。

　しかしソヴィエトは危機的な状況にあり，そのためドイツとの講和条約を早期に締結する必要があったのである。それはソヴィエトが，対ドイツ戦線（東部戦線）が消滅した後も，2つの点において戦争と向き合わなければならなかったためであった。第1には，「革命」（ソヴィエト：赤軍）に対する「反革命」（白軍）の動向であり，赤軍と白軍との間の武力衝突は，ソ連が建国されるまで各地で続いた。第2には，「革命」の余波が自国へと波及する可能性を恐れた米英仏ならびに日本が，ソヴィエト打倒のために共同で出兵したことにあった（「干渉戦争」）。

　干渉戦争に対応する過程で，レーニンは後の恐怖政治の起源ともなる政治警察（秘密警察）の拡充を進めた。1917年，チェカ（非常委員会）が創設され，それは，以後，1922年に国家政治保安部（GPU），1934年に内務人民委員部（NKVD），1944年に内務省，そして1954年に国家保安委員会（KGB）へと発展（改組）した。

　またレーニンは，以前に主張した「民族自決」の原則を放棄した。というのも，諸民族が白軍と結託して，ソヴィエトと対決する可能性が高まったためである。この経緯は，後のソ連の輪郭にも影響を与え，強権的な手法でソ連国内の諸民族の統治が進められる起源の1つとなった。危機を乗り越え，1922年12

月，ソヴィエト社会主義共和国連邦（ソ連）が成立した。

4　コミンテルンと「革命の輸出」

　マルクス主義では社会主義は，資本主義社会の諸矛盾の後に成立する発展段階とされた。レーニンはマルクス主義を現実政治（実践）に適用させる過程で，理論の問い直しを繰り返した。資本家（ブルジョア）が権力を自発的に手放す可能性は期待されないため，「暴力革命」を通じて労働者（プロレタリア）が権力を奪取する必要があった。その際に，労働者を束ねる組織として共産党（前衛政党）の存在が不可欠であり，労働者を啓蒙しつつ，労働者による独裁を打ち立てる必要があった（「プロレタリアートの階級独裁」）。打倒されるべき対象は，資本家（ブルジョア）による支配であり，その権力を支える国家であった。さらには国家の力を支える法秩序は，ブルジョア支配の道具と位置づけられ，打倒されるべき対象であった。社会主義の実現には無数の労働者の「数」の力を武器に変換することが必要であった。そこから，国家の壁を超えて，諸国家の労働者間の連帯を促し，国家を打倒する論理が生まれた（スローガン：「万国の労働者よ団結せよ」）。こうして国際主義（インターナショナリズム）が追求されたのである（プロレタリア・インターナショナリズム：1848年の『共産党宣言』）。

　ひとたび社会主義社会が実現されれば，労働者（プロレタリア）と共産党（前衛政党）との間の関係は不要となる。そうして次の段階，すなわち共産主義へと至る。そこでは共産党は消滅し，その結果，無政府社会が実現するとされる（国家の死滅）。それは無階級社会であり，そこにユートピアが見出された。

　これらの革命の理論は，マルクス主義を現実政治へと適合させる過程で，繰り返し修正が加えられた。

　しかしレーニンは社会主義のインターナショナリズムの側面を追求していた。いわばそれは「革命の輸出」（世界革命）であり，社会主義のダイナミズムであった。打倒すべき対象は「帝国主義」であったのである。革命を輸出するための組織としてコミンテルン（Comintern）が設置された。そこにはロマノフ王朝から没収した資産が活用され，組織の意義は過去の国際労働運動の延長線上に位置づけられた（表7-1）。

表7-1　社会主義とインターナショナリズム

国際組織	概要
第1インターナショナル 1864〜76年	労働者階級の国際組織。マルクスが指導者。バクーニンら無政府主義者との対立。パリ＝コミューン（1871年3〜5月，世界史上最初の社会主義政権）を支持。本部はロンドン。
第2インターナショナル （社会主義インターナショナル） 1889〜1914年	中心はドイツ社会民主党。カウツキーが理論的指導者。資本主義の相対的に安定した上昇期に，各国にマルクス主義と労働運動を広げ，組織を拡大する役割を果たす。1914年に戦争への態度をめぐって左右中間派に分裂・解体。本部はパリ。
第3インターナショナル （共産主義インターナショナル） （コミンテルン） 1919〜43年	レーニン，トロツキー，ジノヴィエフの指導の下に結成された各国共産党のインターナショナル。1920年代後半以降は，ソ連の外交政策の道具（各国共産党に対するソ連の支配の道具）としての側面を強める。1943年にスターリンによって解散。本部はモスクワ。

　しかし，1924年，レーニンが没すると，「革命の輸出」の気運は退潮した。1924年，スターリンが「一国社会主義」論を打ち出し，社会主義からインターナショナリズムの側面が失われたのである。打倒すべき対象も，「帝国主義」から「資本主義」へと移行した。

　スターリンの掲げる一国社会主義論は，トロツキーの主張と対立した。トロツキーは，ロシア革命をドイツへと拡大し，双方（露独）を結合することで足場を築き，世界革命を目指すことを主張していたのである。それは革命を輸出して連続的に「世界革命」を進める理論であり，トロツキーの立場は「世界革命」論，あるいは「永続革命」論であった。

　これに対してスターリンは，ソ連一国において社会主義の建設は可能であり，トロツキーの立場は「冒険主義」であるとして批判した。スターリンの一国社会主義論は，現実政治への適応を模索した結果でもあった。スターリンは，経済建設を重視し，ソ連の強化を目指した。その一環として，1928年以降，「5カ年計画」を開始した。

　トロツキーとスターリンの権力闘争は激化した。1929年，トロツキーは国外に追放されたが，革命の伝統を継承するために，1938年，「第4インターナ

ショナル」を結成して，「スターリン主義」に対抗した。

　トロツキーは命を狙われた。1940年8月，逃亡先のメキシコ市でスターリンの刺客（ラモン・メルカデル）によりピッケルで刺され，絶命した。スターリンとの抗争の過程でトロツキーの家族は次々と命を落としていた。トロツキーの兄と妹は処刑され，4人の子供は長女がガス自殺，長男は怪死，二男は処刑，甥，姪，孫と多くが命を奪われた（読売新聞20世紀取材班編，2001年）。

5　ソ連の経済 (1918〜1932年) ──戦時共産主義，新経済政策，そして「5カ年計画」へ

　ソ連の成立と前後して，レーニンからスターリン時代に至るまで，「ソヴィエト」ならびにソ連では，3つの異なる経済方式が順番に進められた。

　第1段階は，戦時共産主義（1918〜21年）であった。「革命」と「反革命」による騒乱のなかで，ソヴィエトの経済政策は崩壊していた。共産主義の実践として土地を国有地とし，工業の国営化が進められたが，工場では労働者が管理能力に欠け，また都市部では食糧不足が深刻化し，農村への食糧徴発が常態化した。国家による配給が進められたが，貨幣経済は崩壊し，貨幣への信用が喪失した社会では闇市場が拡大した。闇市場では現物交換（商品交換）が始まった。各地にはバザールが出現し，人々はそこで食糧ならびに必要物資を，貨幣ではなく，現物交換を通して手に入れた。レーニンは，「貨幣」を資本家（ブルジョア）による支配の道具と捉えていた。したがってレーニンは，貨幣経済の崩壊を，社会が共産主義へと向かっている現象と捉えて歓迎した。しかし，それはソヴィエト経済の崩壊現象であった。結局，戦時共産主義は失敗とされ，撤回された。現物交換の際の交換レートが，確立されていなかったのである。

　第2段階は，新経済政策（ネップ：NEP）（1921〜28年）であった。行き過ぎた国有化と食糧徴発制を改め，小企業の私的経営を限定的に認め，経済政策のなかに資本主義の要素を部分的に取り入れた。資本主義の要素の復活は，諸外国に通商の再開の気運を高め，ソ連を承認する国家が相次いだ。ネップは，経済の理論家ブハーリンによって進められた。しかし，ネップが軌道に乗り始めた段階で，1924年，レーニンが他界した。以後，権力を掌握したスターリンは，

「5 カ年計画」の推進を目指し，ソ連では次の段階の経済方式が開始された。

　第 3 段階は，「第 1 次 5 カ年計画」（1928〜32 年）であった。1927 年，天候に恵まれたにもかかわらず，食糧危機が深刻化した。「富農」（クラーク）が穀物を価格が高騰するまで保持したためである。穀物は輸出品でもあり，外貨獲得の手段でもあった。そこで，クラークを含めた地方権力への統制を強めるために，農業の集団化が開始された。農業集団化を通じて，穀物の調達を進め，工業化を促すことが目指されたのである。集団農場（コルホーズ）と国営農場（ソフホーズ）が建設され，重工業に重点をおく第 1 次 5 カ年計画が進められた。しかし農業集団化の過程で，「富農」の多くは強制収容所へ送られ，農村は荒廃し，スターリンによる恐怖政治の傾向が強まった。

　スターリンによる統治システム（「スターリン主義」あるいは「スターリニズム」）は，経済の管理と計画を中央で策定し，中央から地方への指令を通じて「社会主義の建設」を目指す計画経済体制として整備された。そしてそれはスターリンにとって，予期せぬ形で成果を残した。というのも，ソ連が計画経済体制の確立を進めていた時期に，アメリカならびにヨーロッパの資本主義社会では，世界恐慌の影響により深刻な社会不安に直面したのである。社会主義社会のソ連は，資本主義社会と隔絶された空間で独自の経済発展を進めており，したがって世界恐慌の影響を受けなかった。この経緯はソ連におけるスターリンの権威を高めることとなった。

6　粛清と統制

　スターリンの権威が高まると，ソ連では，その権威構造に基づく社会の構築が進んだ。それは粛清と統制であった。粛清は，スターリンの政敵に対して向けられた。キーロフ（1934 年，暗殺），ジノヴィエフ（1936 年，処刑），カーメネフ（1936 年，処刑），ラデック（1937 年，逮捕，後，獄死したとされる），トハチェフスキー（1937 年，処刑），オルジョニキーゼ（1937 年，自殺），ブハーリン（1938 年，処刑），ルイコフ（1938 年，処刑），トロツキー（1940 年，暗殺）。さらに，赤軍の将校のなかにも粛清の対象となった者が多数いた。

　スターリンへの「個人崇拝」の傾向も強まり，「マルクス主義」は「マルク

ス＝レーニン主義」として，スターリンの権威を後押しする役割へと変貌させられた。スターリン時代の粛清と統制は政治警察（秘密警察）からの情報提供に支えられながら進められ，政治警察はスターリン時代，さらには冷戦時代に巨大な組織へと変貌した。もっとも政治警察を中心とした恐怖政治の側面は，レーニン時代から始まっていた。ロシアの市民はソ連崩壊後，レーニン時代にも恐怖政治の特徴が点在していた事実を知り，衝撃を受けたとされる。粛清と統制の全貌の解明が歴史研究において今日，依然として進められている（下斗米，2011年）。

第 **8** 章 ｜ 第二次世界大戦とドイツ外交の諸相

1 ドイツ外交の諸相

（1）ドイツ国民国家の政治体制

「ドイツ国民国家」の政治体制は幾重にも変化した。ここでは近現代におけるドイツの政治体制の変化を，①ドイツ帝国，②ヴァイマル共和国，③ナチス・ドイツ，④占領期，⑤東西ドイツ，そして⑥統一ドイツの各段階から，簡潔にまとめる。それぞれの政治体制は，ドイツ外交に様々な変化をもたらした。

「ドイツ帝国」（1871～1918年）は，プロイセンを中心として，ドイツの諸勢力が統一された国家である。そこでは，「小ドイツ主義」（ドイツ，とくにプロイセンを中心とした統一）が選択され，「大ドイツ主義」（ドイツ，ならびにオーストリアにおけるすべてのドイツ人の統一）は選択されなかった。ドイツ帝国は宰相ビスマルクによる統治のなかで躍進したが（ビスマルクは1890年，宰相を辞任した），第一次世界大戦（1914～18年）により敗北し，崩壊した。

「ヴァイマル共和国」（1918～33年）は，議会主義に基づく共和制であり，ドイツ社会民主党（SPD）が主導権を握った。（ドイツ中部の都市ヴァイマルにおいて制定された）「ヴァイマル憲法」は，社会権の理念を，人類史上初めて憲法に盛り込んだ。しかし世界恐慌の影響を受け，ナチ党が台頭し，ヴァイマル共和国の理念は空洞化した。

「ナチス・ドイツ」（1933～45年）は，ヴァイマル共和国の政治体制のなかから誕生した。選挙を通じて第一党となったナチ党は，全権委任法を通じて議会を停止し，戦争国家を建設した。ナチス・ドイツは第二次世界大戦によって崩壊した。戦後のドイツに，戦争の罪（第二次世界大戦）と人権の罪（ホロコースト）を背負わせることとなった。

「占領期」（1945～49年）は，ドイツに対する第二次世界大戦の戦勝四大国（米

英仏ソ）による分割占領の時期であった。ドイツならびにベルリンは四分割され，そこへ「冷戦」の影響が流れ込むことで，ドイツの東西への分裂が進んだ。

「東西ドイツ」（1949〜90年）は，ドイツ民主共和国（東ドイツ）とドイツ連邦共和国（西ドイツ），すなわち「2つのドイツ」の時代である。社会主義体制の東ドイツと，資本主義体制の西ドイツは，相互に対立し，体制競争を引き起こした。「ベルリンの壁」の出現により，東西ドイツ間の自由な人の往来は制限された。

「統一ドイツ」（1990年〜）は，東西ドイツ統一（東ドイツ消滅）の後，新たな国家戦略として，「ヨーロッパ統合」の深化と拡大を進める今日のドイツである。「ヨーロッパのなかのドイツ」を目指すと同時に，グローバリゼーションへの適応を模索している。

（2）ドイツの近代化の道

「ドイツ国民」の創出には，フィヒテが「ドイツ国民に告ぐ」（1807〜08年）として，その創生に理念的支柱を提供したことに1つの契機があった。そうして歴史上，「ドイツ国民国家」は，1871年に「ドイツ帝国」の成立とともに出現した。ヴィルヘルム1世，ならびにヴィルヘルム2世を頂点としたドイツ帝国は，プロイセンを中心としてドイツ諸勢力が統一された政治体制であり，宰相ビスマルクによる内政・外政の手腕により，ヨーロッパの中心部に位置する大国へと躍進した。ドイツ帝国の社会空間は，①資本家（自由主義者），②カトリック，③労働運動，さらに，④地主貴族（ユンカー）の4つの社会的「ミリュー」から構成され，それぞれのミリューは，相互に，一方で連携し，他方で対立し，その複雑な諸関係がドイツ帝国の社会を特徴づけた。

ビスマルクは，プロイセンがプロテスタントを受け入れることで大国化した歴史的背景を重視し，ドイツ帝国を，そうした伝統（プロテスタント重視）の延長線上においた。したがって，カトリックに対する攻撃的な政策は，「文化闘争」（Kulturkampf）として進められた。

またビスマルクは，労働者の利害を束ねることで，急速に台頭したドイツ社会主義労働者党（後のドイツ社会民主党（SPD））の動向を警戒した。ビスマルクは，一方で，「社会主義者鎮圧法」（1878年）を通じて労働運動の弾圧を進め，

他方で，社会保障制度を拡充することにより，ドイツ社会民主党（SPD）の側から労働者の関心を引き離して，ドイツ帝国の側へと取り込むことを目指した。また，社会保障制度の拡充（労災保険，疾病保険，さらに年金保険）は，ドイツ帝国に居住する「人々」を，「ドイツ国民」へと変えていくことを目指していた。すなわち，これらの「人々」の生活を，社会保障制度を通してドイツ帝国が支えることで，これらの「人々」をドイツ帝国の構成員として，ドイツ帝国へと組み込むことを目指したのである。

　他方，ビスマルクは，地主貴族（ユンカー），ならびに資本家（自由主義者）との協調を図った。ドイツ帝国において急速に富を蓄えた資本家（自由主義者）は，「新興ドイツ・ブルジョアジー」とも呼ばれるが，ビスマルクは，この社会勢力と地主貴族（ユンカー）とを，「混合エリート」（保守的軍国主義）として，ドイツ帝国の基礎に位置づけた。

　保守主義，軍国主義，さらには人種主義（反ユダヤ主義）を特徴とした混合エリートは，急速に台頭したドイツ社会民主党（SPD）と対立した。こうした図式は，イギリス，アメリカ，フランスにおける市民革命の過程（近代化の道）と，異なる特徴を示していた。

　すなわち，封建的な権力構造（封建貴族）の力を排除することを目指して進められた清教徒革命（英：1642〜49年），名誉革命（英：1688〜89年），アメリカ独立革命（1775〜83年），フランス革命（1789年）との比較において，ドイツでは，ドイツ三月革命（1848年）以降も，地主貴族（ユンカー）が封建的支配層として残存し，その上，新たに台頭しつつあった労働運動を押さえ込むために，資本家（自由主義者）が地主貴族（ユンカー）と結託して混合エリートを形成したのである。

　ドイツでは混合エリートが，インターナショナリズムを掲げる労働者の運動を押さえ込み，その結果，社会の民主化が不十分な状態に留められ，その傾向が，ドイツ帝国の発展を歪な方向（経済面における急速な近代化と，政治面における権威主義的支配）へと向かわせる傾向があった。

2　ナチズムの特徴

（1）国家主義と社会主義

「Nationalsozialismus」として表記されるドイツ語が，「ナチズム」を表現する言葉である。「national」の部分は，national（英語）とほぼ同義であり，「国民の」あるいは「国家の」と捉えられる。それは保守的な「国家主義」（右）の傾向を示す内容でもある。他方，「Sozialismus」は socialism（英語）とほぼ同義であり，革新的な「社会主義」（左）と捉えられる。ナチ党の正式名称は，「国民社会主義ドイツ労働者党」（Nationalsozialistische Deutsche Arbeiterpartei）である。1919年に結成されたドイツ労働者党が，1920年にナチ党へと改称したのであった。

ナチズムの表現には，国家主義（右）と社会主義（左）の異なる政治感覚が混合していた。

国家主義は国家の支配的な社会層によって支持される立場であった。それと同時に，ドイツでは，ドイツ革命により滅亡したドイツ帝国の再生を願う復古的なメンタリティーが流れ込む空間でもあった。他方，社会主義は社会の底辺で富を持たない社会層（労働者）によって支持される政治のシンボルであった。それは，世界恐慌の後，とくにドイツにおいて急進化した立場であり，下から上へと向かう政治運動であった。ナチズムにはこの2つの側面が同居していた。

ナチズムは，世界恐慌以降，財界（新興ドイツ・ブルジョアジー）ならびに地主貴族（ユンカー）に代表されるドイツの保守的支配層との密接な連携のなかで勢力を拡大した。この点において，ナチズムは，極左のドイツ共産党，あるいは左派のドイツ社会民主党と明確に異なった。

それと同時にナチズムのなかには，下から上へと向かう政治運動の側面が当初，存在していた。すべての党員に社会的上昇の可能性が開かれていた。第一次世界大戦ならびに世界恐慌の影響で没落した中産層，農民，青少年の組織化を進めた。この点においてナチズムは他の国家主義を志向する政治勢力の立場ともズレていた。

　当時のドイツ人は，右と左の異なる政治感覚が混合するナチズムのイメージに，モダンな要素と新しい政治の可能性を見出していた（山本秀行，1998年）。

　しかし，1934年6月30日，ナチズムの重心が国家主義へと傾斜する事件が起きた。ヒトラーは，財界と軍部の支持を得るために，党内の左派的要素の排除（粛清）を進め，突撃隊（SA）隊長レーム，ならびに実力者シュトラッサーを処刑した（「ナチス第二革命」と呼ばれる）。

（2）人種主義

　ナチズムは，左右の対立軸を超えて，「民族共同体」（Volksgemeinschaft）の純化のなかに，新しい政治の可能性を見出した。それはゲルマン民族至上主義であり，「人種主義」（その根幹は「反ユダヤ主義」）であった。

　民族共同体の創出をめぐる物語は，必然的に，自民族と他民族との区分，換言すれば，人種主義の論理を政治の舞台へと持ち込むこととなった。その論理は，やがて他民族の選別，排除を加速させることとなった。迫害の対象となったのは，ユダヤ人だけでなく，スラブ民族，ポーランド人，シンティ＝ロマなど，多数の人種に及んだ。さらに，選別，排除の論理は自民族にも向けられた。社会的不適合者（怠惰であると見なされた人々），また障害者への抑圧も進められた。とくに障害者は安楽死計画の対象となった。

　これらの人種主義は，ナチズムのもう1つの顔であった。すなわち，右と左を民族共同体として糾合し，国民的大衆運動を喚起することで，大衆のなかに熱狂を生み出し，そこに革命的な舞台を演出することで，合法的に権力を奪取し，権力を確立（1933年）するのである。人種主義の延長線上に，ホロコーストがあった。

　ユダヤ人への迫害は，ヒトラーの首相就任とほぼ同時期に始まり，不買運動や公職追放を中心とした当初の社会的攻撃は，次第にエスカレートし，生存をめぐる攻撃へと向かった。1935年9月15日，ニュルンベルク法が発布され，ユダヤ人は市民権を剥奪された。1938年11月9日，ユダヤ教会，ならびにユダヤ人の商店を襲撃する事件（「水晶の夜」）が発生し，ユダヤ人の「強制収容所」（Konzentrationslager）への移動が開始された。1939年9月，第二次世界大戦の開始とともに，ユダヤ人は生存をめぐる過酷な環境におかれた。1942年1月20

図8-1　ポーランド併合と強制収容所

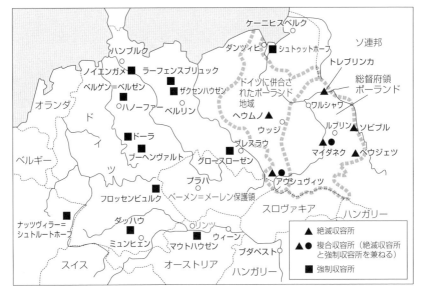

出所：山本秀行『ナチズムの時代』山川出版社，1998年，65頁。

日，ヴァンゼー会議の結果，「ユダヤ人問題の最終的解決」が決定され，ヨーロッパのユダヤ人を東部へと移送することが計画され，その後，「絶滅収容所」（Vernichtungslager）が設置された。絶滅収容所における毒ガス室では大量殺戮が進められることとなった。

　毒ガス室を通じた効率的な虐殺システムの構築は，ナチス・ドイツの非人間性を最も象徴する舞台であった。最も巨大なアウシュビッツと並び，複数の収容所がドイツ本国にも建設されていた（図8-1）。ダッハウは，ミュンヘン市内に建設され，ナチスが政権を掌握した初期から強制収容所として運用された。ザクセンハウゼンは，ベルリン近郊に位置し，ナチス，ならびに戦後はソ連によっても運用された収容所であった。ブーヘンヴァルトは，ヴァイマル近郊に位置した収容所であり，戦後，東ドイツ政府によって，「反ファシズム」運動の象徴として政治宣伝の場とされた。

（3）生存圏

　ナチズムの思想には，ドイツの「生存圏」(Lebensraum) を東方に確保する発想が存在した。とくに，ヴェルサイユ条約を通じて失った領土を取り戻すことは，ドイツ国民が支持する課題であった。その上，ブレスト＝リトフスク条約の締結によって一時的に広大な東方の領土を獲得した事実は，ドイツ人に東方への拡大を支持させる基盤となっていた。「生存圏」とはドイツの生存を支える空間（領域）であり，ヒトラーはそれをドイツの人口に相応する食糧を確保するための空間（具体的にはウクライナの穀倉地帯）と捉えた。「生存圏」の構想には空間（領域）の獲得と同時に，空間への入植の側面も存在した。第二次世界大戦が始まると，ドイツは新たに獲得した東方の諸地域に対して，ドイツ系住民の移住を促し，「ゲルマン化」を進めることとなったのである。

　そうした「生存圏」の獲得のために，ヒトラーは戦争国家の建設を進めた。その際，戦争国家の建設計画は，失業対策と連結していた。アウトバーン（自動車専用道路）の建設は，軍用道路の建設の側面と同時に，雇用創出の側面があった。また，再軍備政策は軍需景気をもたらし，600万人の失業者への対応に苦慮していたドイツは，1936年には労働力が不足する社会へと変貌していた。もっとも，再軍備政策は内密に進められた。ナチス政権は，ドイツの再軍備を国家機密とするために，1933年以降，決算の公表を控え始め，1935年以降，予算も公表しなくなった。

　そうして再軍備を進める過程で，ドイツの国家財政は第二次世界大戦前夜には逼迫していた。軍事予算が増額の一途をたどったのである。財政破綻を免れるためには，対外的な侵略主義を加速させる必要があった。それはヴェルサイユ体制の破壊であった。

（4）恐怖政治

　ナチスによる支配権の確立（1933年）以降，「強制的同質化」(Gleichschaltung) の過程が始まった。全権委任法の制定はドイツにおける議会主義を崩壊させ，立法過程が機能を停止した。ナチス支配の下，基本的人権は停止され，ナチ党以外の政党の解散が進められ，ナチ党を中心とした地方自治への統制が進められた。青少年の規律化を促すために，ヒトラー・ユーゲント (Hitlerjugend) が

組織され，ナチスの思想に反すると見なされた書物は燃やされた（焚書）。司法の領域には，ナチスの思想に沿った裁判官が配置され，そうした傾向は，軍部，警察，経済，財界，教育，医療，宣伝，メディアの分野へと拡大した。あるいは，ナチ党の支配と共存し難い労働組合は解体され，カトリックはナチ党との共存を選択することで自己保存を目指した。

　ナチスの支配権と唯一，対決の姿勢を示しながら組織を維持し得た存在はプロテスタント教会であった。すなわちプロテスタント教会は，ナチスへの迎合を選択したグループと，対決を選択したグループとに分裂したのである。前者は「ドイツ的キリスト者」（Deutsche Christen）信仰運動を母体として形成されたドイツ福音主義教会（DEK）であり，DEK はミューラーを中心としてユダヤ人排斥を是認し，ナチスの勢力伸張を宗教界から支えた。他方，後者は，1934年，ニーメラーを中心として「告白教会」（die Bekennende Kirche）を組織したグループであり，教会の指針として「バルメン宣言」を採択し，DEK，さらにはナチスの政策に真っ向から対立した。このようにプロテスタント教会のなかには，DEK に代表される政治権力への「適合」（Anpassung）と，告白教会に代表される政治権力に対する「教会闘争」（Kirchenkampf）の立場が存在した。なお，今日のドイツのプロテスタント教会は告白教会の立場を受け継いだドイツ福音主義教会（EKD）が中心的な役割を担っている。

　ナチスの進める強制的同質化は，プロテスタント教会（告白教会）を除き，ドイツ社会のほぼすべての領域に影響を与えた。そしてそれを支えたのは，1933年に創設され，以後，組織の拡大が図られたゲシュタポ（Gestapo：Geheime Staatspolizei）であった。ゲシュタポは人々に密告を奨励し，監視の体制を構築した。密告は人々の社会的な結び付きを断ち切り，ナチス支配への黙従の傾向を助長させた。

3　ナチス・ドイツと侵略主義

（1）ドイツ外交と宥和政策

　1933年，ナチスによる支配体制が確立すると，ヒトラーは対外活動としてラインラントへの進駐を決断した。ラインラントはライン川の流域地帯であり，

その北部はルール工業地帯として知られるドイツにとっての最大の産業地帯であった。ヴェルサイユ条約によってドイツが失ったラインラントを奪い返すことが，ドイツの再興にとって最も重要な方針と位置づけられた。1936年3月，ヒトラーは，仏ソが相互援助条約を締結したことを理由として，ロカルノ条約（第6章）を破棄し，ラインラントにドイツ軍を進駐させた。

　この時，イギリスならびにフランスが採用した外交方針が，「宥和政策」（appeasement policy）であった。両国はラインラント進駐に対して抗議の声明を送ったものの，それ以上の対応を進めなかった。ヒトラーの領土要求への妥協と譲歩に基礎をおく宥和政策は，この後，第二次世界大戦の勃発に至るまで，英仏の外交政策の基調となっていく。

　ヒトラーは，引き続き対外的な領土拡張を目指した。1938年3月，ヴェルサイユ条約において禁止されていたドイツによるオーストリアの併合，すなわち「アンシュルス」（Anschluß）をヒトラーは実行した。ヒトラーは，オーストリア・ナチスにオーストリア国内の騒乱状態を発生させ，それを口実にアンシュルスを実施した。英仏は宥和政策を継続した。

　1938年，ヒトラーはチェコスロヴァキアに狙いを定めた。とくにチェコ北部に位置するズデーテン地方は，ドイツに近接した地域であり，多くのドイツ系住民が居住する地域であった。1938年9月，ズデーテン地方において，ドイツ系住民がチェコスロヴァキア政府から迫害を受けているとして，暴動を起こした（「ズデーテン危機」）。ヒトラーはドイツ系住民の保護を名目として，ズデーテン地方のドイツへの割譲を要求し，それが受け入れられないのならば，戦争に訴える可能性があることを主張した。ヨーロッパ全土に戦争への危機感が高まるなかで，英仏は，外交的解決を目指した。1938年9月，チェンバレン（英），ダラディエ（仏），ヒトラー（独），ムッソリーニ（伊）がミュンヘンでの会談に参加した。ミュンヘン会談における合意事項は，「ミュンヘン協定」としてまとめられ，事実上，ヒトラーの要求を受け入れる形で，後にチェコスロヴァキアの解体へと向かう合意がなされた。チェンバレンも，ダラディエも，チェコスロヴァキアの犠牲と引き換えに，ヴェルサイユ体制が維持され，戦争勃発の危機が回避されたと認識した。

　ミュンヘン会談は，宥和政策の頂点に位置する出来事であった。というの

も，ミュンヘン会談には，問題の当事国であるチェコスロヴァキアの代表，さらには当時，チェコスロヴァキアと緊密な外交関係を樹立していたソ連の代表が呼ばれなかったためであり（1935年5月，ソ連とチェコスロヴァキアは相互援助条約を締結していた），ヴェルサイユ体制への忠誠を示すチェコスロヴァキアが，外交上の取引のなかで解体を余儀なくされたためである（1939年3月，チェコスロヴァキアは解体された）。

　当時の宥和政策には多くの課題が存在したが，英仏が宥和政策を採用した理由には次の5つの要素が存在した。第1に，ラインラント進駐の段階において，英仏には，ドイツに対する戦争準備（軍事制裁）が整っていなかった。両国の政治情勢は不安定であり（イギリスではファシスト運動が拡大し，フランスでは極右勢力の台頭に対して，1935年11月，「反ファシズム」を掲げる人民戦線が結成された段階であった），さらに世界恐慌の影響のなかで経済不安も増していた。第2に，ヒトラー政権が短期間で崩壊する可能性があると，楽観的な見通しが想定されていた。ヒトラー政権はドイツ国民から熱狂的な支持を集めているが，それは一過性の現象であると英仏からみなされていたのである。第3に，フランスはドイツの復興を恐れ，イギリスはソ連の社会主義を恐れ，したがって，英仏の間の危機感にズレが存在していたことであった。ドイツへの危機感を共有する仏ソが相互援助条約（1935年5月）を締結したことが，ヒトラーにラインラント進駐の口実を与えていたのである。他方，イギリスとドイツは英独海軍協定（1935年6月）を締結し，それによりドイツはイギリスの35％に相当する海軍力を保有できることが承認された。第4には，ソ連（社会主義）の存在が，イギリスの外交政策の選択の幅を狭めていた。イギリスとって，資本主義のナチス・ドイツ（ヒトラー）の方が，社会主義のソ連（スターリン）よりも，対話が可能な存在とみなされていた。とくに社会主義（ソ連）を敵視したイギリスの金融資本（シティー）が，ドイツの再軍備を支持していた。イギリスは，社会主義の影響がソ連からヨーロッパへと波及する可能性を，資本主義のナチス・ドイツが防波堤の役割を担うことで，塞き止める作用を発揮することを期待したのである。イギリスはナチス・ドイツと妥協的に対話の道を模索することを目指した。第5に，英仏のなかには，ヒトラーの領土要求が東に向けられており，やがてドイツとソ連との間で戦争が始まることを期待する見通しも存

在した。

　宥和政策は継続された。しかし，これらの要素が誤った外交上の予測に基づいていたことは，ドイツとソ連とが独ソ不可侵条約を締結したことにより判明した。

（2）独ソ不可侵条約

　1939年8月23日，独ソ不可侵条約（リッベントロップ＝モロトフ条約）が締結された。ミュンヘン会談に呼ばれなかったソ連は，英仏への不信感を高め，ナチス・ドイツへと接近していた。独ソ不可侵条約では，独ソが相互に攻撃しないことを取り決めたが，より重要な内容は，付属秘密議定書のなかで示された取り決め（ポーランドならびにバルト3国を中心とした東欧の勢力範囲を独ソ間で分割したこと）にあった。この内容に基づき，ドイツはポーランドへと侵攻することとなる。

　独ソ不可侵条約は，独ソ間で偶発的な戦闘が勃発する可能性を排除するために，東欧におけるドイツとソ連の「勢力圏」を確定することを狙った取り決めであった。戦争勃発の兆候を察知したスターリンは，独ソ不可侵条約を通じて，戦争の準備に向けた時間を確保することを望んだ。他方，フランスへの報復を目指すヒトラーは，独ソ不可侵条約を通じて，東方の安全保障問題を事前に解決することを望んでいた。

　英仏は，独ソ不可侵条約に直面して，「宥和政策」が限界に直面したことを認識した。ヒトラーとスターリンが手を組む図式を想定していなかったのである。世界大戦の再来が認識され始めた。

　1939年9月1日，独ソ不可侵条約の内容に基づき，ナチス・ドイツはポーランド西部に侵攻した。これを受けて，9月3日，英仏はドイツに対して宣戦布告し，第二次世界大戦が始まった。ナチス・ドイツは空軍と装甲部隊を連携させ（「電撃戦」（Blitzkrieg）），短期間でポーランドを制圧した。9月17日，独ソ不可侵条約の取り決めに従って，ソ連もポーランド東部に侵攻した。

4　第二次世界大戦

（1）緒戦の攻防

　イギリス，フランスを中心として，後にソ連，アメリカ，中国が参加する連合国（51 カ国が参戦）と，ドイツ，イタリア，日本，ならびに東欧のファシスト政権を中心として構成された枢軸国（9 カ国が参戦）との間のほぼ 6 年間に及ぶ第二次世界大戦（1939 年 9 月 3 日〜1945 年 8 月 15 日）は，人類史上，最大の戦争となった。死者は 4000 万人以上と推定されている。

　第二次世界大戦においても，テクノロジーが兵器の現代化を加速させ，大量殺戮の現場が生み出された。主力は航空機（空軍）が担い，空襲（空爆）が常態化した。戦場と銃後との境界が消滅し，無差別爆撃（都市空襲）による戦法は，連合国も枢軸国も取り入れた。科学者が総動員され，ミサイル開発と核兵器の開発が促進された。

　第二次世界大戦が開始されると，ナチス・ドイツは破竹の勢いを示し，短期間でヨーロッパ全土を蹂躙した。1940 年 4 月，ナチス・ドイツは，デンマークとノルウェーへ侵入した。その影響を受けてイギリスではチェンバレンが首相を辞任（5 月）し，チャーチルが戦時内閣を組織した。

　5 月，中立国のベルギーを侵犯しつつ，フランスへと向かったドイツ軍は，航空部隊でフランスの前線を突破した。フランスは第一次世界大戦の塹壕戦の教訓から，322km に及ぶ強固な軍事的防塁（マジノ線）を，対ドイツ国境線沿いに建設していた。しかし，ベルギーとフランスの国境には建設されていなかった。ドイツ軍は，フランス軍の防御が手薄な地帯から侵入し，短期間でフランス軍を圧倒した。マジノ線は機能しなかった。

　1940 年 6 月，フランスは降伏した。ヒトラーは，第一次世界大戦においてドイツが敗北した屈辱を晴らすことを念頭においていた。ヒトラーはフランスの降伏に際して，ドイツが第一次世界大戦において休戦条約に署名した場所と同じ場所（コンピエーニュの森），さらにはその時に使用された列車と同じ車両（ヒトラーは博物館から同車両を現地に運ばせた）にフランス代表を呼び，そこで休戦協定を調印した。こうしてフランス降伏の後，フランス北部はドイツにより占

領された。他方，フランス中部には，ドイツへの傀儡政権（ヴィシー政府）が
成立した。第二次世界大戦を通じて，フランス市民は，ナチス・ドイツによる
占領政策に対して寡黙な抵抗を続け，その精神は大戦末期にはレジスタンス運
動（とくに自由フランス運動）へと発展した。さらに1941年，ド＝ゴールがロン
ドンに亡命政権「自由フランス国民委員会」を樹立した。

　1940年7月，ヒトラーはイギリスへの攻撃も進めた。ゲーリングを中心とし
たドイツ空軍は，ロンドンの街を空襲した。イギリス市民は，地下の防空壕に
身を寄せ，またチャーチルの指導力を支持しつつ，大戦を戦い抜いた。イギリ
スでは科学者も総動員され，テューリングを中心としたグループが，ドイツの
暗号（エニグマ）の解読に成功した。

　しかし，ナチス・ドイツの優位は変わらなかった。1940年9月27日，ドイ
ツ，イタリア，日本による三国同盟が調印され，その後，東欧諸国（ハンガ
リー，スロヴァキア，ルーマニア，ブルガリアなど）が，ナチス・ドイツの側に参
加し，「枢軸国」が形成された。

（2）独ソ戦

　転機は，1941年6月22日，独ソ戦の開始とともに訪れた。独ソ戦の真相につ
いては今日においても不明瞭な部分が多い。しかし一般的に，イギリスの陥落
の見通しが立たないなかで，ドイツがソ連への戦争計画（バルバロッサ作戦）を
準備したとされる。

　スターリンの下には，世界中に張り巡らしたソ連の諜報機関から，ソ連への
ドイツ侵攻の可能性に関わる情報が届けられていた。しかしスターリンはその
情報を活かさなかった。スターリンはヒトラーを信頼し，その結果，ソ連の対
ドイツ境界線をめぐる防衛を十分に進めなかった，とされる。スターリンは，
独ソ不可侵条約を結んだドイツが自国へと攻め込んでくる可能性を軽視してい
た。こうして1941年，突如，独ソ戦が始まり，ソ連領内へとドイツが攻め込ん
だことにより，ソ連は壊滅状態となった。

　独ソ戦の原因については，依然として解明されていない部分が多い。しか
し，ドイツとソ連との間の戦争は，第二次世界大戦の見取り図を根本から変
え，国際政治に大きな影響を与えた。独ソ戦の勃発は，極東の日本の外交構想

も揺さぶり，戦争の世界化を助長したのである。

（3）松岡洋右と日本外交──「四国協商」構想

　日中戦争が激化するなかで，日本は苦境に立たされていた。当初の日本の進撃は，1940年8月，中国の八路軍による攻勢ににより見通しの立たない戦争へと向かい始めていた。中国の広大な領土と，激化する抗日運動のなかで日本軍は点と線しか支配できない状態におかれていた。したがって日本は三国同盟（1940年9月，調印）に望みを託すこととなった。ナチス・ドイツは，ヨーロッパにおいて破竹の勢いを維持しており，日本はドイツと歩調を合わせることで，外交上の活路を見出すことができると予測したのである。

　この時，外交官の松岡洋右は，日本外交を建て直し，状況を打開するために，ソ連（スターリン）へと接近した。1941年4月，モスクワへと向かった松岡はスターリンと会見し，日ソ中立条約を調印した。松岡は，日独伊の三国同盟にソ連を加えた，「四国協商」（日独伊ソ）を構想していたとされる。四国協商を通じて，日中戦争を日本の優位の上に終わらせ，硬化していく日米関係を好転させ，さらにはヨーロッパにおける戦局をドイツに有利に働かせるように影響を与えることを，松岡は目指していた（上山・三宅，1990年。石井，2000年）。

　しかし，独ソ戦の勃発（1941年6月）は，松岡の構想を分解させた。ドイツ（ヒトラー）は，ソ連（スターリン）へと接近する松岡に，深入りしないことを求めていたが，独ソ戦の計画について松岡に知らせなかった。逆に三国同盟は，日本へのアメリカの不信感をいっそう高め，逆に，日本外交の選択の幅を狭めることとなったのである。日本外交は迷走し，南進（太平洋戦争の開始）を選択するに至る。

（4）国際共産主義とゾルゲ

　独ソ戦は激しさを増した。その展開は，第二次世界大戦の帰趨に影響を与える可能性があった。「独ソ戦」は，「第二次世界大戦」を構成した諸戦争の1つであったが，その規模と人的損失から，「第二次世界大戦」の根幹を成す大戦争となった。そのようななか，ソ連の諜報機関に従事していたゾルゲが，戦局を左右する情報をスターリンに伝えた。ゾルゲが活動した舞台は，日本であっ

た。

　1933年，ドイツの新聞社特派員として来日したゾルゲは，その後，駐日ドイ
ツ大使館情報官となり，国際共産主義の理想を実現するために，諜報活動に従
事した。大使館や日本の人的ネットワークを駆使して，日本の国家機密に接し
た。それらの情報のなかには，独ソ戦に関わる機密情報も存在した。ゾルゲ
は，ドイツ（ヒトラー）がソ連へと攻め込む可能性が高いことをモスクワに伝
えた。しかしスターリンはこの情報を活かさなかった。

　独ソ戦勃発の後，再びゾルゲは日本外交に関わる機密情報を得た。それは，
日本が北進（対ソ連）するのか，南進（対米）するのか，その進路に関わる情報
であった。1940年9月に三国同盟（独伊日）を調印していた日本は，三国同盟
を重視し，ドイツと共にソ連へと侵攻する可能性があった。他方，1941年4
月，日本は日ソ中立条約を調印し，ソ連との協調関係を模索するシグナルを
送っていた。スターリンには，日本がどちらの立場を重視するのか分からな
かったのである。日中戦争が泥沼化するなかで，日本は北進か南進か，いずれ
かの進路を通じて活路を切り開こうとしていた。

　1941年9月6日，日本は南進を選択した。この情報を得たゾルゲは，10月4
日，その内容をモスクワへと伝達した。スターリンはこの情報を活かした。独
ソ戦の展開のなかで，ソ連軍は壊滅状態に陥っていた。スターリンは，極東に
配置していたソ連の精鋭部隊（シベリア師団）を，対ドイツ戦（独ソ戦）へと向
かわせることを望んでいたのである。しかし，日本の北進の可能性がある限
り，それに備えてシベリア師団は極東に留めておかなければならなかった。

　ゾルゲからの情報（今年中の日本軍のソヴィエト参戦はない）を得たスターリン
は，直ちにシベリア師団を対ドイツ戦（独ソ戦）へと向かわせた。10月6日，
シベリア師団はモスクワへと移動を開始した（その頃，日本に潜伏していたゾル
ゲは，10月18日，日本の特別高等警察（特高）により逮捕された）。12月6日，シ
ベリア師団はモスクワに到着した。冬が近づき，地の利を得たソ連は，大攻勢
をかけドイツ軍を撃破した。ソ連は，かろうじて難局を乗り切ったのである。ソ
連は態勢を立て直し，翌年，ドイツとの死闘をスターリングラード（1942年8
月～1943年2月）において制し，以後，戦局を有利に進めることとなる。

　他方，日本では，1944年1月，ゾルゲの死刑が確定した。特高は，ゾルゲの

逮捕に至るまで，日本からウラジオストクへと向かう不審な電波の存在を把握していた。しかしゾルゲは車に無線機を搭載し，小まめに発信場所を変えていたため，特高の操作を掻い潜っていた。ゾルゲの逮捕は，したがって，別のルートから特定されることとなった。すなわち，逮捕された共産党員の1人が自白し，自白により浮上した人物が逮捕され，再び自白が繰り返され，そうして連鎖的に関連する人々が捕らえられていくなかで，ゾルゲへとたどり着いたのである。ゾルゲは1944年11月，処刑された。国際共産主義運動への信念のために諜報活動に従事したゾルゲを，スターリンはソ連と関わりのない人物として切り捨てた。ゾルゲの名誉が回復されるのは，フルシチョフ政権期の1964年であった（白井編著，2003年）。

（5）「ヨーロッパの戦争」と「アジアの戦争」

　南進を選択した日本は，真珠湾を奇襲攻撃し，太平洋戦争へと突き進んだ。1941年12月，アメリカは対日宣戦し，独伊は対米宣戦した。日本がアメリカとの戦争に突入したことは，ほぼ自動的に，独伊日を中心とした「枢軸国」がアメリカとの戦争に突入したことを示していた。換言すれば，アメリカは，「連合国」の一員として参戦する口実を得たのである。

　アメリカは当初，大戦に対して中立を宣言していた。しかし次第に連合国への支援の姿勢を強めた。アメリカはイギリスを支援するために，1941年3月，武器貸与法（Lend-Lease Act）を制定して，連合国への軍事援助を進め，6月には中国，11月にはソ連へも武器貸与法は適用された。したがって，太平洋戦争以前に，すでにアメリカは連合国の側に立っていた。

　しかし太平洋戦争の勃発は，アメリカの国際的な立場を連合国の一員として確定させ，第二次世界大戦へとアメリカを引き込み，連合国の構成国が世界規模へと拡大し，ヨーロッパの戦争とアジアの戦争とを連結させる作用を与えた。これらのすべてを象徴する見取り図が，米英ソの「大同盟」であった。

　圧倒的な経済力と技術力を誇るアメリカは，イギリスを支援すると同時に，ソ連へと大量の武器を提供した。ソ連はアメリカからの軍事支援を通じて戦局を好転させ，ソ連領内からナチス・ドイツを駆逐し，東欧へと向かった。

　他方，太平洋戦争においては，日本による自爆攻撃が繰り返された。戦闘が

激化するにつれて，日本人のなかで，戦争への責任の所在が不鮮明になった。
他方，アメリカは，日本本土に近づくにつれて，無差別爆撃（都市空襲）を繰
り返した。大都市は焦土となり，東京は灰燼に帰した。

　1943年9月，イタリアは降伏し，1944年6月，アメリカ軍とイギリス軍は，
アイゼンハワーの指揮の下，フランス北部のノルマンディーから上陸し（オー
バーロード作戦），フランスからナチス・ドイツを駆逐した。ソ連軍は東欧を越
え，ドイツへ進撃した。1945年4月，ベルリンでの市街戦の後，5月，ヒト
ラーと思われる焼かれた遺骸をソ連軍は発見した。その遺骨はソ連軍が本国に
持ち帰ることとなった。5月8日，ベルリンのカールスホルストにおいて，ド
イツ軍のカイテル元帥が降伏文書に署名し，ヨーロッパにおける第二次世界大
戦は終結した。

　他方，太平洋においては死闘が継続されていた。1945年4〜6月，沖縄では
軍部の思想教育の影響を受けた人々が，接近する米兵の前で次々と自決する現
場が出現した。アメリカは，日本本土への接近が，米兵に計り知れない損害を
与える可能性を危惧し始めた。そこで，2つの切札を準備し始めた。1つは，
いまだ戦争が開始されていない日ソ間に戦争の可能性を開くことである。論理
上，「連合国」の一員であるソ連と，「枢軸国」の一員である日本とが，戦争へ
と向かうシナリオは存在した。しかし日ソ間では，第二次世界大戦において最
終盤に至るまで戦闘は発生していなかった。ヤルタ会談（1945年2月4〜11日）
の際に，アメリカ大統領ローズヴェルトは，スターリンを説得し，日本への参
戦について，その同意を取り付けた（秘密協定）。2つ目の切札は，新兵器の開
発であった。アメリカの核開発計画として知られる暗号名「マンハッタン計画」
は，1939年8月，アインシュタインがローズヴェルト米大統領に送った書簡を
きっかけの1つとして進められたとされる。1945年7月16日，ニューメキシコ
州アラモゴードでの原爆実験の成功により，アメリカは史上初めて，核兵器を
保有する国家となった。当初，ナチス・ドイツよりも先に核兵器を保有するこ
とを目指した研究開発であったが，ナチス・ドイツの降伏後もマンハッタン計
画は進められ，最終的に日本への切札とされた。

　ローズヴェルトの死後，副大統領から大統領へと昇格したトルーマンは，原
子爆弾の投下について，その指令を下した。1945年8月6日，広島へ，8月9

日，長崎へ，それぞれ原子爆弾が投下された。原子爆弾は，瞬時に無数の市民を殺傷し，その上，生存者にも被爆による健康被害を与えた。戦後，アメリカは，新型兵器の威力を測定するために，被爆者の健康状態に関わるサンプルを収集し始めた。それと同時に，一方で核兵器開発に邁進し，他方でその圧倒的な威力から，核兵器が使用不可能な兵器であることに気付き始めることとなる。開発しつつも使用できない兵器（核兵器）の位置づけは，冷戦時代に独特の「核抑止論」を成立させた。今日，世界は無数の核兵器を保有しつつも，広島，長崎以降，人類は核兵器を使用していない。

　8月8日，ソ連は日ソ中立条約を破棄して，9日，満州国へと攻め込んだ。ソ連による侵攻を想定していなかった日本軍は，総崩れになった。拘束された日本兵は，その後，シベリアへと抑留され，また残留孤児の問題が発生した。

　8月14日，日本はポツダム宣言を受諾し，8月15日，無条件降伏が発表された。第二次世界大戦は，アジアにおいても終結した。

第9章 「冷戦の起源」と国際政治

1 第二次世界大戦と冷戦

　第二次世界大戦の「終わり方」が，冷戦の「始まり方」に影響を与えた。

　巨視的に図示すれば，第二次世界大戦（1939年9月3日〜1945年8月15日）は，アメリカ，イギリス，ソ連，中国を中心とした「連合国」と，日本，ドイツ，イタリア，さらには東欧の大半の国々を中心とした「枢軸国」との間において，連合国が勝利した世界戦争であった。しかし，勝利した連合国の内部には大きな矛盾が存在していた。それは，資本主義体制のアメリカ（ならびにイギリス）と，社会主義体制のソ連とが，体制の違いを乗り越えて，「大同盟」（米英ソ）を形成していたことであった。しかし，資本主義と社会主義との間に存在し得る内部対立は，世界大戦の間，目立って表面化しなかった。それは，両体制（資本主義と社会主義）にとって打倒すべき「共通の敵」，すなわちファシズムが存在していたためであった。

　ファシズムとは，通常，イタリア語の「ファッショ」（結束：fascio）を語源とし，1つの目的へと人々が束ねられていく過程で生まれる熱狂的な大衆運動を表現する言葉である。その点では，ファシスト党（イタリア）のムッソリーニによる大衆運動が最もファシズムの概念に適合するが，ナチズム（ドイツ）や，軍部独裁（日本）も，ファシズムの概念に該当するとされる。

　1941年6月，ドイツとソ連との間の戦争（独ソ戦）が始まり，さらに日本とアメリカとの間の戦争（太平洋戦争）が始まったことにより，ほぼ自動的に大同盟が成立し，その結果，連合国ならびに枢軸国という2つのグループの間の戦争は世界化した。第8章で概観したように，第二次世界大戦で勝利したのは連合国であった。

　戦後，連合国は，一方で国際社会の仕組みについて，国際連合の創設など，指導的な役割を発揮することができた。しかし，他方で，「共通の敵」である

ファシズムが消滅したことにより，連合国のなかの潜在的な内部対立が，「冷戦」へと姿を変えて表面化し始めた。

すなわち，ファシズムの消滅の過程（第二次世界大戦の「終わり方」）と米ソ対立が発生する過程（冷戦の「始まり方」）がつながっていたのである。

戦後の国際社会において，社会主義が世界規模へと拡大する可能性を危惧したアメリカ（ならびにイギリス）は，社会主義の「封じ込め」（すなわちソ連の「封じ込め」）へと，次第に政策を傾斜させた。他方，ナチス・ドイツにより国土を破壊されたソ連は，自国の安全を確保するために，東欧に防塁（社会主義体制）を築くことを目指した（ソ連の東欧への進出は米英を警戒させた）。

第9章で分析するように，米ソ双方の側に，相互の不信感を高める要因が存在した。1945年には，不信感は具体的な輪郭を伴っていなかった。しかし，1947年には冷戦が始まり（「冷戦の起源」），1955年には冷戦は「秩序」へと次元を高めた（「冷戦秩序」）。今日，ほぼ40年間に及ぶ冷戦を歴史として捉え直す試みが，「冷戦史研究」として進められている。

2 冷戦史研究の動向──冷戦の終焉と冷戦史研究

1989年，冷戦は終焉した。冷戦は歴史のテーマとなった。「歴史」として冷戦を分析する手法は「冷戦史研究」と呼ばれる。

冷戦期に手掛けられた冷戦史研究は，現実の世界政治の動向に左右されやすく，資本主義諸国では，資本主義陣営に傾斜した歴史観を提起する立場（正統主義史観）と，社会主義陣営に傾斜した歴史観を提起する立場（修正主義史観）へと，2つに分かれる傾向（二分論）が存在した。冷戦の終焉は，この傾向に変化をもたらし，冷戦期よりも中立的で客観的な研究環境が整えられた。

さらに旧社会主義諸国（旧「ソ連・東欧圏」）の史料公開が進んだことにより，それまで憶測に基づいていた研究対象が，実証的な研究対象へと変わった。ウッドロウ・ウィルソン・センターでの冷戦国際史プロジェクト，冷戦研究に関するハーバード大学のプロジェクト，さらには日本国際政治学会において，冷戦史の「再検討」が進められている。ここではまず冷戦史研究の3つの研究動向をまとめよう。

　第1の研究動向は、「国際システム」として冷戦の特徴を掘り下げる研究である。モーゲンソーは国家間に働く勢力均衡の概念を冷戦期の動態に適用し（モーゲンソー、2013年）、ガディスは緊張状態にもかかわらず安定した国際システムとしての冷戦を描写した（ガディス、2007年）。この研究の傾向は、冷戦の本質を米ソ・二大超大国による国際管理体制として把握し、巨視的な視点から体系的・構造的にまとめた点にある。

　第2の研究動向は、ソ連外交の特徴を分析する研究である。そこではソ連外交の特徴が防御的な安全保障政策の追求と捉えられ、そこからソ連外交の「膨張主義」傾向が分析された。とくにアドマイトは、安全保障問題を解決するために、ソ連は過剰な領土的膨張を追求し、その「過剰膨張」が「ソ連帝国」にとって、むしろ深刻なマイナス要因になったと分析した。この第2の研究動向の特徴は、安全保障問題に対するソ連指導部の懸念が膨張傾向を促し、東欧諸国をソ連の国内システムと類似のシステムへと変質させる動機となったことを解明したことにあった（Adomeit, 1998）。

　第3の研究動向は、「招待された『帝国』」（"empire" by invitation）としてアメリカ（場合によってはソ連）を描き出す分析である。ルンデスタッドは、西欧諸国がソ連の脅威に対抗するために、自発的にアメリカの関与を招き入れたという見解を示し、戦後の西欧諸国へのアメリカの関与を「招待された『帝国』」と表現した（Lundestad, 1997）。また高橋進は、従来の冷戦史（およびデタント研究）において、ヨーロッパが、2つの超大国の舞台としてのみ論述されてきたこと（「ヨーロッパにおける冷戦とデタント」史観）に疑問を抱き、新たな歴史観「西欧の冷戦とデタント」（西欧がいかにアメリカを冷戦に引きずり込んでいったのか）を強調した（高橋、1991年）。

　さらにロートは、東ドイツがソ連を冷戦（ドイツにおける冷戦）に引きずり込む過程を明らかにした。ロートによれば、アメリカとの対立を恐れたソ連は、当初、東ドイツの建国を望まなかったとされる。しかし西ドイツの成立（1949年）以降、ソ連は東ドイツの建国を認めざるを得ない立場に追い込まれた（1949年）。そこでソ連は、東ドイツを暫定的な国家の立場にとどめ、ドイツ統一（中立化）の可能性が消滅する1952年まで、東ドイツにおける「社会主義の建設」を認めなかった。ロートの研究によれば、東ドイツの「社会主義の建設」は東

ドイツ指導部（ウルブリヒト）がソ連指導部（スターリン）に働きかけることで，
1952年以降に実現した，とされる（Loth, 1996）。

　第 3 の研究動向では，従来，超大国の下位システムとみなされてきた国々
（アメリカに対する西欧諸国）が，実際には単なるアメリカの従属国ではなかった
こと，さらに西欧諸国が，自国の軍事的脆弱性を補うために，むしろ積極的に
アメリカの関与を「招き入れた」ことを論証した。またロートの研究からは，
東ドイツ指導部がソ連の関与を「招き入れた」側面があったことが明らかにさ
れた。それは，「招待された『帝国』」としてのソ連であった（清水，2015年）。

　これらの冷戦史研究の動向は，研究手法の洗練化を追求しつつ，冷戦の実相
を解き明かしつつある。次に，こうした冷戦史研究の成果を参考にして，「冷
戦の起源」と「冷戦秩序」に関わる，1945〜55年の国際政治の展開を分析しよう。

3　国際政治の展開（1945〜1955年）

（1）ヨーロッパにおける冷戦の激化

　東西冷戦はしばしば「ヤルタ体制」と表現される。1945年 2 月 4 〜11日，ロ
シア・クリミア半島のヤルタ（厳密には，ロマノフ王朝離宮リヴァディア）にて，
8 日間にわたる会談（ヤルタ会談：Yalta Conference）が開催された。ヤルタ会談
にはアメリカのローズヴェルト大統領，イギリスのチャーチル首相，ソ連のス
ターリン首相が出席した。ヤルタ会談はナチス・ドイツが崩壊する 3 カ月前に
開催された会談であり，したがって第二次世界大戦の死闘が続くなかで試みら
れた戦後構想に関する話し合いの舞台であった。換言すれば，1945年は戦後の
構想と，戦争の展開が国際政治の行方に同時に影響を与えていた時期であった。

　ヤルタ会談では，戦後処理，国際連合の創設，ソ連の対日参戦，各種の秘密
協定の締結に関わる問題が取り上げられたが，なかでも最大の争点は，「ポー
ランド問題」と「ドイツ問題」であった。ナチス・ドイツが崩壊した後に生じ
る「力の空白」をどのようにして再編し，戦後の国際社会の構造（国家間体制）
を組み立てるのか，また同時に，戦後の再建をどのように進めるのかが問われ
たのである。

　ヤルタ会談を開催した三大国は，戦後の新しい国家間関係の創出について決

定的な役割を有していた。アメリカは，第二次世界大戦中に軍需経済システム
を拡充し，経済面において超大国の地位を獲得していた。戦後の西側の国際経
済の方向を決定づけたブレトンウッズ会議（1944年7月）において指導力を発
揮したアメリカは，戦後国際社会において，「アメリカ・システム」を普及さ
せ得る潜在力があった。戦後，アメリカは直ちに国際通貨基金（IMF），国際復
興開発銀行（IBRD），さらには関税と貿易に関する一般協定（GATT）を中核と
した金融・経済・貿易をめぐるシステムの編成を進め，その世界化を目指した。

　これに対してイギリスは，第二次世界大戦において，ナチス・ドイツとの戦
争に関わり，フランスやポーランド，さらにはチェコスロヴァキアの亡命政府
を受け入れ，これらの過剰な負担を通じて国力を著しく衰退させていた。すで
にミュンヘン会談（1938年）において，イギリスはナチス・ドイツに対する譲
歩（「宥和政策」（appeasement policy））の立場を示し，外交の羅針盤を喪失して
いた。第二次世界大戦後，覇権国としてのイギリスの「揺らぎ」は，植民地の
相次ぐ独立により増幅し，「スエズ危機」（1956年）において，それは頂点へと
達した（第3章）。イギリスにとってヤルタ会談はイギリスの相対的な「国力」
が上昇から下降へと，すなわち長期的な衰退へと向かう転機であった。

　ソ連の立場はさらに複雑であった。レーニンとトロツキーが追求した「世界
革命」は，「一国社会主義」の建設へとソ連外交の舵を切ったスターリンによっ
て放棄された。しかし，戦後（ナチス・ドイツ崩壊後）のスターリンの外交政策
は，世界革命の様相を呈していた。安全保障問題への深刻な懸念から，スター
リンはソ連の周囲に，ソ連への忠誠を示す社会主義政権の防壁を築くこと（具
体的には東欧の「社会主義化」）を望んだのである。その過程は，ナチス・ドイツ
の後退と連動し，ドイツが去った東欧の各地には，次々と「ソ連・システム」
の国家が建設された。それは最初，「人民民主主義」と呼ばれ，1947／1948年
頃からは「ソ連型社会主義」へと組み替えられた。ソ連・システムの拡大は，
「防御的」な安全保障の再編を企図していたとされるが，西側諸国にはソ連に
よる「攻撃的」な勢力圏の拡大と受け止められた。すなわち，戦後ソ連の対外
政策の膨張傾向が警戒されたのである。

　ソ連の行動への疑義は，すでに戦時中からチャーチルの行動によって示さ
れ，英ソの国際秩序をめぐる思惑の一部は，「パーセンテージ協定」を通じて

調整されたことが明らかになっている。

　チャーチルは，ナチス・ドイツ崩壊後のヨーロッパにおける「力の空白」に
ソ連が入り込むことを警戒していた。1944年10月 9 日，モスクワ会談でチャー
チルはスターリンに，勢力分割案を提示している。そこでは，ルーマニアに対
するロシアの優先権を90％，イギリスの優先権は10％，さらにギリシャに対し
ては，ロシア10％，イギリス90％，ユーゴスラヴィアに対しては，ロシア
50％，イギリス50％，ハンガリーに対しては，ロシア50％，イギリス50％，そ
してブルガリアに対しては，ロシア75％，イギリス25％，とする配分案が示さ
れていた。10月10〜11日にかけて，さらにモロトフ（ソ連外相）による修正案，
これに応じたイーデン（英外相）の対案が示され，勢力圏の交渉が進められて
いた。戦後ヨーロッパにおける国家間関係の創出と再編をめぐる駆け引きは，
戦争末期からすでに国際政治の争点であったのである。

　ヤルタ会談はこのような米・英・ソの複雑な思惑を背景に開催された。アメ
リカ・システムの普遍化を望むアメリカ，国力の衰退に苦しむイギリス，安全
保障問題から自国周辺の社会主義化（ソ連・システムの構築）を強行したソ連で
ある。総じて，これらは，ナチス・ドイツ後のヨーロッパの国家間関係の再編
と関連していた。すなわち，ナチス・ドイツ後の「力の空白」をどのように編
成するか，という問題である。それは，戦争末期から戦後初期にかけて，「ド
イツ問題」として連合国首脳部に認識され，冷戦時代における国際政治の最大
の争点となったのである。

（2）ヤルタ会談から第二次世界大戦の終結へ

　ヤルタ会談の争点は，「ポーランド問題」と「ドイツ問題」であった。スター
リンは安全保障上の理由から，国境問題（ポーランドの西方移動）と政府樹立問
題（ソ連の傀儡政権であったポーランドのルブリン政権の強化）に固執した。

　また，ヤルタ会談では，降伏後のドイツをめぐる問題が議論された。スター
リンはドイツから賠償を取り立てるために，工場，機械施設，鉄道車両を撤去
することを主張した。さらにスターリンは，ドイツの重工業と生産財の80％を
徴収すること，ドイツを解体して，孤立した弱小の小国家の寄り合い所帯にす
べきことを要求した。チャーチルはこれに対して，第一次世界大戦後にドイツ

図9-1　1945年後に分割されたドイツ

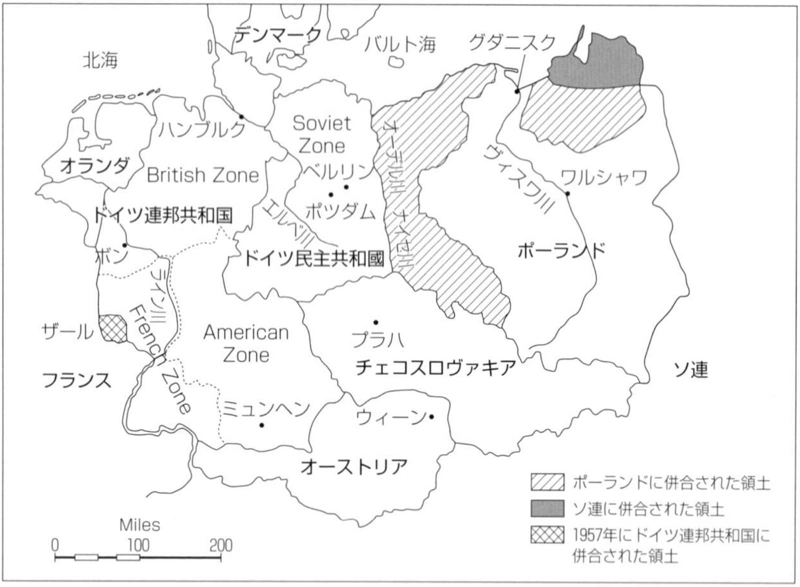

出所：Mary Fulbrook (ed.), *German history since 1800* (London; New York: Arnold, 1997), p.364.

に巨額の賠償を課したことが二度目の世界大戦につながったことを指摘した。スターリンは，それはイギリスが現金払いを要求したことに問題があったとし，第二次世界大戦後は，ソ連は生産財や原料といった現物を要求すると主張した。ヤルタでは，賠償問題の決着は見送られたものの，降伏後のドイツを「分割占領」することが決定された（図9-1）。

　ヤルタ会談の後，ソ連は東欧各地へと進撃を続け，各地の枢軸国勢力を撃退し，それによりナチス・ドイツを東欧から駆逐した。ソ連はナチスの支配から東欧各地を「解放」することに成功したのである。しかし，ソ連は同時に東欧各地に共産主義勢力を中核とした政権の構築を進めた。こうして大戦末期から戦後初期のソ連の対東欧政策には，「解放」の側面と「共産化」の側面が混在することとなった。2つの側面はソ連の安全保障問題と密接に関わり，戦略的に優先される必要のある東欧各地の領域に対しては，ソ連の支配システム（傀儡政権）の樹立は強硬に進められた。ジラスは，『スターリンとの対話』（1962年）

のなかで，スターリンが進撃できる限り，その国の支配体制を押し付けること
を説明したことを回想している（Djilas, 1962）。ポーランドでは共産化は強硬に
進められ，ソ連はロンドン亡命政権の指導者を逮捕することで，ポーランドに
対するイギリスの影響力を排除した。ソ連によるポーランドへの介入は米英に
とって許容の範囲を超えていた。ハンガリー，ルーマニア，ユーゴスラヴィア
においても，それぞれ独自の展開をともないながらも「共産化」の過程が進ん
だ。

　なお，東欧諸国ならびに中欧諸国へのソ連による「解放」と「共産化」の側
面は3つのカテゴリーに分類される。第1のグループは，連合国の一員として
ソ連とともに戦ったポーランド，チェコスロヴァキア，ユーゴスラヴィアであ
り，これらの国々・地域に対しては，「解放」と「共産化」が連続していた（ユー
ゴスラヴィアは自力で祖国を「解放」した）。ソ連はこれらの国々・地域の「解放」
の後，国際法上，本国に軍隊を帰還させなければならなかった。換言すれば，
占領に関わるような法的な根拠を有していなかった。ここから，ソ連はとくに
戦略的要衝であるポーランドに対して，「解放」と「共産化」を連続させたの
である。ポーランドの「共産化」は強硬に進められた。第2のグループは，枢
軸国の一員として，ソ連に対して戦った東欧諸国，すなわち，ハンガリー，
ルーマニア，ブルガリアであり，これらの国々・地域に対しては，「解放」，「占
領」，「共産化」の三段階が確認される。そして，第3のグループは，中欧諸国
の枢軸国，すなわち，ドイツ，オーストリアであり，これらは戦後，「分割占
領」された。

　問題となったのは，ソ連が「解放」後も（したがって，第二次世界大戦後も），
東欧全域に自国の影響力を留め続けたことであった。その影響力の程度は，確
かに東欧各地において地域差を伴っていたが，チャーチルには，画一的なソ連
による東欧支配の開始と受け止められた。ソ連の勢力圏が際限なく拡大する可
能性を憂慮したチャーチルは，ヤルタ会談における取り決めが失敗した可能性
があることをローズヴェルトに伝えた。これに対して，ローズヴェルトは，対
日参戦をめぐる問題からソ連との協調を必要としていたため，チャーチルの
メッセージに対するアメリカの態度決定を保留した。ローズヴェルトの方針の
なかでは，戦後の構想と戦争の展開がつながっていた。

　しかし，間もなくローズヴェルトは他界した（1945年4月12日）。そして米ソ関係は変容し始めた。4月12日，ローズヴェルトの後任として，副大統領から大統領へと昇格したトルーマンは，対ソ関係の見直しを検討した。トルーマンは大統領に就任するまで，ヤルタ会談や対ソ関係の細部について十分な情報を把握していなかったのである。4月23日，ソ連外相モロトフとの会談において，トルーマンはヤルタ協定を遵守することを要求した。この後，米ソ関係は急速に悪化へと向かうこととなった。1945年5月7日，ドイツは降伏し，6月5日，ドイツの敗北とドイツの最高統治権の引継ぎが宣言された。

　7月16日，アメリカはニューメキシコ州・アラモゴードでの原爆実験に成功し，「原子爆弾」という外交カードを獲得した。翌日（7月17日），ポツダム会談（Potsdam Conference）が始まり，ベルリン近郊のポツダムに米英ソの三巨頭が集結した。原爆を保有したアメリカは，ソ連との協力関係を重視する戦略目標を失った。トルーマンにとっては，戦争の展開よりも，戦後の構想の方が決定的に重要な課題となっていた。

　アメリカは，8月6日，広島に，8月9日，長崎に，原子爆弾を投下した。他方，ソ連は，8月9日，対日参戦に踏み切り，満州へと進撃した。8月15日，日本は降伏し，これを受けて8月16日，スターリンはトルーマンに書簡を送り，北海道北部の分割を提案した。トルーマンはこれを拒否した。

（3）「大同盟」から冷戦へ

　こうして第二次世界大戦は終結した。第二次世界大戦においてファシズムとの戦いのために結束した「大同盟」（米英ソ）は，1946～47年に米ソ対立（冷戦）へと向かった。

　1946年2月9日，社会主義と資本主義との間の戦争が避けれらない（西側との戦争に備えてソ連は国防に集中する必要がある）ことをスターリンは演説のなかで指摘した。この内容の真意をめぐり，英米の外交政策の関係者のなかからは，相次いで警戒の声が上がった。アメリカのソ連外交の専門家ケナンは，2月22日付の「長い電文」のなかで，ソ連の外交観は安全保障への不安に基づいていると分析した。他方，チャーチルは，「鉄のカーテン」（iron curtain）演説を行った。1946年3月5日，トルーマンに招待されたチャーチルはアメリカの

ミズーリ州フルトンにおいて，「バルト海のシュチェチンからアドリア海のトリエステにかけて，ヨーロッパ大陸を横切る鉄のカーテンが降ろされた」と述べた。

　次第に，アメリカ外交の政策担当者のなかにも，ソ連の膨張主義的な傾向への対応策が検討され始めた。1947年5月9日，マーシャル米国務長官が国務省に設置した政策企画室（PPS）の局長に，ケナンが就任した。ケナンは匿名の論文（X Article）「ソヴィエトの行動の源泉」を『フォーリン・アフェアーズ』（Foreign Affairs）（1947年7月号）に掲載した。そのなかで，「アメリカのソ連への政策は，ロシアの拡張傾向に対して，長期的で忍耐強く，しかし確固として用心深い封じ込め（containment）でなければならない」として，ソ連に対する「封じ込め政策」に理論的な基礎づけを提供した。それは西側諸国の経済水準の向上を通じてソ連を封じ込めることを方向づけた提案であった。しかしアメリカの外交政策は次第に，経済的な「封じ込め」と，軍事的な「封じ込め」とを連結させ，包括的な「封じ込め」へと向かった。1947年3月にはトルーマン・ドクトリン（軍事的「封じ込め」政策）が，1947年6月にはマーシャル・プラン（経済的「封じ込め」政策）が開始された。

　他方，冷戦史研究者ガディスによれば，スターリンは戦後世界について次のような見取り図をもっていたとされる。——第一次世界大戦後，資本主義諸国が設計したヴェルサイユ体制は，世界恐慌に直面し，保護主義へと突き進んだ。その結果，ファシズムが台頭し，第二次世界大戦へと進んだ。第二次世界大戦後も再び世界恐慌が発生する可能性があり，それを避けるために資本主義諸国（アメリカ）が，市場としてのソ連を必要とする。アメリカがソ連に貸付を行うことになる可能性がある（ガディス，2007年，15〜20頁）。

　実際，ガディスが研究のなかで示したように，マーシャル・プランが発表された時，スターリンはアメリカがソ連への貸付を検討し始めたと解釈した。しかしマーシャル・プランはスターリンの想定とは異なる計画であり，むしろ「冷戦の起源」となった。

（4）マーシャル・プラン

　1947年6月5日，アメリカのマーシャル国務長官の講演により，マーシャ

ル・プラン（欧州経済復興援助計画：Marshall Plan）が，事実上，開始された。1947年7月12日，第1回欧州復興会議（於：パリ）において，マーシャル・プランは，西欧16カ国を受け入れ対象国とすることが決定され，その援助の受け入れ調整機関として，1948年3月15日，欧州経済協力機構（OEEC）が成立した。1951年12月31日に，マーシャル・プランはその計画を終了させたが，その期間に，アメリカは西ドイツを含むヨーロッパ17カ国に総額120億ドルの援助資金を提供した。1951年10月10日，マーシャル・プランは，朝鮮戦争を契機として，アメリカの相互安全保障計画（MSP）へと実質的に受け継がれた。

　マーシャル・プランの複雑な構造は，次の4つの特徴によりまとめられる。すなわち第1には，「人道」目的であり，第二次世界大戦後の飢餓と貧困，さらには崩壊した社会からヨーロッパを救出し，再建することであった。ここには，アメリカの理想主義の精神の一部が反映されていた。第2には，当初，「全ヨーロッパ」へと復興資金が提供されることが計画されていたが，冷戦の激化のなかで，「西ヨーロッパ」へと復興資金提供の対象国が限定されたことであり，やがてマーシャル・プランは「経済的・封じ込め」の一環へと変貌した点にあった。それは，「軍事的・封じ込め」と分類されるトルーマン・ドクトリンと対になっている印象を広めた。第3には，アメリカの排他的・独占的な市場として「西ヨーロッパ」を再建するために，アメリカが復興資金を提供し，それを通じて，自由貿易体制の基礎条件を西ヨーロッパに整備することにあった。第4には，国民国家の単位に細分化されているヨーロッパの市場を，「西ヨーロッパ」レヴェルの巨大な市場へと「統合」させ，それにより競争力のある共同市場を西ヨーロッパに創出することであった。これは，「アメリカ―西ヨーロッパ」関係の強化と同時に，西欧の再建が，アメリカの潜在力を補完するものと計算されていた。

　ソ連はマーシャル・プランへの参加を望んだが，そのためには，自国の経済データを公開しなければならなかった。ソ連は，マーシャル・プランが当初の想定と異なる計画であることが判明するにつれて，同計画への敵意を強め，東欧諸国にも圧力をかけて，同計画から距離をおくことを指示した。さらにソ連は，マーシャル・プランへの対抗措置として，1947年9月，コミンフォルム（共産党・労働者党情報局：Cominform）を創設した。コミンフォルムには，ソ連共

産党，ブルガリア共産党，ユーゴスラヴィア共産党（1948年6月，除名），フランス共産党，チェコスロヴァキア共産党，イタリア共産党，ルーマニア労働者党，ハンガリー勤労者党，さらには，ポーランド統一労働者党が参加した。

　アメリカと西欧諸国は，スターリンの期待するような世界観とは異なるヨーロッパ戦略を進めていたのであり，それは「ヨーロッパの分断」と「ヨーロッパの統合」を結びつける方式であった。結局，西欧に限定されたアメリカによる復興資金の提供（マーシャル・プラン）は，西欧と東欧との間を分け隔てることとなった。一般的にアメリカのこの政策が冷戦の開始と解釈されている。

（5）冷戦への多様な道

　もっともソ連は，冷戦とは異なる戦後の国家間関係創出のシナリオも検討していた。

　というのも，ソ連はアメリカとの対決を恐れ，米ソの中間に「中立化」したドイツを配置するシナリオを描いていたのである。中立化したドイツの存在が米ソの対立を緩和させ，ひいては冷戦とは異なる国家間関係へと向かわせることが検討されたのである。それは，第二次世界大戦の過程における米英ソ「大同盟」の協調であり，「反ヒトラー連合」の継続であった。

　こうして，戦後初期，ソ連は「中立・統一ドイツ」の創設を追求した外交上のシナリオを準備した。すなわちソ連のモロトフ外相は，1947年3月10日〜4月24日に開催されたモスクワ外相会談（米英仏ソ）において，ドイツの中立化につながる内容を提案した。それは，次の4つの論点であった。──①賠償責任を負うドイツは単一の政治代表をもつ必要があること。②工業中心地ルールを占領4カ国の共同管理におく必要があること。③全ドイツ臨時政府の基礎として統一的経済行政機関が創設されるべきこと。④将来の全ドイツ政府はヴァイマル憲法を規範とすべきこと。

　ここには，ソ連が，戦後復興のためにソ連が占領した東側ドイツ（ソ連占領地区）だけでなく，全ドイツからの賠償の取立てを目指す現実的な政策の側面も同居していた。

　しかし，モスクワ外相会談の期間中に，トルーマン・ドクトリン（1947年3月12日）が布告された。トルーマン大統領は，「ギリシア・トルコ援助法案」へ

の理解を求める演説を行い，「軍事的」な「封じ込め」政策を開始したのである。さらにフランスもドイツの統一を警戒し，ソ連提案（モロトフ提案）は十分に検討されることなく，モスクワ外相会談は失敗した。そしてマーシャル・プランが開始されたことにより，ソ連のアメリカへの不信感は頂点に達した。これらの点は，戦後の世界（国家間関係）が冷戦へと一直線に進んだのではなく，多様な道（可能性）のなかから冷戦へと至る道が選択されたことを示しており，冷戦史研究の成果が冷戦の実相を解明しつつある。

（6）「戦争」と「冷戦」——日独比較

東西ドイツは，1949年に西ドイツ（ドイツ連邦共和国），次いで東ドイツ（ドイツ民主共和国）の順番に成立した。「2つのドイツ」誕生の決定的要因は，①戦争（敗戦）と，②冷戦（分断）であった。この①と②の複雑な絡まり合いのなかで，戦後ドイツ史は展開した。

第1に，戦争（敗戦）の点においては，ドイツの事例は，日本の事例と比較可能なテーマである。第二次世界大戦の敗戦国となったドイツと日本の戦後は，「占領」から出発した。その際，ドイツが米英仏ソの戦勝四大国による分割占領の対象となったのに対して，日本はアメリカによる単独占領の対象となった。ドイツでは，ナチスの崩壊と共に中央政府が消滅し，米英仏ソによるドイツ国民への「直接占領方式」による占領政策が進められた。これに対して，日本では中央政府が残存し，したがってアメリカの占領政策の方針は，日本政府を経由して日本国民へと伝えられた（したがって，「間接占領方式」と呼ばれる）。

ドイツにおける占領行政を担当したのは，それぞれの占領地区を担当した軍政本部であった。すなわち，アメリカ占領地区はアメリカ対ドイツ軍政本部（OMGUS）が，イギリス占領地区はドイツ管理委員会／イギリス部門（CCG/BE）が，フランス占領地区はフランス対ドイツ管理委員会（CCFA）が，そしてソ連占領地区はソ連軍政本部（SMAD）が，それぞれの占領地区における最高の決定機関であった。これに対して，日本では，マッカーサーを頂点とした連合国総司令部（GHQ）のスタッフが占領行政に携わった。

ドイツにおいても，日本においても，第二次世界大戦時に高まった苛烈な「軍国主義」を除去することが，最も重要な占領政策の課題であった。

　しかし，第2の要因となった冷戦（分断）が，ドイツと日本の戦後の発展を，次の点において全く異なる方向へと進めた。ドイツでは，4つの占領地区はバラバラに占領行政が進められる傾向があったが，その問題を克服するために，四占領地区の間を連結する組織として，連合国ドイツ管理理事会が設置されていた。しかし，米ソ対立が激化するなかで，連合国ドイツ管理理事会は開催されなくなり，米英仏占領地区は資本主義を基礎とした「西側ドイツ」として結束し始め，ソ連占領地区は「東側ドイツ」として取り残された。ソ連占領地区では，「社会主義」的な発展傾向が確認されつつも，公式的に，ソ連はソ連占領地区における「社会主義の建設」を許可していなかった。しかし，ドイツが「2つのドイツ」（西ドイツと東ドイツ）へと分裂する傾向は，時間の経過と共に増大した。そしてそのようなドイツの分裂傾向を決定づけた出来事が，後述するように，「ベルリン封鎖」（「第一次ベルリン危機」）であった。

　他方，日本は，GHQによる占領政策を通じて「アメリカ化」され，政治，外交，経済，社会，さらには文化に至るまで，「天皇制」を除き，全面的な「アメリカ」の受容を経験した。その傾向の最初の到達点がサンフランシスコ講和条約への署名であった。ソ連を含むすべての国との講和を目指した「全面講和」論は理想主義的であるとして退けられ，アメリカを中心とした西側諸国に限定された「片面講和」論に基礎をおいた講和条約に日本は署名した。それは日本が国際社会に復帰した瞬間であった。それと同時に，日米安全保障条約がスタートした。サンフランシスコ講和条約は，日米安全保障条約とセットになっており，厳密には，日本は日米同盟という「殻」に覆われた形で国際社会に復帰したのである。日本はこうして，ドイツと異なり，分断を免れた。しかし，全面的な「アメリカ」の受容は，日本人のなかに，戦前と戦後を断絶させる精神構造を生み出した。

（7）ベルリン封鎖（第一次ベルリン危機）

　戦後ドイツの最初の危機はベルリンを舞台とした。そこでは状況を打開するために核兵器を使用することも要求されていた。「第一次ベルリン危機」（1948年6月24日〜1949年5月12日）と呼ばれる出来事はベルリンを封鎖することにより発生した。当時，「西側占領地区」（米英仏占領地区）は次第に「西側ドイツ」

として1つの政治体制へと収斂し始めていた。他方,「ソ連占領地区」は「東側ドイツ」として取り残される傾向を示していた。そしてベルリンも「西側・ベルリン占領地区」(米英仏占領地区) は次第に「西ベルリン」として, 他方「ソ連・ベルリン占領地区」は「東ベルリン」として認識されるようになっていた。

しかし, 西ベルリンはソ連占領地区のなかに位置していた。いわば西ベルリンは, 周囲をソ連占領地区に取り囲まれる「陸の孤島」(ないしは飛び地) となっていたのである。必要な物資は, 西側占領地区からソ連占領地区を通過して西ベルリンへと届けられなければならなかった。第一次ベルリン危機はまさに西ベルリンへと至る道を遮断する出来事 (換言すれば, ソ連占領地区の通過を禁止する事件) であった。ソ連 (スターリン) が, 西側占領地区から西ベルリンへと至るつながり (鉄道, 道路, 水路) を遮断したのである。したがって同事件は「ベルリン封鎖」と呼ばれる。

発端は「通貨改革」(1948年6月18日) であった。米英仏は「西側占領地区」の経済再建を軌道に乗せるために, 同地における新通貨の導入を検討した。戦後ドイツは崩壊した社会であり, したがって通貨も信用を失っていた。経済再建のためには, 新しい通貨を導入することにより, 信用を回復させなければならなかったのである。

しかし西側占領地区で導入する予定の新通貨は, 西ベルリンにも導入されることとなった。その結果, 2つの異なる通貨 (ソ連占領地区と東ベルリンの通貨と, 西側占領地区と西ベルリンの通貨) が同時に流通する事態がドイツに生まれたのである。ソ連はこれに反発した。とくに西ベルリンと, それに隣接する東ベルリンとの間で異なる通貨が流通することは, ベルリンを舞台として, 通貨の価値をめぐる競争が繰り広げられる可能性があったためである。実際, 西側 (米英仏) の後押しを受けた通貨の価値は一方的に高まった。ソ連経済の弱さが世界中に知れ渡るなかで, スターリンは1948年6月24日, ベルリン封鎖を断行した。

ソ連は, 西側占領地区から西ベルリンへと至るルート (鉄道, 道路, 水路) を遮断した。当時, 西ベルリンに居住する200万人の人々へは, これらのルートを通じて食糧, 物資, 燃料が届けられていた。したがって, ベルリン封鎖によって人々の生活は困窮し, 電気不足により, 西ベルリンは1日20～22時間の

停電となった。

　アメリカは即座に対応した。西ベルリンがソ連の圧力に屈して陥落すれば，西側の盟主としてのアメリカの威信に致命的なダメージを与える可能性があった。アメリカは輸送機に，食糧，物資，燃料を積み込んで，連日，西ベルリンへとそれらを届けた。この「空輸作戦」はしばしば「空の架け橋」と呼ばれる。

　ベルリン封鎖の2カ月前，チャーチルは原爆の使用を提案していた（1948年4月）。またベルリン封鎖に際して，アメリカは原爆機（原爆は搭載されていなかった）をイギリスの基地に移した。強硬な声が散発し始めるなかで，トルーマンは空輸作戦を継続した。ベルリン封鎖は，戦後初めて，核兵器の使用が要求された（アメリカには核兵器を使用する選択肢は存在していなかったが）危機であった（石井，2000年）。

　東西間が深刻な危機に直面するなか，アメリカは輸送力を駆使して，大量の物資を西ベルリンへと届けた。結局，アメリカの輸送力の前にベルリン封鎖の政治的な効果は薄れ，スターリンは「封鎖」の解除を指令した。1949年5月12日，「封鎖」は解除された。しかし，ドイツに2つの通貨圏が誕生し，ベルリン封鎖に代表される国際危機に直面した後，西側にとって西側占領地区にドイツ人による政治体制を創出することに異論がなくなっていた。1949年5月，西側占領地区はドイツ連邦共和国（西ドイツ）となった。他方，ソ連は西ドイツの成立に抗議し，同年10月，ソ連占領地区をドイツ民主共和国（東ドイツ）としつつ，東ドイツを中心としたドイツの統一を実現する道を（その可能性が潰える1952年まで）追求した。1952年，ソ連は中立化によるドイツの統一提案を西側（米英仏）に示したが，西側はそれを拒否した。

　「2つのドイツ」の成立以降，西ドイツは「資本主義」の国家体制を基礎とし，東ドイツも1952年以降，「社会主義」の国家体制を基礎とした。この後，東西ドイツは，冷戦のなかで体制競争を強めつつ，独自の発展を遂げ，1955年には東西の軍事組織に加盟した。すなわち，1955年，北大西洋条約機構（NATO）に西ドイツが加盟し，それに対抗したソ連はワルシャワ条約機構（WTO）を創設し，WTOに東ドイツを加盟させた。これにより，西側と東側の軍事組織が相互に対峙する構造がヨーロッパを中心に成立したのである（1955年に成立したこの構造は「冷戦秩序」と呼ばれる）。

第**10**章 冷戦のなかの「西欧」と「東欧」

1 西欧社会とヨーロッパ統合──「不戦共同体」の創設

　第二次世界大戦により，ヨーロッパは荒廃した。ヨーロッパ各国は戦後の再建に取り組まなければならなかった。それと同時にアメリカとソ連が超大国として戦後世界に立ち現れた。ヨーロッパは埋没した。ドイツの歴史家シュペングラーが『西洋の没落』を出版したのは1918年であった。繰り返される戦争を前に，ヨーロッパの衰退を警告した同書は，多くの人々の共感を呼んだ。しかし，そのメッセージは活かされず，ヨーロッパは二度目の世界大戦において主戦場となった。ヨーロッパの再建には，戦争の再発を防止する仕組みを作ることが重要であった。繰り返される戦争がヨーロッパの力を弱めたのである。

　フランス経済界において影響力をもっていたジャン・モネは，「石炭」をめぐる奪い合い（資源争奪戦）が，独仏間の戦争の原因の１つとなったと分析した。実際，石炭は独仏両国が相互に接する境界領域（ルール，アルザス，ロレーヌ，ザールの各地方）に埋蔵されていた。石炭の奪い合いは，境界領域の奪い合い（領土紛争）へと発展し，戦争は繰り返された。

　ジャン・モネは独仏を中心とした複数の国家が超国家機構を創設し，石炭を共同で管理するアイディアを提起した。複数の国家の国家利益に関わる戦略目的を，石炭の争奪戦から，石炭の共同管理へと移行させ，各国の石炭に関わる主権を共有する超国家機構の創設を目指したのである。超国家機構の協力のネットワークへと，各国の主権を束ねることにより，超国家機構が戦争の誘発の可能性に対して，制動（ブレーキ）の役割を果たし得ることが想定された。このアイディアは，今日，「不戦共同体」と表現されている。そして不戦共同体の理念に沿って欧州石炭鉄鋼共同体（ECSC）は創設されることとなった。

　1952年，ECSC が発足した。その原加盟国は，（西）ドイツ，フランス，イタリア，ベネルクス諸国（ベルギー，オランダ，ならびにルクセンブルク）の６カ

国であり，統合の「分野」(セクター)は石炭であった。同計画の「リーダー」は，モネ(フランス経済界)，シューマン(フランス外相)，アデナウアー(西ドイツ首相)に代表され，ECSC は「シューマン・プラン」とも呼ばれた。

不戦共同体を実現するためには，「和解」を進めることも独仏にとって重要であった(「独仏和解」と呼ばれる)。戦後，独仏間では，共通の歴史教科書の作成や，若い世代を中心とした相互交流が進められた。

不戦共同体あるいは独仏和解は，国民国家(国家間関係)を超えた新しい構造の実現を目指したアイディアであり，ヨーロッパ統合を神聖化する物語でもあった。ポスト・ナショナリズム(ポスト・ウェストファリア・システム)の世界観がヨーロッパ統合を部分的に支えたのである。

しかし，ヨーロッパ統合にはこれらの理想的な側面と同様に，次の現実的な側面が併存した。すなわち，第1に西ドイツとフランスの国家利益の側面，第2にアメリカの戦後戦略(「マーシャル・プラン」)の側面，第3に冷戦の影響(ソ連への警戒)の側面であった。

独仏和解はヨーロッパ統合の核心部分であった。しかし，それは国民運動といった「下から」の統合ではなく，各国のリーダーによる「上から」の統合であった。不戦共同体は，経済的な再建を進める上で不可欠のテーマであったし，戦後フランス外交は，ドイツがヨーロッパに再び破壊をもたらさないように，ドイツの再生をヨーロッパのなかへと制度的に閉じ込めておく必要があった。他方，戦争の罪(第二次世界大戦)と人権の罪(ホロコースト)を背負った戦後の(西)ドイツは，国際社会への復帰に際して「過去の克服」に取り組まなければならなかった。その際，西ドイツ首相となったアデナウアーは，その解決への道を，ヨーロッパ統合とフランスとの協力に見い出した。アデナウアーは西欧の自由主義と民主主義を基礎とした国家体制を確立することを目指したのである。アデナウアーは，西ドイツの「西側」(西欧)への「統合」政策(「西側統合政策」と呼ばれる)を，自らの政治使命とした。

しかし西側統合政策は，東ドイツとの距離を広げ，ドイツ再統一の可能性を遠ざけた。1952年に，ソ連がドイツの中立的統一構想(通称，「スターリン・ノート」)を西側連合国(米英仏)に提案した際に，アデナウアーは拒否的な姿勢を示した。米英仏も西側統合政策を後押しし，ソ連の提案は拒否された(スター

リン・ノートによる東西ドイツの統一は実現されなかった）。ドイツの「中立化」が，西欧への「統合」と両立しないとアデナウアー（ならびに米英仏）は判断し，ドイツの「統一」よりも，西欧への「統合」を選択したのである。換言すれば，西欧への「統合」は，西ドイツが東ドイツを切り捨てる形で進められた。

　アメリカの戦後戦略は，外部からヨーロッパ統合を促す圧力となった。ヨーロッパ統合の制度設計に影響を与えた政策はマーシャル・プランであった。既述したようにマーシャル・プランの特徴のなかにヨーロッパ統合を促す要因が存在した。アメリカは復興資金を西欧に提供するにあたって，その受け皿として欧州経済協力機構（OEEC）の設置を進めた。さらに復興援助の配分について，西欧の側から自発的に計画を立案することを求め，その過程で広域的な経済圏を西欧に創出することを求めたのである。西欧の市場は，細分化され，国境が入り組み，無数の障壁が存在した。その結果，アメリカの市場としてヨーロッパを機能させるためには効率が悪かった。アメリカは国境を越えた共同市場を西欧に作り出すことによって，アメリカ主導の自由貿易体制の拠点として，西欧を組み替えていくことを望んだのである。もっとも，共同市場の創設に向けた西欧のイニシアチブは限定的であり，アメリカの希望は十分に達成されなかった。しかしマーシャル・プランは，後のヨーロッパ統合における共同市場の創出に関して，その基盤となる発想を西欧諸国に提供することとなった。

　冷戦の影響（ソ連への警戒）は，西側諸国の指導者に，西欧の統合を喫緊の課題と認識させる上で，国際的な心理作用を与えた。極東の分断国家において勃発した朝鮮戦争（1950〜53年）は，限定的な局地戦ではあったものの，「冷戦」が「熱戦」に転化した出来事であった。それは西側諸国を震撼させた。ヨーロッパの分断国家（ドイツ）へと危機が飛び火することが懸念されたのである。東ドイツの権力者ウルブリヒトは，朝鮮戦争はヨーロッパにも影響を与え，西ドイツはやがて火の海になるだろうと，戦争の脅威を威圧的に警告していた。

　西ドイツならびに西欧諸国の警戒感は高まった。この時に，再び，ジャン・モネからヨーロッパ統合に関わるアイディアが提起された。それは，欧州防衛共同体（EDC）としてヨーロッパ統合軍を創設することであった。その参加国は，ドイツ（西），フランス，イタリア，ベネルクス諸国（ベルギー，オランダ，ルクセンブルク）の6カ国であり，統合の「分野」（セクター）は軍隊であった。

同計画に関わった指導的な「リーダー」は，モネ（フランス経済界），プレヴァン（フランス首相），アデナウアー（西ドイツ首相）に代表され，EDC は「プレヴァン・プラン」とも呼ばれた。

　超国家機構へと主権を委譲する点において EDC は，ECSC と同じ方式の統合構想であった。しかし「軍隊」という国家主権の中核を構成する領域を，超国家機構（EDC）へと委譲する点において，EDC は統合の加速を狙っていた。EDC は後に「二重の封じ込め」と表現されるアイディアの実現を目指した計画でもあった。それは第 1 に，朝鮮戦争の勃発に影響を受け，西側諸国がソ連（さらには東欧と東ドイツ）を軍事的に「封じ込め」る側面として，第 2 に，西ドイツの潜在的な軍事的脅威を「封じ込め」る側面として設計されたことにあった。フランス国民のなかには，ナチス・ドイツ後の西ドイツが再軍備政策を進めることに警戒感があった。モネのアイディアは，再建された西ドイツ軍の指揮権を EDC が統御する計画であった。その仕組みにより，西ドイツ軍が暴走する可能性が抑制されることが想定されたのである。

　EDC 計画は，1952年 5 月に関係各国において調印されたものの，1954年にフランス国民議会が批准を拒否し，失敗した。それは，フランスの EDC 推進派が，反対派（ド = ゴール勢力）の説得に失敗したためであった。しかし，ソ連への警戒心は西側諸国の間に強く残り，西ドイツの再軍備政策は継続され，西欧同盟（WEU）を基礎として，北大西洋条約機構（NATO）の枠組みのなかで，1955年に西ドイツの再軍備は達成された。EDC による西ドイツの再軍備方式（参加各国の軍隊の統合）と，NATO による西ドイツの再軍備方式（参加各国の軍隊の連結）とでは，方式に違いが存在したが，ソ連への警戒心が西欧諸国を「統合」へと束ねる要因となった。

　1958年に設立された欧州原子力共同体（EURATOM）は，原子力に関わる「分野」（セクター）の統合を目指した組織であった。戦後，石油に匹敵するエネルギーとして注目を集めた原子力を活用する研究開発を，ヨーロッパ統合のなかで進めることを目的としていた。その背景には，第 1 に，西欧独自の原子力政策を強化することにより，米ソが独占している「原子力」の分野に挑戦すること，第 2 に，西ドイツが独自に原子力政策を推進する可能性を「封じ込め」るために，フランスが西ドイツと原子力政策を共同化することを目指したことに

あった。

　「分野」(セクター)の統合を目指した ECSC (石炭) や EURATOM (原子力) と異なり，1958年に設立された欧州経済共同体 (EEC) は経済の包括的な統合を目指すことを目的としていた。これは，今日のヨーロッパ統合が経済的な「統合体」へと向かう起源でもある。EEC 設立条約ならびに EURATOM 設立条約は，通称，ローマ条約 (1957年) と呼ばれる。ローマ条約は，ヨーロッパ統合における基盤の役割を果す「基本条約」となった。以後，ヨーロッパ統合は，基本条約をまとめる過程で，加盟国間の国益の調整を進めることとなった。

2　東欧社会とスターリン主義

　冷戦の進展とほぼ同時に，西欧では「統合」が進んだ。統合の過程では，国家主権の超国家機構への委譲が進められ，それにより統合は西欧の国家間関係を「変容」させた。これとは別に冷戦は西欧諸国に西側諸国の結束を求め，西欧諸国の対外行動はそれに合わせて調整された。したがって冷戦は西欧の国家間関係に著しい「制限」をもたらした。西欧の国家間関係は「変容」と「制限」が同時に進んでいた。

　他方，東欧の国家間関係は，ソ連 (支配) と東欧 (被支配) の関係から構築され，東欧の対外行動は，ソ連の周囲を旋回する「衛星国家」(satellite state) の役割に限定されたように見られた。支配と被支配の関係は，東欧の国内政治にも持ち込まれ，ソ連の指令を受けた指導部 (「モスクワ派」) が，その他の指導部 (「国内派」) を統率した。政党システムの側面においても支配政党 (共産党系の政治勢力) が他の被支配政党 (衛星政党) を統率した。そしてこれらの支配システムが社会の多元的要求を解体し，支配政党を中心とした社会の一元化 (画一化) が進められた。国民の生活は「社会主義の建設」へと方向づけられ，その結果，国民の願望が表出し得る回路は破壊された。確かに，支配システムの根幹には「民主集中制」(democratic centralism) が位置づけられ，それを通じて「批判の自由」(民主) と「行動の統一」(集中) が実現される仕組みとなっていた。しかし，選挙の手続が形骸化し，権力が中央へと集中することで，民

主集中制は支配システムを論理的に支える党組織の運営原則となった。選挙は通常，支配政党の権力維持を追認する仕組みとなっていた。東ドイツの選挙制度では，事前に議席が配分された「統一リスト」（Einheitsliste）に有権者が賛否を表明する仕組みとなっていた。

　冷戦時代の「ソ連・東欧圏」では，社会主義の確立を目指す支配政党（共産党系の政治勢力）を中心に，社会の規律化が図られた。それは，「スターリン主義」（「ソ連型社会主義」）であり，党（共産党）を頂点としたピラミッド型の社会の構築であった。党の決定に関わる権力の序列は，政治局のなかでもモスクワの意向に忠実なグループ（「モスクワ派」）を頂点とした政治局員，政治局の他のメンバー，政治局候補の順に続き，小委員会が補佐した。「中央集権化」が進められ，経済は「計画経済体制」が遂行され，農業は集団化の手続を通じて効率化が図られた（「農業集団化」）。文化の領域においても統制が図られ，党への批判を含む創作活動は取締りの対象となった。教育の領域においては，社会主義社会を担う人材を育成するための教育課程が組まれ，第二外国語としてロシア語の習得が義務づけられた。社会は硬直化し，スターリン統治下のソ連では，粛清裁判が繰り返され，全体主義の特徴を示した。とくに，社会の監視を担った政治警察（秘密警察）が，ソ連・東欧圏全般において拡充・整備された。代表的な組織として，ソ連の国家保安委員会（KGB），東ドイツの国家保安省（シュタージ）の存在が確認される。これらの組織は，監視システムを確立するために，非公式の協力者を通じて情報を収集した。人々の社会的な結び付きは次々と断ち切られ，疑心暗鬼の体系が生み出された。

　これらの個々の領域における支配システムとは別に，垂直方向と水平方向を組み合わせたカードル・ノメンクラトゥーラと呼ばれるソ連・東欧圏の支配システムが存在した。それはソ連・東欧圏において，それぞれの国の支配システムを支える幹部（カードル）の名前と経歴を記したリスト（一覧表）を基礎とした支配システムであった。幹部に抜擢される基準は，①支配システムに従順であるかどうか，そして，②専門的知識を会得しているかどうかに左右され，②よりも①が重視された。西側諸国における官僚システムに求められる基準（資質）が，通常，知識と能力に依拠していること（上記の②の基準）と比較すると，ソ連・東欧圏における支配システムは，従順性（適合性）に重点がおかれていた。

　しかし，これらの特徴が組み合わさり，社会の一元化が進んだにもかかわらず，ソ連・東欧圏では，スターリン統治下のソ連を除いて，部分的に「自由な空間」が散在していた。それはしばしば「二重社会」あるいは「壁龕社会^{へきがん}」と呼ばれる特徴であり，一元化が貫徹され得ない「領域」が残されていたことを示している。すなわち，「公的領域」では社会主義体制への適合が求められ，批判精神が活かされる余地は存在していなかったが，「私的領域」（家族，友人，地域）においては自由な発言の余地が部分的に黙認されていたのである。支配システムにとっては，人々に社会主義体制の正統性を認めさせ，体制の維持に適合させることが重要であった。

　そのようなことから，ソ連では，ソルジェニーツィンを代表とする知識人が絶大な名声を維持し続けた。ポーランドでは，カトリック教会が権威の象徴であった。東ドイツでは，プロテスタント教会が言論活動に関わる「自由な空間」を維持し続けた。チェコスロヴァキアでは，作家が体制に影響を与える局面（とくに「プラハの春」）が発生した。

　これらのことが示していることは，ソ連・東欧圏では，一方で党を頂点とした社会の「一元化」が進み，他方で「一元化」が貫徹され得ない「領域」が存在したことであった。支配の「強弱」と支配の「隙間」が散在していたのであり，ソ連・東欧圏の社会には限定的な多様性が存続した。これらの特徴は，1989年に，当初，進められた「改革」（ペレストロイカ）が「革命」（「東欧革命」）へと転化したことにその「答え」が見出される。限定的な多様性（燃料）に，「改革」というきっかけ（発火作用）が，「革命」（爆発）を引き起こしたのである。

3　「ベルリンの壁」の建設

　「ベルリンの壁」は冷戦の象徴であった。「壁」は，1961年8月13日に建設された（図10-1）。東西ドイツ間の国境線沿いには，1952年以降，封鎖地帯（軍事境界線）が敷設されたため，東西ドイツの人々にとっては，ベルリンが唯一の東西間の出入口であった。1949年に相次いで成立した東西ドイツには，「壁」が建設された1961年の時点において，3つの主権が制限されていた。すなわち，①講和条約を締結する権限，②ドイツ統一を達成する権限，そして③ベル

図10-1　「ベルリンの壁」の建設

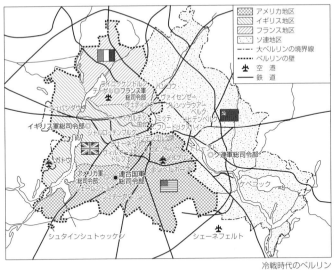

冷戦時代のベルリン

出所：成瀬治・黒川康・伊東孝之『ドイツ現代史』山川出版社，1987年に筆者が
　　　修正と加筆を加えた。

リンに関わる権限である。これら3点は，戦勝四大国（米英仏ソ）が保有する
権限であった。3点に関わる事項は，米英仏ソの承認がなければ，東西ドイツ
は関与することができなかった。

　これらの点から，東西ドイツ間の軍事境界線と異なり，ベルリンは自由な出
入口の状態が維持された。東ドイツ政府（さらには西ドイツ政府）は「ベルリン」
に関与できなかったのである。しかし，1949年以降，東西ドイツ間の体制競争
が激化するなかで，東ドイツから西ドイツへの移住を進める人が増加した。こ
れらの人々は，西ベルリンで難民登録をした後，西側世界（とくに西ドイツ）へ
と向かうことができた。資本主義における競争社会のなかで自らの力を試し，
競争に勝利し，その結果，富と名声を手に入れることを望んだ東ドイツの人々
にとって，社会主義が掲げる「平等」の実現は，魅力に乏しい社会であった。
また社会主義の多様性に乏しい環境は，若い世代を引き付けなかった。知識
人，若い世代を中心に，東ドイツから西ドイツへと向かう人の流れが存在した
のである。また，東ドイツ社会における国家保安省（シュタージ）を中心とし

た監視システムが，人々の生活を苦しくさせた。密告と監視の恐怖，東ドイツ
の社会主義への忠誠，さらには，東ドイツ社会への批判的な言動を自己抑制さ
せる習慣は，東ドイツの人々のなかに，西ドイツへの憧れを生み出した。こう
して，1949～61年の期間に，東から西へと，274万人が向かった（正式に登録さ
れていない人を含めると358万人であるとされる）。他方，1945～61年の期間に，西
から東へと向かったのは，49万人であった（永井，1990年）。西ドイツの人口が
5238万人，東ドイツの人口が1794万人であったから（1955年），これらの数字
は，東ドイツにとって巨大な人口（労働力）喪失の問題であった（清水，2015年）。

　また，東ベルリンに暮らし，西ベルリンで働く人々も存在した。物価の相違
から，西ベルリンで多くの収入を得て，東ベルリンで安価な生活必需品を購入
しながら暮らす人々の存在は，「平等」を国是とする東ドイツにとっては受け
入れ難い事実であった。ベルリンでは，毎日50万人の人々が東西ベルリン間を
自由に往来していた（永井，1990年）。

　しかし「ベルリン問題」は戦勝四大国の管轄事項であったため，東ドイツ政
府は関与できなかった。東ドイツにとってはソ連がこの問題に関心を示すこと
が必要であった。そうしたソ連の関心は，西ドイツの核武装計画が浮上したこ
とで初めて向けられた（青野，2012年）。

　1958年3月，西ドイツはドイツ連邦軍の核武装計画を進めた。これに対して
ソ連のフルシチョフは，ソ連指導部において実力者であったブルガーニンの解
任（9月）の後，名実共に実質的な権限を掌握し，ベルリン問題の解決に突き進
んだ。11月10日，フルシチョフは「ポツダム協定」の見直しを念頭においてい
ることをモスクワで表明し，11月22日，ソ連外相グロムイコを通じて，非公式
に，西ドイツ側に状況の打開に関するソ連の指針を打診した。そこでは，西ド
イツが核武装を断念すること，講和条約の交渉を進めること，東西ドイツ間の
緊張緩和を促進すること，西ドイツが東ドイツを承認することが記されてい
た。ソ連の指針を得たモスクワ駐在の西ドイツ大使クロルは，ブレンターノ西
ドイツ外相ならびにアデナウアー西ドイツ首相に，それを伝えた。ブレンター
ノならびにアデナウアーは，その提案に理解を示さなかった（クロル，1970年）。

　こうして，1958年11月27日，「フルシチョフの最後通牒」が西側戦勝国（米
英仏）に送付された。フルシチョフが外交カードを切ったのである。そこで

は，西ベルリンを「自由都市」とし，国際社会がそこに干渉しないこと，西ベルリンの武装を解消し，武装兵力を保持しないこと，西ベルリン「自由都市」は独自の政府を有すること，西ベルリン「自由都市」へと至る交通路は東ドイツ政府と取り決めを結ぶこと，そしてこれらの内容に関して6カ月以内（したがって1959年5月27日まで）に協定を結ぶことが提案された。

　西側三国（米英仏）ならびに西ドイツにとってフルシチョフの提案は受諾できない内容であった。西ドイツは東ドイツの正統性を認めず，その存在も承認していなかった。換言すれば，東ドイツと交渉すること自体が，当時の西ドイツの外交方針から外れていた。また西側三国にとっても，西ベルリンの「自由都市」化は，西側三国の占領軍の撤退と同意であり，また西ベルリンが東ドイツに位置する地理的な問題から，長期的に西ベルリンが東ドイツに吸収される可能性が危惧された。「フルシチョフの最後通牒」は新聞に掲載され，ベルリンでは戦争勃発の可能性が指摘された。こうして「第二次ベルリン危機」が始まった。

　1958年12月，西側三国は，「フルシチョフの最後通牒」に対して，占領軍の権限を放棄する方針はないことを伝えた。1959年3月，マクミラン英首相はフルシチョフと会談した。西側三国とソ連との間で外交交渉が加速した。1959年9月，フルシチョフはアメリカを訪問し，キャンプ・デイヴィッドでアイゼンハワー米大統領と会談した。友好的な雰囲気に包まれた米ソ首脳の会談は，「キャンプ・デイヴィッド精神」とも呼ばれた。しかし，1960年5月，ソ連上空をスパイ飛行していたU2型機を撃墜したことをソ連は公表し，友好的な雰囲気は冷却した。ベルリン問題をめぐる緊張が再燃し，東ドイツでは，危機を踏まえて，ウルブリヒトが国家評議会議長に就任した。東ドイツの権力者であったウルブリヒトは，役職の上でも東ドイツの最高位となった。

　1961年1月，ケネディがアメリカ大統領に就任した。ソ連は「フルシチョフの最後通牒」で示した6カ月の期限に固執しなくなった。そしてちょうどその頃，ワルシャワ条約機構首脳会議において，ウルブリヒトが東西ベルリンの境界線を封鎖することを提案し始めた（1961年3月）。第二次ベルリン危機の発生以降，東ドイツから西ドイツへの人の移動が加速していた。東ドイツにとっては体制の維持に関わる危険な兆候であった。この段階ではウルブリヒトの提案

は否決されたが，東西ベルリンの境界線の封鎖に関わる提案は，この後も，東ドイツの側から繰り返されることとなる。

　「ベルリンの壁」の建設に至る決定的なステップは，ケネディが演説のなかで示した「３つの重要事項」によりもたらされた。６月，ケネディはフルシチョフとの会談（ウィーン）においてベルリン問題の解決を目指したが，状況の打開には至らず，７月25日，演説を通じてベルリンに関わるアメリカ（ならびに西側三国：米英仏）の基本的立場を発表したのである。それは，次の「３つの重要事項」を死守する方針であった。すなわち，①西ベルリンの地位，②西側三国の西ベルリン駐留権，③西ベルリンと西ドイツとの間の西側三国の通行権である。その上で，ケネディは核戦争の勃発に備える覚悟を呼びかけた。アメリカは，ソ連が「３つの重要事項」を侵害した場合には，核兵器を使用することを視野に入れていた。

　他方，ウルブリヒトは，６月15日，記者との会見（東ベルリン）のなかで「壁」の建設に関わる立場を示唆し始めた。８月３～５日，ワルシャワ条約機構首脳会議において，ソ連は東ドイツ政府が「壁」の建設を進めることを承認した。「壁」の建設が，ケネディの示した「３つの重要事項」を侵害しないことを確認した上での決定であった。

　こうして，東ドイツ政府は後に東ドイツの権力者となるホーネッカーによる陣頭指揮の下，1961年８月13日深夜，「ベルリンの壁」の建設を開始した。簡易的な「壁」は，次第に高さ２～５メートルの堅固な「壁」へと増築が繰り返され，短期間で「守護の壁」が出現した。東ドイツの人々は，これまで西ドイツという「帝国主義」国に扇動されてきたが，「守護の壁」がそれを阻止する，とする東ドイツの立場であった。この後，「壁」を越えて西ベルリンへと逃亡を試みる東ドイツの人々は，東ドイツ国境警備兵により射殺される対象となった。

　「壁」の建設は，西ベルリン市民のなかに憤激の雰囲気を増幅させた。西ベルリン市長ブラントが各地を回り，市民に自制を求めた。しかしアメリカ（西側三国）は「壁」の建設に際して抗議の声を上げたものの，具体的な対抗策を講じなかった。「壁」の建設が，ケネディの示した「３つの重要事項」に抵触しなかったためであった。アメリカ（西側三国）は事態を黙認する道を選んだ

のである。こうして1989年に「壁」が崩壊するまで，28年間にわたり，「壁」は東西ドイツ（ならびに東西ベルリン）を分断する冷戦の象徴となった。

　後に西ドイツ首相となるブラントは，「東方政策」を通じて「ソ連・東欧圏」との関係改善（緊張緩和）に努めた。アデナウアー政権の基盤は「壁」の出現により次第に弱まり始めた。不名誉な「壁」の建設により，東ドイツは安定を手に入れた。

　他方，ケネディは第二次ベルリン危機の後，13日間にわたる「キューバ・ミサイル危機」（1962年10月14～26日）に向き合うこととなった。ソ連がキューバに中距離核兵器を配備する計画を進め，それを阻止するために，アメリカが海上を封鎖した「キューバ危機」は，世界が最も核戦争の危機に直面した出来事であった。米ソ間の水面下の外交交渉の結果，キューバ危機は全面核戦争へ至らずに解決した。

4　核戦略と冷戦

　米ソは，核分裂爆弾（原子爆弾）から，より破壊力の高い核融合爆弾（水素爆弾）の研究へと開発の範囲を拡大させた。アメリカは1952年に，ソ連は1953年に，それぞれ水爆実験に成功した。さらに，1954年3月に実施されたアメリカの水爆実験では，広島型原爆の750倍の威力が記録された。アメリカが核兵器を使用すれば，ソ連も報復へと向かう可能性があり，報復の連鎖がエスカレートする可能性があった。核兵器は無差別に人々を殺傷し，都市を壊滅させ，その上，放射性物質を大気中に撒き散らすことから，核戦争では勝者は存在しないとする認識が生まれた。それは「核抑止論」と呼ばれた。

　こうして冷戦における外交課題の1つに核戦略（核兵器の存在を基準とした安全保障に関わる環境の再構築）が位置づけられた。理論的体系は，1950年代，「大量報復戦略」がまとめられたことにより始まった。それは核兵器を使用すれば，それ以上の報復攻撃を行う姿勢を相手に示すことにより，最初の核兵器の使用（第一撃）を思い留まらせることを目指した理論であった。その発想は，1960年代，「確証破壊戦略」へと発展した。それは第一撃を被っても残りの核戦力（残存核戦力）によって報復を開始し，相手の撃滅を目指す戦略であった。

これらの戦略はいずれも，相手に第一撃へと至る判断と選択を思い留まらせることに重点がおかれていた。それと同時に，自らの核戦力が相手を上回る開発段階にあることを誇示することを狙っていた。そうして，米ソ双方が核軍拡競争に突き進んだ。その結果，1980年代には米ソ双方が，確証破壊戦略を実現できる核戦略の環境におかれ，「相互確証破壊」（Mutual Assured Destruction），すなわち均衡状態へと到達した。この間，核兵器をめぐる軍備管理は進められたが，核軍拡競争は続いた。相互確証破壊の段階に到達した後，米ソはようやく核軍縮への具体的な取り組みを開始するようになったのである。

　他方，核兵器の運搬手段（ミサイル）の開発も，テクノロジーの進歩の影響を受けて加速した（あるいは逆説的に，ミサイル開発が，テクノロジーの進歩を促したとする側面も指摘され得る）。ミサイル開発を先に進めたのは，ソ連であった。ソ連は1957年10月，世界初の人工衛星スプートニク1号を打ち上げた。そこには無線送信機が搭載され，地上へと向けられた信号音が宣伝効果を発揮した。11月，ソ連はライカ犬を搭乗させたスプートニク2号を打ち上げた。12月，アメリカはヴァンガード・ロケットの打ち上げに失敗した。こうして，アメリカはソ連よりもミサイル開発に遅れているとする論争（「ミサイル・ギャップ」）がアメリカ国内で過熱した。その論争は1960年のアメリカ大統領選挙の投票行動にも影響を与え，ケネディが勝利する結果をもたらした。

　核兵器とミサイルの開発が進むなか，現実の国際関係の舞台では，米ソ間の対話を通じて核抑止論の制度化（制度設計）が模索された。チャーチルが指摘した「恐怖の均衡」は，核兵器の保有により，米ソ双方が等しく恐怖に囚われる状況を指していた。その上，ミサイル開発の進展が，米ソ双方から判断の時間も奪った。射程8000kmの大陸間弾道ミサイル（ICBM）は，30分で標的に核兵器を到達させる環境を生み出した。米ソ間の猜疑心の増幅は，先制攻撃へと至る可能性を高めた。キューバ危機に際して，ケネディ大統領は，軍部から核兵器の使用を求める進言を繰り返し受けていた。ケネディ政権は総合的な状況判断のなかで，キューバ危機に際して核兵器の使用を選択しなかった。しかし，偶発的な核戦争への恐怖は，米ソの指導部のなかに残された。

　キューバ危機の後，米ソ間では偶発的な核戦争の勃発を防ぐために，1963年6月，「ホット・ライン」が設置され，また1963年8月，地下実験を除く，そ

の他の空間での核実験の禁止を定めた部分的核実験停止条約（PTBT）が調印された。PTBT は，その後，核拡散防止条約（NPT，1968年調印，1970年発効）の成立に影響を与えた。

5　デタントと新冷戦の展開

（1）デタント

「ベルリンの壁」の建設以降，西ドイツを中心に東西対立の緊張を緩和するための外交が模索され始めた。しばしばこの動きは「ヨーロッパ・デタント」と呼ばれ，「ヨーロッパ冷戦」のなかに，新しい力の関係を生み出した。さらに，ヨーロッパ・デタントは，世界的に進む「デタント」の一部をも構成していた。デタント（緊張緩和）が模索された要因は次の 3 点であった。

　第 1 に，「ベルリンの壁」の建設により，西ドイツのアデナウアー政権が進めた外交方針は展望を失った。アデナウアーは「力の政策」（西ドイツが強くなり，これにより東ドイツとの統一を実現する）に沿っており，具体的には「磁石説」（Magnet Theorie）（磁石が鉄を引き付けるように，西ドイツの豊かさが東ドイツを引き付ける，とする説）を目指していた。実際，この西ドイツの方針は，東ドイツの人々が西ドイツへの出国を目指していることで実現されているものと思われていた。「ベルリンの壁」が建設されるまで，1949〜61年の期間に，東から西へと274万人が向かった（正式に登録されていない人を含めると358万人であるとされる）。

　しかし，「ベルリンの壁」の建設により，東から西への人々の移動は止められ，東ドイツは囲われた世界のなかで独自の発展を遂げ始めた。すなわち，物理的な「壁」の建設は，東西ドイツ間の距離を広げるとともに，「力の政策」ならびに「磁石説」の貫徹が困難であることを印象づけたのである。西ドイツは外交方針の修正を余儀なくされ，東ドイツ（ならびに東欧）への積極的な働きかけを通じて，東西ドイツ間の関係を好転させ，東西ドイツの統一の実現を目指す方針へと移行することとなったのである。その担い手は，ブラントであった。

　西ドイツでは，保守系のキリスト教民主・社会同盟（CDU/CSU）と，革新系

のドイツ社会民主党（SPD）による大連立政権から，SPDと自由民主党（FDP）による連立政権へと1969年に移行したことにより，ブラント政権が誕生した。ブラントは，ソ連，ポーランド，東ドイツ，チェコスロヴァキア，さらには「ベルリン問題」に関わる関係改善をめぐる外交交渉を進め，これらの西ドイツの東方への関わりは「オスト・ポリティーク」（Ostpolitik）（東方政策）と呼ばれた。その核心部分は，オスト・ポリティークの設計者であり，ブラント政権において外交問題を担当したバールにより，「接近による変化」と表現された。すなわち，東西対立（冷戦）は，状況の好転よりも，むしろ状況の固定化を生み出し，ドイツの東西への分断が恒久化する可能性が，「ベルリンの壁」の出現により高まった，したがって，状況の打開のためには，西ドイツの側から東方へと接近することで関係改善を進め，変化（状況の好転）を促すことが必要である，とする外交方針である。オスト・ポリティークは，「モスクワ条約」（対ソ連：1970年8月調印），「ワルシャワ条約」（対ポーランド：1970年12月調印），「東西ドイツ基本条約」（対東ドイツ：1972年12月調印），「プラハ条約」（対チェコスロヴァキア：1973年12月調印）に関わる国家間関係の調整を達成する成果，ならびに，ベルリンに関する「4カ国協定」（1971年9月調印），西ベルリンと西ドイツ間の「トランジット協定」（1971年12月調印），東西ドイツ間の「交通協定」（1972年5月調印）に関わるコミュニケーションと通行の改善を達成する成果をもたらした。

　第2に，オスト・ポリティークに対応したソ連の側にも，ヨーロッパ・デタントを望む要因があった。1968年，ワルシャワ条約「5カ国」（ソ連，ポーランド，ハンガリー，東ドイツ，ブルガリア）は，チェコスロヴァキアに侵攻し，「プラハの春」（チェコスロヴァキアにおける民主化運動）を終焉させた（もっとも東ドイツは，任務を宣伝活動に限定され，チェコスロヴァキア領内には侵攻しなかった）。この結果，ソ連は国際的な非難にさらされた。さらに，1969年3月，ソ連は中国との間において国境紛争（ダマンスキー島事件）を激化させた。中ソ対立は，ソ連指導部に，軍事力の優位を維持することが必要であることを再認識させた。すなわち，東欧ならびに中国（社会主義圏）に対して，そこを制御し得る十分な軍事力，さらには軍事力の近代化をソ連は必要としたのである。そのためには，西側からの技術力を，デタントを通じて取り込む必要があった。ソ連

の側にも，ヨーロッパ・デタントを推進する理由が存在していたのである。

　他方，第3に，アメリカは東アジアの状況（対立を深める中ソの動向）に着目した。ニクソン米大統領とキッシンジャー国家安全保障問題大統領補佐官（後に国務長官）は，中国に接近することで，社会主義圏の切り崩しを目指した。ニクソンによる訪中宣言（1971年7月）は，「ニクソン・ショック」（第1次）として国際政治を揺さぶると同時に，アメリカによるデタントとして，「冷戦」のなかに新しい力の関係を生み出した。「米中接近」は，アメリカ（ニクソン政権）にとって，ヴェトナム戦争を有利に終結させるために，また，ソ連を守勢に追い込むことで，ソ連との間の軍備管理を前進させる上で，有効な外交カードであった。

　デタントならびにヨーロッパ・デタントは，関係した国々にとって，冷戦を継続させる役割と，国家間関係のなかに新しい力の関係（多極化の構造）を生み出す役割をもった。

（2）新冷戦

　しかし，「ヨーロッパ・デタント」ならびに「デタント」に関わる各国の思惑はズレていた。したがってそうしたズレが増大するにつれて，再び東西間の緊張状態は高まった。そうして，1970年代後半には，再び冷戦の激化，すなわち「新冷戦」（New Cold War）へと世界は向かった。しかし新冷戦が開始される環境は，1940年代末の「冷戦」が開始された環境と比較して異なる特徴が存在していた。

　初期の冷戦は，第二次世界大戦終結後の世界的な復興期に発生した。戦後復興のビジョンとして，アメリカはブレトンウッズ体制の仕組みを通じて，アメリカ・ドルを基軸通貨に位置づけ，保護貿易から自由貿易への転換を追求した。他方，ソ連は，いわば開発独裁のタイプとも近似であった「計画経済体制」を通じて，効率的な戦後復興の道程を目指した。

　しかし，1970年代の国家間関係では，初期の冷戦の時期と異なる要素が噴出し始めていた。1940年代後半から1960年代前半に集中した植民地の相次ぐ独立により，国家間関係の構図が変わり，新たに独立を達成した国家のなかには「資源ナショナリズム」を掲げ，国際経済体制への挑戦を模索する運動も広がっ

ていた。1970年代に繰り返された石油危機は世界の構造に深刻な修正を迫り，イスラム台頭のきっかけの1つともなった。それと同時に，西側諸国は石油危機を乗り越えるために「技術革新」を進め，これに対して東側諸国の「計画経済体制」には技術革新を推進する（換言すれば，石油危機を乗り越える）仕組みが備わっていなかった。他方，ヴェトナム戦争で疲弊したアメリカは，1971年8月，金とドルとの交換の停止を一方的に発表（ニクソン・ショック）（第2次）し，主要各国が固定為替相場制度から変動為替相場制度へと移行するなかで，1973年，ブレトンウッズ体制は崩壊した。

　新冷戦は米ソ双方が，1970年代の新しい国家間関係への適応を模索するなかで始まった。そして新冷戦を継続する上での過剰な負担が，米ソの経済状況を悪化させた。

第**11**章 冷戦の終焉と「ベルリンの壁」の崩壊

1 「1989年」

　冷戦の終焉は，現代史の一大転換点であった。冷戦の終焉以降，今日に至るまで，冷戦の終焉に匹敵する政治変動は確認されていない。

　冷戦の終焉は，資本主義と社会主義の優劣を競う政治思想上の闘争の到達点であり，またアメリカとソ連との間の覇権闘争の到達点でもあった。明確な結果は，資本主義の勝利であり，アメリカの勝利であった。冷戦終焉以降の世界では，資本主義ならびにアメリカへの疑義と反感が渦巻き，幾重もの挑戦が繰り返されている。しかし，今日に至るまで依然として，資本主義ならびにアメリカの時代は継続されている（冷戦終焉以降，今日に至るまでの国際政治を特徴づけている資本主義ならびにアメリカの時代の課題と行方については第14章で扱う）。

　ここでは，冷戦終焉の過程を分析しよう。

　冷戦は「1989年」に終結へと向かった。フランス革命（1789年）からちょうど200年にあたっていた。市民革命の位置づけを再考することが検討されていた。しかし，1989年の始まりとともに，日本では64年間に及んだ「昭和」が終わり（それは，イギリスのヴィクトリア女王による治世に匹敵する時間であった），同年4〜6月，中国では「天安門事件」（「民主化」を求める学生を中心としたデモ活動を中国共産党が武力を用いて鎮圧した事件）が発生した。そして秋には，ハンガリーにおける「ヨーロッパ・ピクニック計画」を皮切りに，「東欧革命」が吹き荒れ，11月9日，「ベルリンの壁」が崩壊した。

2 ソ連の衰退

　1980年代以降，ソ連は衰退の道をたどった。そして，ソ連の構造上の歪みは，ソ連の維持を難しくさせた。多岐にわたる領域から衰退を促す兆候が発生

したのである。1980年代のそうした兆候は4つ確認できる。

第1に，事故（トラブル）が頻発した。1983年9月，ソ連の領空を侵犯した民間の大韓航空機に対して，ソ連は戦闘機でそれを撃墜した（大韓航空機撃墜事件：乗員乗客269人死亡）。ソ連は，大韓航空機が国際法に違反（領空侵犯）したことを撃墜の理由とした。しかし過剰防衛であった。一般の人々が犠牲となったことで，ソ連には国際社会から非難の声が集まった。さらに，1986年，チェルノブイリ原子力発電所が深刻な事故を引き起こした。放射性物質を大気中に撒き散らし，それは気流に乗って，北欧ならびに西ドイツへと流れ着いた。ソ連は当初，事件の事実を公表しなかったが，北欧において放射性物質の数値が異常な上昇値を示したことから，事故の発生が明らかにされた。世界各国の市民団体ならびに西側のメディアの指弾により，ソ連は事故の発生を認めた。チェルノブイリ原子力発電所の事故は，人類史上，最大の原子力発電所の事故となり，ソ連の事故への不十分な対応は，多くの人々を被曝させた。多発するトラブルは，体制の弛緩を象徴していた。

第2に，アフガニスタン戦争の長期化が，ソ連の国力を衰退させた。1979年，アフガニスタンにおける親ソ政権を支援するために，ソ連はアフガニスタンへの軍事侵攻を開始した。親ソ政権は，現地のイスラム原理主義勢力による攻撃を受けていた。アフガニスタンを喪失することは，ソ連の国益にとって深刻な後退と受け止められたのである。しかし，アフガニスタンは険しい地形のため，ソ連にとって軍事侵攻は，過酷な戦争の始まりとなった。山岳地帯に潜伏するゲリラ活動からの度重なる奇襲攻撃によって，ソ連軍は消耗した。見通しの立たない長期化する戦争のなかで，ソ連の戦費は膨張した。アメリカは現地のゲリラ勢力に兵器を提供し，アフガニスタン戦争は，ソ連の「ヴェトナム化」を象徴する出来事となった。

第3に，1980年以降，ソ連は，「新冷戦」が始まるなかで，対アメリカ戦略を再構築しつつ，軍事予算を増額させた。デタントのなかで段階的に進められていた軍縮への気運は棚上げにされ，再び軍拡の過程が始まったのである。軍拡は，国防費を増大させ，低迷するソ連経済にとって過剰な負担となった。

第4に，技術革新の遅れが，ソ連の国際的競争力を弱めた。先端技術分野における技術革新（イノベーション）を通じて，第一次石油危機（1973年）ならび

に第二次石油危機（1979年）を乗り切った西側諸国に対して，ソ連では技術革新は進まなかった。社会主義の経済は，計画経済に基づいていた。それは，中央（中枢）から末端（周辺）へと指令が伝達されることで動く生産体制であった。指令は常に中央（中枢）から末端（周辺）へと一方通行であり，末端（周辺）からのイニシアチブ（創意工夫）が活かされる余地は限られていた。その結果，ソ連では先端技術分野における技術革新は進まず，西側諸国との競争において後退を続けた。西側諸国は「ハード」から「ソフト」への転換を進めていた。

3　ペレストロイカ

　ソ連は，これらの兆候によって，衰亡へと向かい始めていた。そのようななか，1985年，ゴルバチョフが党書記長に就任した。ゴルバチョフの課題は，ソ連を「立て直す」ことであった。こうして，「ペレストロイカ」（ロシア語：「立て直し」・「改革」）がゴルバチョフ政権の政策の鍵となった。ゴルバチョフは，その構想をまとめ，1986年2〜3月，第27回党大会においてペレストロイカの方針を宣言した。

　ペレストロイカは3つの柱から成り立っていた。第1に，「経済改革」の推進であり，ソ連経済を「立て直す」ために無駄をなくすことであった。それは，ソ連経済の規律を強化し，財政を再建するために緊縮策を進め，さらには，過剰な負担となっていた軍事費を段階的に削減することであった。

　第2の柱は「新思考外交」であった。それは第1の柱を外交の側面から支えることを目指していた。ゴルバチョフの側近のシェワルナゼを中心に進められた新思考外交は，アメリカとの協調関係を模索することを課題としていた。軍事費を段階的に削減するためには，ソ連は，アメリカとの関係を再構築しなければならなかった。ソ連が一方的に軍事費を削減すれば，アメリカの軍事上の優位を加速させ，ソ連にとって，国防上のリスクを高める可能性があった。したがって，ソ連にとっては，アメリカとソ連の両国が，軍事費を同時に削減する必要があった。シェワルナゼは，新思考外交を通じてアメリカへと接近し，「新冷戦」に区切りをつけ，アメリカとの軍縮交渉の再開を目指したのである。

　第3の柱となった「グラスノスチ」（情報公開）が，第2の柱を補強した。ゴ

ルバチョフは，西側との関係改善を促進するために，ソ連が公開を拒んできた情報を提供し始めた。それは，ソ連の「負」のイメージを払拭する効果をもつと同時に，西側の理解を得る有効な手段と位置づけられていた。グラスノスチを通じて「カティンの森」事件の真相が公開されたことは，ゴルバチョフの政治姿勢に対する西側諸国の共感を高めた。すなわち，第二次世界大戦時に，カティンの森（スモレンスク郊外）において，4000人以上のポーランド将校の虐殺死体が発見された事件は，ソ連（スターリン）による犯行か，ドイツ（ヒトラー）による犯行か（状況からスターリンによる犯行と目されていたものの），当時，判然としなかった。ゴルバチョフは，この歴史的な事件に対して，ソ連（スターリン）による犯行であったことを，初めて認めたのである。

　これらの誠実な外交姿勢は，ゴルバチョフへの多くの賛同者を，西側諸国のなかに生み出した。20世紀における最高の指導者としてゴルバチョフを賞賛する声が，西側諸国のなかに生まれたのである。

　しかし，ペレストロイカは複雑な側面から成り立っていた。とくにグラスノスチは，ソ連の保守派への切札の役割として打ち出されていた。ソ連の中枢において権力闘争が始まっていたのである。というのも，軍事費の圧縮は，ソ連軍部の権益を侵食する可能性があり，軍部ならびに軍部と利害を共有する保守派が，ゴルバチョフの進めるペレストロイカに反発を示し始めていた。ゴルバチョフはこれに対して，グラスノスチ（情報公開）を通じて対抗した。すなわち，保守派にとって都合の悪い「情報」をグラスノスチの一環として公開することにより，ゴルバチョフは保守派の封じ込め(切り崩し)を目指したのである。

　ペレストロイカの水面下(背後)で，改革派(ゴルバチョフならびにシェワルナゼ)と，保守派（リガチョフ）との間の激しい権力闘争が進んでいた。権力闘争はソ連末期の政治状況を特徴づけていた。それと同時に，「改革」を目指したペレストロイカは，東欧に到達した時，「革命」へと次元を変えた。1989年に，「改革」は「革命」（「東欧革命」）となったのである。

4　東欧革命（1989年）

　ゴルバチョフの「ペレストロイカ」の影響を受けて，東欧諸国のなかには2

つの傾向が生まれた。第1は，「改革」に同調的なグループであり，ポーランド，ハンガリーに代表された。第2は，「改革」に消極的なグループであり，ペレストロイカに沿った改革を進めることが，自国の支配体制に深刻な危機を招く可能性があることを察知したグループであった。第2のグループには，東ドイツ，チェコスロヴァキア，ルーマニア，ブルガリアが該当する。

　しかしひとたび「複数」の東欧諸国において「改革」の声が噴出すると，それまで決して想定されなかったような「人の流れ」が生まれ始めた。それは，西ドイツへと向かう東ドイツの人々の流れであった。東西ドイツの間には，軍事境界線，ないしは「ベルリンの壁」が立ちはだかっていたため，東ドイツの人々はチェコスロヴァキアを経由してハンガリーに向かった。そして同地（ショプロン）でピクニックを装い，滞在し，タイミングを見計らって，東ドイツの人々はオーストリアへと脱出したのである（この出来事は「ヨーロッパ・ピクニック計画」と呼ばれる）。ハンガリー政府は，この時，ハンガリーとオーストリアとの間の検問所を開放した（1989年8月19日）。ハンガリーは，東ドイツの人々の脱出を「幇助」したのであった。東ドイツの人々は，このルートを通じて西ドイツへと向かい，ここに「鉄のカーテン」に穴が開くこととなった。東ドイツ政府はハンガリー政府に抗議の声を送ったが，ハンガリーのネーメト首相はそれに応じなかった。東ドイツの人々は，続々と脱出を続けたのである。

　こうして，東欧諸国のなかで巨大な政治変動へ向けた引き金が引かれた。東ドイツの人々のなかでも，脱出するのではなく，国内に留まり「民主化」の声を上げることで，体制変革を進めることを目指すグループが次第に台頭し始めた。各国では連日，「民主化」を求めるデモが展開された。チェコスロヴァキアでは「憲章77」が，ポーランドでは「連帯」が，ハンガリーではネーメトを中心とする改革への取り組みが，東ドイツではプロテスタント教会に参集した人々が，「民主化」運動のコアとなった。この結果，東欧諸国の体制は相次いで崩壊する様相を呈し始めた。東欧全域で進む「民主化」への要求にゴルバチョフも理解を示した。

　1989年10月7日，東ドイツは建国40周年の節目を迎えた。式典の挙行に傾注するホーネッカー（1971年以後の東ドイツの指導者）に対して，ゴルバチョフは，

図11-1 1980年代のヨーロッパ

出所：渡邊啓貴『ヨーロッパ国際関係史：繁栄と凋落，そして再生』有斐閣，2002年，248頁。

「遅れて来る者は罰せられる」と叱責し，ホーネッカーに「改革」の着手を促した。

　東ドイツの体制も崩壊へと突き進んだ。10月9日，東ドイツのライプツィヒでは，7万人のデモが「民主化」の運動を繰り広げた。この時，東ドイツ指導部はデモ隊への攻撃（発砲命令）を検討していた。しかしぎりぎりの段階で命令は下されなかった。この瞬間が，東ドイツ指導部が取り得た，唯一の，そし

て最後の，デモ隊を封じ込める機会であった。

　10月18日，ホーネッカーは失脚した。後任のクレンツは，西ドイツへの出国要件の緩和へ向けた手続（旅行法案）を，東ドイツの人々に付与することを検討し始めた。そうして，11月9日，出国要件が11月10日以降，緩和されることが決定された。その手続は，記者会見の場で，東ドイツ指導部のシャボフスキーから発表されることとなった。しかし，ここで手違いが生じた。記者会見の直前に，出国要件の緩和について発表することを依頼されたシャボフスキーは，細部の手続の状況を把握していなかった。一通り説明を終えたシャボフスキーに，記者の一人が，出国要件の緩和について，それはいつから実施されるのか尋ねたのである。その問いへの答えを準備していなかったシャボフスキーは，「今すぐだ」とした。これが「ベルリンの壁」の崩壊の始まりであった。

5　「ベルリンの壁」の崩壊と東西ドイツの統一

　1989年11月9日，「ベルリンの壁」へと殺到する人々の前に，「壁」はあっけなく崩れた。シャボフスキーの記者会見はテレビで中継されていた。東ドイツの人々は半信半疑ながら壁へと向かったのである。押し寄せる人の流れに国境警備兵は壁を開放した。

　これが「冷戦の終焉」の始まりであった。「壁」の崩壊から1年も経たないうちに東西ドイツは統一し，戦後ヨーロッパの地図は大きく塗り替わっていくこととなった。

　「ベルリンの壁」は冷戦の象徴であった。1961年に建設された総延長160kmにおよぶ「壁」は，西ベルリンを包囲する形で建設され，東西ベルリン間の自由な人的往来を閉ざしてきた。またこれとは別に，東西ドイツ間の国境線沿いには，1952年以降，幅5km，総延長1400kmにおよぶ封鎖地帯（軍事境界線）が東ドイツ政府の指令により敷設されていた。したがってベルリンは，「壁」が建設される1961年まで，東ドイツの人々にとって西ドイツへの唯一の脱出口となっていた。「壁」の建設により，そうした人の流れは閉ざされた。1961年以降，「壁」を越えて西ベルリンへの脱出を試みた東ドイツの人々は，1989年に「壁」が崩れるまで，東ドイツの国境警備兵により射殺される危険性があっ

た。今日，東西ベルリン間ならびに東西ドイツ間を越えようとして命を落とした者は，900人以上であったと推計されている。

「壁」崩壊をきっかけとして，外交の舞台ではドイツ統一問題を中心とした新しい国家間関係の模索をめぐる駆け引きが始まった。1989年11月28日，西ドイツのコール首相は「10項目提案」を提示し，そのなかでドイツ統一へのシナリオを一方的に宣言した。コールの行動は，内外からの強い批判を呼び覚ましたが，他方で「壁」の崩壊と統一とが連続した過程にあることを国際的に知らしめる心理的効果を与えることとなった。この後，争点は，いかなるドイツの統一を実現するのか，という外交交渉の課題へと移ったのである。

1989年12月2～3日，アメリカのブッシュ大統領とゴルバチョフが，地中海に位置するマルタ島で会談し，冷戦の終結を宣言した。冷戦の勝者となることを目指したアメリカ（ブッシュ政権）は，ヨーロッパの新しい制度設計に強い影響力を与え，ほぼ無条件にドイツの統一を支持した。しかし，戦勝四大国（米英仏ソ）の立場はそれぞれ異なっていた。ドイツは敗戦国であり，ドイツ統一の日（1990年10月3日）に至るまで，戦勝四大国が3つの決定権（①ドイツの統一，②ドイツとの講和条約，③ベルリンの管轄権）を握っていた。戦勝四大国の承認がなければ，ドイツは統一できない仕組みになっていたのである。ここから，ドイツ統一をめぐる外交交渉は，東西ドイツ（＝2）と戦勝四大国（米英仏ソ）（＝4）による交渉の枠組み（「2＋4」外相会議），ならびに，上記の6カ国の間における二国間交渉が主要な舞台となった。換言すれば，冷戦の終焉における「ドイツ問題」をめぐる一連の外交交渉（1989～91年），すなわち無数の公式ならびに非公式の会談と「2＋4」会議は，ヴェルサイユ講和会議（1919年）や，ヤルタ会談（1945年）に相当し得る国際会談の舞台であったのである。そこではいずれも，各国の指導力と構想力が問われることとなった。

イギリスのサッチャー政権は，東西ドイツの統一により，ヨーロッパのバランスが崩れることを危惧した。フランスのミッテラン政権は，統一されたドイツが突出した経済力を手にし，東欧全域をドイツの経済圏（「マルク経済圏」）へと再編する可能性を恐れた。ソ連のゴルバチョフは，当初，ヨーロッパの新しい制度設計に強い関心をもったが，次第に自国の経済危機が悪化していくなかで，ドイツの統一がソ連の国益に適うこと（西ドイツからの経済援助）を期待す

るようになった。コールは，西ドイツ外相のゲンシャーとともに，情勢を判断
し，統一ドイツの版図を，西ドイツ，東ドイツ，ならびにベルリンを合わせた
領域に限定した。

　他方，東ドイツでは，1989年10月にホーネッカーが辞任した後，クレンツ，
モドロウ，デメジエールへと，相次いで指導部が交代した。その結果，外交上
の連続性は欠如し，統一交渉において東ドイツの側がイニシアチブを発揮する
ことはできなかった。東欧諸国においても，チェコスロヴァキアでは「民主化」
（「ビロード革命」）が進められ（11～12月末），ルーマニアではチャウシェスクの
独裁体制が崩壊した（12月25日）。

　1990年2月1日，東ドイツのモドロウ政権は「条約共同体」構想を示し，ゴ
ルバチョフの支持を得ながら，「中立」を基礎としたドイツ統一構想を提案し
た。しかし，同提案の現実性は急速に失われた。というのも，すでに東ドイツ
の体制は崩壊へと向かいつつあり，「壁」崩壊後も東ドイツの一部の人々は西
ドイツへと「脱出」し，またある人々は街頭でデモを繰り広げ，東ドイツ社会
を揺さぶっていたのである。

　デモに参加した人のなかには，後に首相となるメルケル（第8代：2005年～）
や，やはり後に大統領となるガウク（第11代：2012年～）の姿もあった。他方，
東ドイツの支配層は人々からの報復を恐れた。とくに東ドイツ社会の監視に携
わった国家保安省（シュタージ）はそうした憎悪の対象であり，シュタージの
本部は東ドイツの人々により襲撃された。

　ドイツ統一に向けた東ドイツ政府のイニシアチブは，東ドイツにおける「自
由選挙」（1990年3月18日）によって，事実上，失われた。東ドイツの人々は，
ナチス時代（1933～45年），占領時代（1945～49年），東ドイツ時代（1949～90年）
を通じて，自由選挙の経験から遠ざかっていた。3月18日の選挙ではコール率
いる西ドイツのキリスト教民主同盟（CDU）の支援を受けた東ドイツのキリス
ト教民主同盟（Ost-CDU）が勝利した。この結果，ドイツ国内における統一手
続は，早期統一を目指したCDUが主導権を握った。

　外交の舞台では，ドイツ統一問題をめぐり激しい国益をかけた応酬が繰り広
げられていた。ミッテランは，一方でドイツの「中立化」を警戒し，他方で東
欧へのドイツの経済進出を恐れた。コールは，ミッテランの理解を得るため

に，統一されたドイツが通貨「マルク」を放棄し，「ユーロ」を導入すること
を約束した。それは，東欧全域を「マルク経済圏」へと再編する可能性をドイ
ツが断念した瞬間であった。

　他方，アメリカは安全保障に関する外交交渉に集中した。アメリカは，統一
されたドイツが北大西洋条約機構（NATO）に帰属することを要求した。統一
ドイツのNATO帰属問題は，米英仏ならびに西ドイツの共通の方針であっ
た。しかし，ソ連のゴルバチョフは難色を示した。ゴルバチョフにとってはドイ
ツの「中立化」，あるいはドイツがNATOとワルシャワ条約機構（WTO）
の双方に加盟することが望ましい選択肢であった。この時，ゴルバチョフに配
慮したベーカー米国務長官の次の提案が，今日においても論争となっている。
1990年2月9日，ベーカーはゴルバチョフに対して，統一ドイツはNATOに
帰属するが，NATOの管轄権は，今後，決して東へと拡大しない，と発言し
たのである。それは，東ドイツ，ならびに東欧諸国へと，NATOが拡大しな
いことを約束する内容であった。この発言を受けてゴルバチョフは，統一ドイ
ツのNATO帰属を承認し，東ドイツ全域から駐留ソ連軍の撤退を決めた（今
日，ロシアのプーチン政権は，ベーカーの発言を引き合いに出して，NATOが東方へと
拡大することを約束違反と見なし，欧米との対決姿勢を強めている。NATOの東方拡大
は，2014年以降のウクライナ危機の原因の1つともなった）。

　他方，コールは統一への最後の障害を取り除くために，1990年7月14日，ゴ
ルバチョフの故郷のスタブロポリを訪れた。コールはソ連に対して経済的に支
援することを約束することで，ゴルバチョフのドイツ統一に関する同意を取り
付け，統一への最後の障害を取り除いた。コールは，統一されたドイツが決し
てヨーロッパに脅威を与える存在とならないことを主張し，軍事的には
NATOの内部で行動すること，経済的にはヨーロッパ統合をさらに促進する
ことで，「ヨーロッパのなかのドイツ」となることを内外に約束した。1990年
10月3日，ドイツは再統一された。10月3日は新生ドイツのための祝日とな
り，1999年9月には，ボン（西ドイツの首都）からベルリンへと首都機能の移転
が実施された。

第Ⅲ部

情勢分析

── ヨーロッパ政治外交の潮流 ──

第12章 | 冷戦後のドイツ政治外交の展開

1 旧東ドイツ地域とオスタルギー

(1)「統一」と「統合」

ドイツは冷戦の最前線であった。したがって冷戦終結後，ドイツをめぐる環境は激変した。ドイツは新しい国際社会の環境に適応するために様々な課題に直面することとなったのである。ここでは，冷戦後のドイツが対応した政治外交の展開を分析する。第12章で取り上げる課題は，第1に，旧東ドイツ地域をめぐる再建問題，第2に，1998年に誕生したシュレーダー政権の掲げた「新しい中道」の役割と課題，第3に，ドイツで取り組まれた国籍法の改正過程について，第4に，シュレーダー政権からメルケル政権への移行について，である。

冷戦後のドイツが直面した最大の課題の1つは旧東ドイツ地域の再建をめぐる問題であった。そして旧東ドイツ地域は，ヨーロッパ統合における「深化」と「拡大」が負の作用を及ぼした縮図でもあった。

東ドイツ（1949～90年）は東西ドイツの「統一」（unification）により消滅し，統一されたドイツの国家主権の一部（象徴的な分野は通貨である）は，ヨーロッパ「統合」（integration）の過程でEUへと委譲された。

統一とは，1949年に建国されたドイツ連邦共和国（西ドイツ）とドイツ民主共和国（東ドイツ）とを統一することであり，それは2つの国家体制の法律から行政組織に至る制度面の統一だけでなく，東西ドイツ国民間の経済的精神的一体感（「内的統一」）の問題を含むものであった。これに対して統合とは，ヨーロッパ統合への国家主権の委譲を通じてヨーロッパ各国を機能的に統合し，それによって，利害の共有と欧州平和の構築（戦争の非制度化），さらにはヨーロッパの経済的復権を目指したものであった。

旧東ドイツ地域において，「統一」と「統合」は連続した過程にあり，その

二重の作用により，東ドイツ，東ドイツの国家主権，さらには東ドイツのアイデンティティは消滅した。東ドイツは統一の段階で，「5つの州」へと解体され消滅した。しかしこの段階において旧東ドイツ国民は，西ドイツの通貨マルクを手にすることができた。旧東ドイツ国民は西ドイツの豊かさへの憧れから東西ドイツの統一を支持した。西ドイツの豊かさを体現する象徴は通貨マルクであった。

　しかし統一直後に統合の「深化」の過程で，マルクはユーロへと置き換えられた。マルクを手にする期待から統一を望んだ東ドイツ国民にとって，マルクの消滅は，統一への期待が消滅することを示していた。ヨーロッパ統合の「深化」の側面が負の作用を旧東ドイツ国民に与えていたのである。マルクが消滅する頃，旧東ドイツ地域においては，東ドイツへの郷愁（オスタルギー）が広がった。

　他方，旧東ドイツは冷戦終焉後，東西ドイツの統一（1990年）の段階において，市場経済体制への移行を開始した。その上，旧東ドイツは最初のヨーロッパ統合の「拡大」に該当する「国家」（厳密には「地域」）となった。東西ドイツは一体であるとする旧西ドイツの国是から，旧東ドイツは統一と同時にヨーロッパ統合へと参加することとなったのである。東ドイツは他の東欧諸国と同様に社会主義の国家であった。東ドイツと他の東欧諸国とを比較すれば，東ドイツは1990年に統一と統合に参加した（市場経済への移行の開始）が，東欧諸国は市場経済への移行を進めつつ，統合への参加は2004年以降であったこととなる。この「時差」は，旧東ドイツ地域に過酷な状況を生み出した。ヨーロッパ統合への適応のために，旧東ドイツ地域には市場経済への適合に時間が与えられなかったのである。東ドイツならびに東欧諸国は，統合への参加のために，計画経済体制（社会主義）から市場経済体制（資本主義）への移行が必要であった。社会主義から資本主義への移行は，史上初めての試みであり，前例のない取り組みであったのである。

　旧東ドイツ地域は1998年の段階において，登録されていない失業者数を含めれば，20.0％の失業率を記録した（ドイツ全体10.9％）（Reißig, 2000）。この時点で，まだヨーロッパ統合に参加していなかった他の東欧の旧社会主義諸国の失業率は，チェコ6.5％，ハンガリー7.8％，ポーランド10.6％，ルーマニア

6.3％，スロヴァキア11.9％であった（いずれも1998年現在。Europäische Kommission, 1999）。社会的条件が各国によって異なり，また失業率の算定方法も国によって異なるため，旧東ドイツ地域と東欧各国との比較は困難であるが，それらの不確定要素を勘案した上でも，旧東ドイツ地域の失業率は際立っていた。

（2）東西ドイツの統一と「ヨーロッパのなかのドイツ」

　1989年11月9日に「ベルリンの壁」が崩れた後，激烈に高まった「1つの民族である」という思いが，瞬く内に東ドイツの体制を解体した。「壁」の崩壊から1年も経たない1990年10月3日に統一が実現されたのである。これに対して，ヨーロッパの近隣諸国は，強大なドイツが出現することに多大な危機感を抱いた。統一の過程でみられたドイツ民族主義の高揚は，ナチス・ドイツという過去の忌まわしい記憶を呼び覚ますのに十分だったのである。ナチス・ドイツにより国家を蹂躙されたポーランドはもとより，戦後親密な対独関係を築いてきたフランスからも懸念の声が上がった。

　そこでキリスト教民主・社会同盟（CDU/CSU）のコール首相は，ヨーロッパ統合のなかにドイツ統一を位置づける外交方針を提示して，近隣諸国の懸念に配慮した。ヨーロッパ統合は，国家主権を漸次 EU（EC）に委譲することにより，ヨーロッパ各国間の国際協力関係を緊密化し，その結果戦争の防止と欧州平和の構築に資することを目的としていた。したがってドイツの民族主義をヨーロッパ統合のなかへと封じ込める目標は，覇権を求めない，ヨーロッパ諸国と共にある「ヨーロッパのなかのドイツ」を実現する上で説得力をもつ指針であった。コール政権はドイツ統一をヨーロッパ統合と連続した過程のなかに位置づけることで，ヨーロッパ統合を推進する「統合の機関車」としてのドイツを体現していったのである。

　その際，ヨーロッパ統合は，ドイツとフランスが相互に役割を分担し補完し合う形で進められた。このようなドイツとフランスの協力関係は，しばしば「独仏枢軸」と呼ばれる。そして，フランスのミッテラン大統領とドイツのコール首相の協力に，欧州共同体（EC）委員長ドロールによる積極的なヨーロッパ統合政策が加わったことで，ヨーロッパ統合は1980年代後半から1990年代を通

じて飛躍的に前進した。1993年1月1日に欧州単一市場が実現し,「人, モノ, 資本, サービス」の移動が自由になり, 同年11月1日にはマーストリヒト（欧州連合）条約の発効にともない, 欧州共同体（EC）は欧州連合（EU）に改められた。そして1999年1月1日, EU15カ国中11カ国（当時）の参加により欧州単一通貨「ユーロ」が誕生したのである。

（3）「内的統一」とヨーロッパ統合——旧東ドイツ地域とオスタルギー

　コール政権は「ヨーロッパのなかのドイツ」に国家戦略の基礎をおき, ドイツとフランスとの連携を強化し, ヨーロッパ統合を進展させた。これらの政策の延長線上にユーロの導入を位置づけていた。コール政権の統合政策は, アデナウアー政権が進めた西側統合政策の発展形態であった。コール政権は統一と統合を追求し, アデナウアー政権が東西対立のなかで統一よりも統合を追求せざるを得なかった状況と比較すると, そこにはより包括的な制度設計の可能性が開かれていた。しかしコール政権が追求した統一は, 外的統一であり,「内的統一」（innere Einheit）の展望は実現されなかった。政策の比重は「統合」におかれ, コール政権の時代に, 旧東ドイツ地域の再建は達成されなかった。

　旧東ドイツ地域では, 統一直後に, 西ドイツ資本の東ドイツへの流入により一時的に建設ラッシュが生じた。この統一ブームともいえる現象は, 1992年から1994年まで8〜10%という高成長率をもたらした。しかし統一ブームは長くは続かず, 1994年をピークに旧東ドイツ地域の経済成長率は鈍化し始め, 1997年には1.6%にまで低下した（旧西ドイツ地域2.2%）（*DER SPIEGEL*, 1998. Nr. 18/27. 4. 98, S. 114）。東西ドイツ間の経済格差が一朝一夕には埋まらないものであることが次第に明らかとなり, 経済格差の問題は, 新生ドイツに暗い影を投げかけることになった。

　旧東ドイツ国民は, 旧東ドイツ時代の計画経済体制と手厚い福祉制度から, 突然, 厳しい市場経済のなかにほうり込まれた。その結果, かつての東ドイツを懐かしむ「オスタルギー」（郷愁）に浸る人々が増え始めた。1990年に民族主義の高まりのなかで統一した東西ドイツ国民は, その後, 東西ドイツ間の経済格差, 政治感覚の相違, 社会的規範や価値観の相違など, あらゆる分野で深い「溝」を体験した。統一の過程でコールは, 東ドイツ国民に対し「バラ色の

表12-1　旧東ドイツ地域の出生者数

	1989	1990	1991	1992	1993	1994	1995	1996	1997	1998
出生者数 （1000人）	198.9	178.5	107.8	88.3	80.5	78.7	83.8	93.3	98.2	100.0
前年比増減率 （%）	-7.8	-10.3	-39.6	-18.1	-8.8	-2.2	6.5	11.3	5.3	1.8

出所：走尾正敬『ドイツ再生とEU』勁草書房，1999年。

将来」を約束した。しかし，旧東ドイツ地域の経済基盤が予想以上に脆弱で，次々と各経営体が解体し失業者があふれ出すなかで，約束は裏切られていった。それと並行して生じた治安悪化，アイデンティティの喪失，出生率激減という社会不安（表12-1）を，難民やトルコ人に対するネオ・ナチによる襲撃が，いっそう深めたのである。

　旧東ドイツ地域の復興に充てられた公的資金は1990年から97年までで，国家予算の2年分に相当する1兆マルク（約65兆円）に上った（『読売新聞』1997年7月15日付）。その結果「増税なしに統一を進める」というコールの約束は反故にされ，旧西ドイツ国民の負担は増大し，不満が蓄積された。こうした状況のなかで，「オッシー」（東の人）や「ヴェッシー」（西の人），「二級市民」（東ドイツ人）といった言葉が生まれ，東西ドイツ住民の間の「心の壁」が依然として高いことが明らかになった。これらの社会問題は，東西間の「内的統一」への取り組みを急務の課題とさせた。

　しかし「内的統一」への取り組みと同時にヨーロッパへの統合が進められ，その過程で単一通貨ユーロの導入が目指された。ユーロ導入（通貨主権の放棄）は次の2つの課題を引き起こした。第1に，ユーロを導入するための条件は財政赤字を国内総生産（GDP）の3%以内におさめることであった。この厳しい制約（財政赤字の削減）を乗り越えるために，コール政権は福祉の切り下げを断行した。年金・失業手当の削減などに取り組んだのである。その結果，西ドイツが作り上げ，統一ドイツへと引き継いできた福祉国家の枠組みが揺らいだ。革新系のドイツ社会民主党（SPD）は，社会的弱者が切り捨てられ，旧東ドイツ地域の経済が悪化することを懸念した。しかしコールは，ユーロの導入を追求した。新生ドイツの方向を「ヨーロッパのなかのドイツ」として早期に確定

することを目指していたためである。コールの政策に対し，ディーター・シュルテ・ドイツ労働総同盟（DGB）会長は，「統一宰相として歴史に名を残すのか，最悪の失業率と社会的不公正さを象徴する首相になるのか」と非難した。1996年6月には30万人の労働者によるデモが展開された（『読売新聞』1996年6月16日付）。

　第2の課題は，ユーロ導入が，ドイツ人のアイデンティティと衝突した点にあった。ナチス・ドイツの経験から，政治的発言を控え，経済面で成果をあげてきた西ドイツの人々にとって，通貨マルクは「ネイション」（国民）としてのアイデンティティの象徴であった。さらに通貨マルクは，新生ドイツにおいて，東西ドイツ国民を結びつける唯一のアイデンティティでもあった。コール政権がユーロ導入をめぐる経済通貨統合（EMU）に取り組むと，国民のなかからは，不満の声が沸き上がったのである。ドイツ人の約3分の2がユーロ導入に反対した。またドイツ国内からはユーロをめぐる国民投票を要求する声も上がった。しかし，コールは，ユーロの導入を目指した。その背景には1990年の統一の時点で，強大なドイツの出現を懸念するフランスが，通貨マルクの放棄と引き換えに，ドイツの統一を容認する姿勢を示していたことがあった（*DER SPIEGEL*, 1998. Nr. 18/27. 4. 98, S. 108–110）。コールはこの時の取り決めを守るために，ユーロの導入を進めていた。

2　シュレーダー政権と「新しい中道」

　1998年，ドイツにおける連邦議会選挙では，旧東ドイツ地域（内的統一をめぐる不満）ならびに旧西ドイツ地域（福祉国家の劣化をめぐる不満）からの支持が低迷するなかで，コール政権は選挙に敗北した。16年間に及ぶコール時代は幕を閉じた。新たに政権を獲得した政治勢力はドイツ社会民主党（SPD）であった。

　SPDのシュレーダーは，1998年選挙戦終盤，「コールは，内なる統一を通じて国家統一を果たす任務に失敗した」と訴えて，「内的統一」に取り組むことが重要であることを力説した。コールがヨーロッパ統合を優先し，ユーロ導入のために失業対策への歳出を削減したことで格差が拡大した。そのため有権者

は，社会的公正を表明する SPD 支持に回ったのである。これにより，ドイツ
で戦後初めて選挙を通じて政権交代が行われ SPD が政権の座に就いた。

　シュレーダーは，「新しい中道」をスローガンに掲げて，党の重心を「中道」
へと近づけ，それにより中間層の支持を獲得した。さらに産業界との太いパイ
プを活かし，現実主義的な政策を志向した。SPD の伝統である「結果の平等」
ではなく，「機会の平等」によって社会的公正の確保を訴えた。さらに文教政
策，情報技術政策を軸とした旧東ドイツ地域の再建問題を重点課題にしつつ，
「内的統一」とヨーロッパへの統合という「二重の統合」の前進を目指したの
である。

　1998年10月20日，シュレーダー政権の発足にあたり，SPD と同盟90・緑の
党は，連立協定「出発と革新―21世紀に向けたドイツの道―」に調印した。そ
の際，失業問題が優先課題とされ，政府・労組・産業界の三者が「雇用のため
の同盟」を新たに組織し，若者への職業訓練や雇用市場の拡充，パートタイム
などを通じた労働時間の弾力化に取り組むことが目指された。10月27日，シュ
レーダー政権は発足した。シュレーダー首相は，11月10日の施政方針演説のな
かで失業対策の方針を示すことで，ユーロへの参加のため失業対策への歳出を
削減してきたコール政権との違いを明らかにした。4年間で570億マルクの減
税と EU 加盟国が共同で失業対策に取り組む方針を提示したのである。

　しかしドイツの政権交代には，ヨーロッパの底流で進んだ政治の変化も影響
を与えていた。というのも，西欧の主要国において，「公正」（左）を中心とし
た政治勢力が主導権を握り始めたのである。ユーロの導入をめぐり，関係各国
は財政赤字の削減（緊縮財政）に取り組まなければならなかった。その結果，
福祉予算の減額が進められる傾向があった。福祉国家の劣化（空洞化）現象は，
ドイツ以外の国家においても進んでいたのである。しかし有権者は，その責任
を，EU の仕組みではなく，保守系政治勢力の統治方針に求めた。換言すれ
ば，革新系政治勢力の掲げる「公正」に期待を寄せたのである。それは，EU
の仕組みを残しつつ，革新系政治勢力に福祉国家の再建を求めた変化の声でも
あった。

　他方，革新系政治勢力も，有権者の関心に合わせつつ，政治の方針を「公正」
（左）と「競争」（右）の「中間」へと移す努力を続けた。その結果，「新しい中

表12-2　西欧諸国の中道左派政権（1990年代後半）

	イタリア	イギリス	フランス	ドイツ
総選挙	96年4月	97年5月	97年6月	98年9月
政権構成	オリーブの木(等)	労働党	社会党（等）	ドイツ社会民主党＋同盟90・緑の党
政権構成の性格	左　派	中道左派	左　派	中道左派
政権の政策志向	中道左派	中道左派	中道左派	中道左派
主要な前政権	ベルルスコーニ（フォルツァ・イタリア等の右派連合政権）	サッチャー・メージャー保守党政権	シラク大統領・ジュペ首相とする右派政権	コール首相のCDU/CSU＋FDP政権
前政権の性格	新自由主義右派	新自由主義右派	新自由主義右派	中道右派
総選挙勝利の要因	反右派・反旧左派	ニュー・レーバー	左派の結集	対抗政策
変化の性格	第一共和政から第二共和政へ	サッチャーリズムからの変化	政策の変化・失業問題の解決	失業問題・ドイツ経済の刷新
党改革	選挙連合，政権連合の形成	10年以上の党改革	93年選挙敗北後の地道な党改革	政権奪還をめざす政策の刷新
政策革新	ユーロ加盟のための財政赤字削減	第3の道	失業問題，「人間味のある政治」	「新しい中道」
指導者	プローディ	ブレア	ジョスパン	シュレーダー

出所：高橋進『ヨーロッパ新潮流：21世紀をめざす中道左派政権』御茶ノ水書房，2000年，5頁を参考に筆者が修正と加筆を加えた。

道」と呼ばれるスタイルが出現した。こうして，1990年代末から2000年代初頭，欧州左派（中道左派政権）がヨーロッパの主要国（英仏独伊）において政権（ないしは政治の主導権）を握った（表12-2）。

　高橋進の研究を参考にすれば，1990年代の西欧には次の4つの傾向が存在した。すなわち，①冷戦の終焉（社会主義のソ連の崩壊）が，社会主義の正統性を奪い，間接的に社会民主主義の実質の問い直しを迫ったこと，②1980年代に，サッチャー政権を中心に進められた新自由主義を基礎とした発展モデルが，一時的に社会民主主義の展望を退けたこと，③ヨーロッパ統合の進展が，政策の協調化（換言すれば，西欧各国の政策の収斂化）を促したこと，④グローバリゼーションの進展が，西欧各国に変化を促したことである（高橋，2000年，4～7

頁）。

　西欧主要国（英仏独伊）における中道左派政権は，一方で各国独自の特徴を備え，他方で相互の連携を模索した。というのも，「第３の道」を標榜したブレア（英）ならびにシュレーダー（独）の立場と，ジョスパン（仏）の立場は同一ではなかった。「第３の道」は，「第１の道」（ケインズ主義に基づいた国家の経済への介入方針）や，「第２の道」（サッチャー主義に代表される「小さな政府」の方針）とは異なる方針の追求であり，その内容をブレアとシュレーダーは共同宣言のなかで，「機会の平等」としてまとめた。従来，革新系政治勢力は，「結果の平等」（賃金・収入の平等）に力点をおいていたが，ブレアとシュレーダーは，結果に至るための「機会の平等」を打ち出したのである。それは，各個人の能力の育成と，そのための職業訓練の充実であった。各人に平等に「機会」を提供できる社会の創出を目指したのである。換言すれば，それは労働市場の柔軟化を目指した政策であり，給付型の福祉国家から，雇用創出を促すために，教育や訓練を受けることのできる環境を整備することに重点をおいていた。もっともジョスパンは雇用政策に力点をおくことを重視し，ブレアとシュレーダーの共同宣言を批判している。

　シュレーダー政権は「新しい中道」の方針に沿った「機会の平等」を実現するために，フォルクス・ワーゲン（VW）の労務担当役員ハルツを中心に労働市場の改革に取り組んだ。「ハルツ改革」と呼ばれた改革の集大成は，４つの法案から構成され，2002～03年のドイツ政治の風景を決定づけた。「機会の平等」を実現するために，雇用市場の柔軟化が促され，多様な労働のあり方が模索された（非正規雇用が増加した）。その痛みを伴う改革は，おおよそ10年後，ドイツが堅調な経済発展を遂げつつあるなかで，再評価され始めている。

3　ネイション（国民）概念の問い直し

（1）シュレーダー政権と国籍法改正問題

　冷戦後のドイツが課題とした最大の問題の１つは，「ネイション」（国民）概念の問い直しであった。ヨーロッパの統合，グローバル化，さらには，テクノロジーの進歩など，社会のあり方が急速に変容するなかで，国家の役割の問い

直し，さらにはネイション（国民）の定義に関わる問い直しが課題とされたのである。とくに，ドイツではトルコ移民への対応が求められていた。シュレーダー政権はこの課題に対して，国籍法の改正を進め，ネイションの問い直しを進めた。

コール政権は，「ヨーロッパのなかのドイツ」を掲げつつも，「国民」（ネイション）の定義として「血統主義」を維持した。これに対してシュレーダー政権は，「ヨーロッパのなかのドイツ」を継承しつつ，「国民」（ネイション）の定義に関わる制度の調整を進めた。すなわち，「血統主義」から「出生地主義」への移行である。シュレーダー政権はこの問題について，国家の基礎を「市民」におくことにより，冷戦後の国際社会への適応を目指した。

ドイツでは伝統的に血統主義の原則に基礎をおいた国籍法が，1913年から採用されてきた。同国籍法は，近代化が遅れたドイツにおいて，国民統合のシンボルとしての機能を果たし，その後，ナチス時代，東西冷戦時代へと受け継がれてきた。しかしシュレーダー政権は国籍法改正問題に取り組んだ。1999年5月21日，国籍法改正案が可決され，それによりドイツでは，2000年1月1日より，血統主義の原則に出生地主義の原則が加えられた新しい国籍法が採用されることとなった。国籍法改正案が可決されたことにより，条件つきではあるが，ドイツで生まれた外国人の間の子供にも国籍が与えられることになった。新たにドイツ国籍を与えられた子供は，親の国籍とドイツ国籍の二重国籍となり，23歳でどちらかを選択する（国籍選択モデル）こととなった。シュレーダー政権は，出生地主義の原則を導入した二重国籍付与を通じて，「民族」と「国家」の強い連結を断ち切り，「民族」と関わりのない「市民」を国民として「国家」の構成者へと形成していくことを目指した。もっとも，キリスト教民主・社会同盟（CDU/CSU）が二重国籍付与の試みに厳しく反論し，国論を二分する論争となった。その過程で，「国民」（ネイション）の問い直しが進められた。

（2）国籍法改正前史

ドイツにおける国籍法の改正には長い前史がある。1999年の改正に至るまでドイツ史の節目を越えて受け継がれてきた「帝国籍・国籍法」（Reichs- und Staatsangehörigkeitsgesetz）（1913年）は，国民形成が遅れたドイツにとって，国

民統合の作用を果たしていた。そこでは「血統主義」の原則が尊重され，ナチス時代，冷戦時代を経て，1999年の改正に至るまで，「ドイツ人」の定義を決定してきた。

国籍法の改正には，絶えず，「ドイツ人とは何か（誰か）？」の問いがつきまとう。「ドイツは移民国ではない」とする公式の立場を堅持してきたドイツ政府は，「ドイツ人」とはドイツの血縁を受け継ぐ者と解釈した。しかし1980年代以降，さらには冷戦の終焉とヨーロッパ統合の進展のなかで，ドイツにおける外国人の社会統合をめぐる問題が重要な社会問題の争点となった。

1955年の西ドイツとイタリア間の雇用双務協定を皮切りに，戦後，西ドイツ政府は，次々と雇用双務協定を締結した（ギリシャ，スペイン，トルコ，ポルトガル，チュニジア，モロッコ，ユーゴスラヴィア，韓国）。とくに東ドイツからの労働力の流入が，「ベルリンの壁」の出現（1961年8月）により制止された後は，トルコからの労働力が，西ドイツ経済の成長を支える基盤の1つとなった。「ベルリンの壁」構築から1カ月後，西ドイツ政府はトルコとの雇用双務協定を締結し，これにより多くの移民労働力が西ドイツ社会へと向かった。外国人労働者の募集の中止が宣言された1973年までに，西ドイツ社会は260万人の外国人労働者を抱え込んでいたのである。

しかし，西ドイツの経済発展を支えるために招かれた外国人労働者は，あくまでも「ガストアルバイター」（Gastarbeiter）としての存在であり，いずれ帰国の道を選択する存在と見なされていた。したがって，彼らが定住化（さらには家族の呼び寄せ）の道を模索し始めると，彼らの帰国を望むドイツ社会との間で軋轢が生じ，不景気の波が訪れるたびに，それは繰り返し社会問題化していったのである。

コール政権は，1982年10月13日，4つの重点課題を伴った「緊急プログラム」を表明した。すなわち，新規雇用の創出，社会政策，外交・安全保障政策，そして外国人政策である。コール政権の外国人政策の出発点は，「ドイツは移民国ではない」（Deutschland ist kein Einwanderungsland）という基本的立場の確認であり，3つの目標が設定された。すなわち，(1)ドイツで生活している外国人の「統合」，(2)帰国準備の促進（奨励）(1983年帰国促進法)，(3)さらなる移住の阻止である。ヘルベルトによれば，第1の「統合」政策については何の具体的

な措置も合意されなかったのに対し，第2，第3の点は，より密接に遂行され
たことを，ここですでに明確なシグナルとして分析することができる，とされ
る（Herbert, 2001, pp.249-250）。

　しかし，冷戦期の西ドイツが推進した外国人労働者の募集により，ドイツ国
内に滞在する外国人は，2000年時点までに730万人へと達した。「ドイツは移民
国ではない」とするドイツ政府の公式見解とは逆に，ドイツは多くの移民を抱
える社会へと変貌し，外国人の社会統合をめぐる問題は，重要な政治課題の1
つとなっていた。

　そのようななか，1998年にドイツでは政権交代が実現し，ドイツ社会民主党
（SPD）と同盟90・緑の党の連立によるシュレーダー政権が誕生した。同政権
は，公約に掲げた国籍法の改正を通じて，外国人問題の解決に取り組み，野党
の自由民主党（FDP）と共同して，1999年に国籍法の改正を実現した。しかし
国籍法の改正過程において，外国人の社会統合をめぐり，保守系勢力と革新系
勢力との間で激しい議論が展開された。

（3）新国籍法の概要

　1999年5月，国籍法改正案が可決されたことにより，2000年1月から条件つ
きではあるが，ドイツで生まれた外国人の間の子供にも国籍が与えられること
になった。国籍法改正案が可決された1999年当時，ドイツ内に滞在する外国人
は730万人（全ドイツ人口の8.9％以上）（Hailbronner, 1999, p.3）であり，その数は
他の西欧諸国をはるかに凌いでいた。国籍別内訳では，トルコ 約205万人，旧
ユーゴスラヴィア 約74万人，イタリア 約62万人，ギリシャ 約36万人，ポーラ
ンド 約29万人，その他となっていた。したがって，外国人の「統合」問題は，
保守系勢力にとっても，革新系勢力にとっても重要政策の1つであった。

　改正された国籍法と外国人法の要点を概観すると，(1)国籍法の改正により，
外国人の両親のいずれか一方が，8年間ドイツに合法的に居住し，滞在権ある
いは3年前から無期限の滞在許可を有する場合，ドイツで生まれた子供は，出
生時に親の持つ国籍とともに，自動的にドイツ国籍を取得する，とされた（国
籍法§4(3)）。しかし，(2)新たにドイツ国籍を与えられた子供は，23歳まで
に，親の国籍とドイツ国籍のどちらか一方の国籍を選択しなければならない

（国籍選択モデル：Optionsmodell）（国籍法§29(1)-(5)）。また，(3)国籍取得（帰化）の請求権（帰化申請）の要件についても，それまで15年以上の滞在期間と規定されていたものが，8年以上の滞在と短縮され，帰化申請基準が緩和された（外国人法§85(1)）（Hailbronner, 2005, pp.1015-1029）。

　この法改正を主導したシリー内相（SPD）は，「改正法によってドイツ国籍法はヨーロッパ・レベルへと高められ，社会平和が強化されるであろう」（*FAZ, 22. Mai 1999*）と改革の成果を結論づけた。他方，シュレーダー政権の進める国籍法の改革に反対し続けたバイエルン州首相シュトイバー（CSU）は，「国籍選択モデルによって外国人の子供のドイツ社会への統合は促進されず，むしろこの改正により，より多くの紛争が生じる可能性が高い」（*FAZ, 22. Mai 1999*）と述べた。

　国籍法の改正により，ドイツの法制史上初めて，「血統主義」の原則に，「出生地主義」の原則が加えられた。国籍法改革に党を挙げて取り組んだ緑の党は，これを「世紀の改革」と位置づけた。しかし，その過程では，外国人の社会統合をめぐり，保守と革新の間で激しい議論が展開された。保守系勢力であるキリスト教民主・社会同盟（CDU/CSU）は，国籍法改正に反対するための署名活動を展開し，国籍法の改正をめぐる論争はヘッセン州議会選挙（1999年2月7日）に大きな影響を与えた。国籍法改正をめぐる論争のなかで，「ドイツ人」の定義が繰り返し問われたのである。

（4）SPDと国籍法改正

　SPDが国籍法の改正を目指した背景には2つの理由が存在した。第1に，それは地方参政権の付与をめぐる問題であった。SPDを中心に，外国人への地方政治へのアクセスの道が模索され，それは，シュレスヴィヒ・ホルシュタイン州における地方自治体議会，さらには，ハンブルク市の区議会における，外国人住民への選挙権の付与という形で実現した。しかし1990年10月，連邦憲法裁判所は，これらの権利の付与について，基本法（西ドイツ→統一ドイツの憲法に相当する）の国民主権の原則に照らし，「違憲」との判決を下した。ここから，SPDは，国籍法の改正を通じた外国人の社会統合の道を模索し始めた。

　第2には，EU市民権が結果的にもたらした，EU加盟国以外の第三国出身

者（Drittstaatsausländer），すなわち非 EU 市民への制度上の差別であった。1992年のマーストリヒト条約による EU 市民権は，EU 加盟国の市民に対して，欧州議会ならびに地方政治への参加を保障した。これにより外国人労働者としてドイツ社会へ向かった，例えばポルトガル人やギリシャ人は，ポルトガルならびにギリシャが EU（EC）に加盟していたため，地方政治への参加の権利を獲得した。しかし EU への加盟を実現していないトルコは，EU 市民権の適用の外部にあり，ここに戦後の移民の間に構造的な制度的格差が生まれた。SPD は，これらの制度的格差を解消することを目指し，その解決策の１つとして，国籍法の改正の実現に取り組み始めたのである（広渡，186～191頁。内藤，53～56頁）。

（5）国籍法改正をめぐる「保守」と「革新」の立場

　ドイツにおいて国籍法の改正は，「国家」の本質をどのように捉えるか，という問題と密接に関連していた。保守系勢力は「国家」と「民族」の連結を維持することを重視し，革新系勢力は「国家」の本質を「市民」へと転換していくことが重要であると考えた。この基本的立場を基礎として，外国人問題への対応も整えられた。広渡清吾の研究を参考にすれば，「人の流れ」に関する問題（とくに，移住者（Aussiedler），難民（庇護希望者），移民化した外国人労働者とその家族の統合問題）について，前者（保守）が，「すでに定住化した外国人はドイツ社会に統合するが，これ以上の人の流入・定着は拒否する」立場をとり，後者（革新）が，「人の流れには戸を立てることはできず，流れをコントロールすることこそが重要であり，ドイツ社会を開放してコントロールされた流入・定住化」を進める政策を模索したとされる。SPD や保守系の一部の政治家・理論家は，ドイツを「移民国」（Einwanderungsland）と位置づけ，「移住政策」（Zuwanderungspolitik）を構想した（広渡，184～185頁）。

　この基本的対立の枠組みが，国籍法の改正の際にも先鋭化し，保守系勢力は，外国人のドイツ社会への「統合」の最終段階に国籍を付与する法改正を目指し，革新系勢力は，「統合」の最初の段階で国籍を付与することが，ドイツの「国内平和」にとり重要であるとの立場を示した。

（6）国籍法の改正過程と国籍選択モデル

　シュレーダー政権は，国籍法を「現代化」することで，ドイツが世界に開かれた国となることを目指した（出生地主義の導入と，二重国籍の一般的許容）。他方，ドイツにおける保守系勢力（CDU/CSU）・中道系勢力（FDP）は，シュレーダー政権の進める国籍法改正に対立した。CDU/CSU は血統主義に固執し，FDP は二重国籍の一般的許容に反対した（FDP 案：二重国籍は成年時まで許容）。

　国籍法改正をめぐる議論は沸騰し，政治的「公共空間」は，保守系勢力の主張と，革新系勢力の主張とに分極化した。そしてこれらの主張は盛んに報道され，また増幅され，保守政党 CDU/CSU は国籍法改正を阻止するために，街頭からの政治的な圧力をかけた。

　その結果，SPD は，ヘッセン州議会選挙（1999年2月7日）において後退し議席を減らした。SPD は国籍法の改正を進めるために，FDP との協力関係を模索しなければならなくなった。SPD は緑の党とともに FDP の協力を得ることを目指し，そうして3党（SPD・緑の党・FDP）は，1999年3月11日，国籍法の改正に関して，FDP の「国籍選択モデル」に沿う形で合意に達した。すなわち，合法的にドイツに居住している外国人の子供達は，これまで持っている国籍に加えて，ドイツ国籍を獲得することが可能になり，23歳の時点で，彼らはそれらの国籍から1つの国籍を決定（選択）することになったのである。3党による協議の結果，さらに国籍取得（帰化）の請求権についても，それまでの法律ではドイツに滞在してから15年以上と規定されていたものが，新しい法案（SPD・緑の党・FDP）では8年以上の滞在と短縮された。そしてそれに相応する前提として，語学の知識，憲法への忠誠の表明，さらに刑法上の品行方正の必要性が加えられた（*FAZ,* 12. März 1999）。

　CDU/CSU は最後まで「血統主義」の原則に固執したが，連邦議会と，連邦参議院において，SPD・緑の党・FDP の政治勢力は，法案成立に必要な相当数を十分に確保した。国籍法改正案は，5月8日，連邦議会を通過し（賛成365，反対184，棄権39）（*FAZ,* 8. Mai 1999），5月21日，連邦参議院で可決され，「国籍法」は成立した。

　国籍法の改正により，帰化への道がより具体的に整備された。「国籍選択モデル」が導入され，シュレーダー政権は，ドイツの国籍法に出生地主義の原則

を加えた（国籍法の改正の後，シュレーダー政権はさらに改革を前進させ，「移民法」の成立へと向かった）。

　移民をめぐる問題への対応は，21世紀のヨーロッパにおける争点の1つであった。とくに EU は人の自由な移動を承認したため，域内・域外に新たな人の移動に関わる構造をもたらし，それまでの社会空間に変容を迫り，国際政治に新しい問題を投げかけている。他方，EU へと加盟国の国家主権の委譲が進むなかで，加盟国間の国益の相互調整と相互協力の緊密化も図られつつある。その結果，制度の収斂が促されたのである。ドイツの国籍法改正は，その過程（制度の収斂）に位置づけられる出来事であった。

4　シュレーダー政権からメルケル政権へ

　シュレーダーによる政権運営は，新しい特徴をドイツにもたらした。それは次の3つの特徴であった。第1には，保守系政治勢力であるキリスト教民主・社会同盟（CDU/CSU）との違いを示した点であった。CDU/CSU は，伝統的にドイツの構成員を「民族」と捉えたが（「民族型」国家），シュレーダー政権は国籍法の改正を通じて「市民型」国家への転換を促した。また，CDU/CSU は NATO の一員としてコソヴォ紛争を解決するために，ドイツが空爆に参加することを決断したが，シュレーダー政権は，「市民型」国家の外交方針（「シビリアン・パワー」）として空爆への関与を決断した（第13章）。また，CDU/CSU はアメリカとの同盟関係を重視することに外交の基礎をおいていたが，シュレーダー政権はイラク戦争に際してアメリカの「ユニラテラリズム」（単独行動主義）傾向を批判し，米独関係を悪化させた（第14章）。他方，CDU/CSU は伝統的にロシアを警戒し，ドイツの外交を「西向き」に設定する傾向があったが，シュレーダー政権は，ロシアのプーチン政権（したがって「東向き」）への接近を通じて資源の確保（資源外交）に努めた。CDU/CSU はフランスとの協調関係を重視し，フランスの希望に沿ってユーロの導入を進めたが（したがって，「内的統一」への取り組みは不十分であった），シュレーダー政権は「内的統一」の問題を重視した。これらの特徴はドイツ政治のダイナミズムを示す側面でもあった。

　第2の特徴は，SPDが緑の党と連立を組んだ点にあった。緑の党は，1980年，西ドイツにおいて組織された。戦後の西ドイツが選挙制度に取入れた5％条項の仕組み（政党別得票率が5％に達しない政党は議席を配分されない）を通じて，西ドイツにおける政党は選別と集合の影響を受け，CDU/CSU，SPD，ならびにFDPの3党が競合する時期が続いた（表12-3）。換言すれば3党以外の政党は5％のハードルを突破できず，議席を与えられなかったのである。しかし巨大な政党の出現は，少数の意見ならびに多様な意見を汲み取る受け皿（政党）が存在しないことを示していた。そうして，既成の政党が取り上げない問題（人権，平和，女性，環境に関わる4つのテーマ）を争点化させることで，西ドイツ政治に変化を促すことを目指した緑の党が組織された。1980年代の西ドイツにおける反核運動の高まりのなかで，緑の党は躍進し，1983年，連邦議会に進出した。しかし，緑の党には，1968年に西ドイツ社会を揺さぶった学生の抗議運動に関わった活動家が参加していた。したがって党の方針が，常に急進化する傾向があった。平和のテーマのなかには，NATO解体論も存在した。しかし緑の党はSPDと連立を組み，与党となったことで，政権党として責任のある行動が求められるようになった。その際，党内をまとめ，SPDとの関係を安定させた緑の党の代表がフィッシャーであった。シュレーダー政権のなかで外務大臣を担当し，政権の安定に貢献した。もっともフィッシャーは1968年に，学生運動の先頭に立っていた人物であった。その上，学生運動の先頭にいたのはフィッシャーだけではなかった。シュレーダーも，1968年の学生運動の際に，先頭に立っていたのである。こうしてシュレーダー政権の特徴は，緑の党との連立と同時に，「1968年世代」がドイツ政治の中心を担ったことにもあった。

　第3の特徴は，シュレーダー政権が，党の重心を「中道」に近づけたことである。その結果，シュレーダー政権は中間層の支持を獲得することができたが，他方で，党内の伝統的な左派との軋轢を深めた。党内左派の実力者ラフォンテーヌは，シュレーダーと対立し，財務大臣を辞職した（1999年3月）。2005年，ラフォンテーヌはSPDも離党し，ドイツ社会主義統一党（SED）（旧東ドイツの支配政党）の後継政党の民主社会党（PDS）と連携を組み，2007年，新たに左派党（Die Linke）を立ち上げた。また，シュレーダー政権は「新しい中道」

表12-3　ドイツ連邦議会選挙（議席数）

	1949	1953	1957	1961	1965	1969	1972	1976	1980
CDU/CSU	139	243	270	242	245	242	225	243	226
SPD	131	151	169	190	202	224	230	214	218
FDP	52	48	41	67	49	30	41	39	53
緑の党	−	−	−	−	−	−	−	−	0
その他	80	45	17	0	0	0	0	0	0
首　相	①	①	①	①→②	②→③	④	④→⑤	⑤	⑤→⑥
合　計	402	487	497	499	496	496	496	496	497

	1983	1987	1990	1994	1998	2002	2005	2009	2013
CDU/CSU	244	223	319	294	245	248	226	239	311
SPD	193	186	239	252	298	251	222	146	193
FDP	34	46	79	47	43	47	61	93	0
緑の党	27	42	8	49	47	55	51	68	63
PDS→左派党	−	−	17	30	36	2	54	76	64
その他	0	0	0	0	0	0	0	0	0
首　相	⑥	⑥	⑥	⑥	⑦	⑦	⑧	⑧	⑧
合　計	498	497	662	672	669	603	614	622	631

備考：表は横軸が選挙が実施された年，縦軸が政党と首相，CDU／CSU はキリスト教民主・社会同盟，SPD はドイツ社会民主党，FDP は自由民主党，PDS は民主社会党である。ドイツ連邦議会は，西ドイツならびに統一ドイツの議会であり，任期は４年である。ドイツは，連邦議会と連邦参議院の二院制から構成されている。歴代首相は，①アデナウアー，②エアハルト，③キージンガー，④ブラント，⑤シュミット，⑥コール，⑦シュレーダー，⑧メルケルである。網掛けは与党である。なお，1949年，1953年，1957年の各選挙の後に誕生した各政権では，網掛けを記した政党以外に，その他の諸政党が（連立）政権に参加していた時期がある。また，1965年選挙の後に誕生した CDU/CSU+FDP 連立政権（網掛け）は，1966年，連立組み替えにより CDU/CSU+SPD 連立政権（下線）となった。さらに，1980年選挙の後に誕生した SPD+FDP 連立政権（網掛け）は，1982年，連立組み替えにより CDU/CSU+FDP 連立政権（下線）となった。2017年のドイツ連邦議会選挙の結果（議席数）は，CDU/CSU が246，SPD が153，ドイツのための選択肢が94，FDP が80，左派党が69，緑の党が67である。

出所：表の作成に際して，次の情報を参考にした。
　　　・Fulbrook, Mary (ed.), *20th Century Germany* (London: Arnold, 2001), pp.197-199.
　　　・https://wahl.tagesschau.de/wahlen/2013-09-22-BT-DE/index.shtml

の方針に沿った「機会の平等」を実現するために，改革を断行し，最終的に
SPD の支持基盤である労働組合とも激突することとなった。既述した「ハル
ツ改革」と呼ばれた改革の集大成は，4 つの法案から構成され，2002〜03年の
ドイツ政治の風景を決定づけた。「機会の平等」を実現するために，雇用市場
の柔軟化が促され（多様な労働のあり方が模索された），その結果，非正規雇用が
増大した。職業訓練に重点がおかれた予算が組まれたことは，失業保険の縮減
を引き起こした。福祉国家が対象とする人々は，事実上，「機会」の獲得に労
力を惜しまない人々となった。ハルツ法（第1〜4法）は，CDU/CSU，さらに
は FDP との連携のなかで成立した。しかし労働組合からの突き上げは，シュ
レーダー政権の支持率を急落させた。2005年，SPD は連邦議会選挙で敗北
し，メルケルが新しいドイツの首相となった。

第**13**章 ユーゴスラヴィアと内戦

1 旧ユーゴスラヴィアの構造

　冷戦の終焉の後，世界が真っ先に目撃した出来事の１つがユーゴスラヴィアにおける内戦であった。冷戦が終結した後も殺戮が続く可能性があることが明らかとなったのである。複雑な民族構成からなる旧ユーゴスラヴィアの地域に，「民族自決」の原則が外部（国際社会）から投げ込まれたことによって，それぞれの民族は，自らの領域から他民族を排除することをお互いに目指した。その結果，凄惨な殺戮の現場が出現した。その過程はしばしば「エスニック・クレンジング」（ethnic cleansing）（民族浄化）と呼ばれる。

　ユーゴスラヴィアにおける内戦は，1991～99年のほぼ10年間にかけて継続された。その過程はおおよそ３つの段階（すなわち，第１段階のクロアチア内戦，第２段階のボスニア内戦，第３段階のコソヴォ紛争）に分けられる。同地域は，カトリックの影響圏，スラブの影響圏，イスラムの影響圏がちょうど接する舞台であり，それぞれの力の盛衰の過程で戦争が繰り返されてきた。

　最初に，地理的状況を概観しておこう。今日，旧ユーゴスラヴィアは６～７つの国家に分解した。第１のグループは，スロヴェニア，クロアチアであり，歴史的に，イタリア，ドイツ，オーストリアの影響を強く受けたカトリックの影響圏に属する地域であった（旧ユーゴスラヴィア時代，宗教上はおおむねカトリックであったが，クロアチアにはセルビア人が12％の割合で居住していた）。スロヴェニアにはスロヴェニア人（スロヴェニア語）が，クロアチアにはクロアチア人（クロアチア語）が存在し，文化水準は高く，クロアチアのドゥブロブニクは世界遺産としても有名な街である。旧ユーゴスラヴィア時代には，経済を牽引する産業地帯としての役割（経済的なセンター）を果たすことで，多くの富をユーゴスラヴィア経済にもたらし，政治・行政に関しては，地方分権の仕組みを望んだ。1991年以降のユーゴスラヴィア解体の際には，両国は真っ先に分離独立を

目指したグループであった。

　第2のグループは，セルビア，モンテネグロであり，歴史的にロシアの影響を強く受け，相対的にスラブの影響圏に属する地域である（宗教上は，セルビア正教会，モンテネグロ正教会である）。セルビアにはセルビア人（セルビア語）が，モンテネグロにはモンテネグロ人（モンテネグロ語）が存在し，旧ユーゴスラヴィア時代には，セルビアの中心都市ベオグラード（旧ユーゴスラヴィアの首都）が政治権力を握り（政治的なセンター），政治・行政に関しては，中央集権の仕組みを望む傾向があった。セルビアは，旧ユーゴスラヴィア解体の際に，ユーゴスラヴィアの一体性を望んだ。そうしたセルビアの方針に最後まで同調したのがモンテネグロであった（モンテネグロは2006年に国民投票によって分離独立した）。第2のグループは，最終盤までユーゴスラヴィアの一体性に固執したグループであった。

　しかし，第2のグループにはさらに複雑な要因が存在した。それは2つの自治州の存在（ヴォイヴォディナ自治州とコソヴォ自治州）であった。2つの自治州はいずれもセルビアの管轄下にあったが，ユーゴスラヴィアが地方分権の政治体制を選択したことから，それぞれの自治州は独自の政治上の権限を保有していた。ヴォイヴォディナはハンガリーの影響を受け，コソヴォはアルバニアの影響を受けた地域であった。

　第3のグループは，マケドニア，ボスニア・ヘルツェゴヴィナであり，相対的にイスラムの影響圏に属する地域である（ムスリムが多数，生活を営んでいる）。第3のグループは，ユーゴスラヴィアが解体する直前に，第1のグループ（分離独立志向）と第2のグループ（連邦維持志向）との間の仲介の役割を担い，両グループへの説得が失敗した後に，分離独立へと向かったグループであった。マケドニアにはマケドニア人（マケドニア語）が存在するが，ボスニア・ヘルツェゴヴィナには，「ボスニア・ヘルツェゴヴィナ人」も「ボスニア・ヘルツェゴヴィナ語」も存在せず，クロアチア人，セルビア人，ムスリムが共存していた地域であった。

　複雑な民族構成からなる旧ユーゴスラヴィアのなかで，最も複雑な民族構成から成り立っていたのは，ボスニア・ヘルツェゴヴィナであった。「ボスニア内戦」は，ユーゴスラヴィア内戦において最大の戦闘となった。そのなかで

も，とくに複雑な民族構成であったのが，その中心都市のサラエボであった。その事情を背景として，同地は1914年の「サラエボ事件」，さらには1990年代のボスニア内戦の舞台となった。悲劇の歴史を繰り返したボスニア・ヘルツェゴヴィナが，サラエボ事件から100年目にあたる2014年，サッカー・ワールドカップに１つの統一チームとして出場し，欧州予選を突破して（2013年），2014年６月，本大会（ブラジル）に出場した。それは，世界中から称賛された出来事であった。

　他方，マケドニアも特殊な事情を抱えていた。今日，マケドニアの正式の国名は，「マケドニア旧ユーゴスラヴィア共和国」である。マケドニアは，旧ユーゴスラヴィアからの分離独立の際に，この国名の選択を余儀なくされた。クロアチア内戦，ボスニア内戦，コソヴォ紛争と比較した際に，マケドニアの事情は，世界の関心を集めなかった。しかし同地においても，内戦への危機の兆候が指摘され，その勃発を封じ込めるために，国際連合の平和維持活動（PKO）が予防展開を実施した。危機は回避され，マケドニアは分離独立を勝ち取ったが，この時に，隣国のギリシャとブルガリアが，国名の制定について，上記の国名を選択することを要求した。太古から言い伝えられている「マケドニア地方」は，ギリシャの一部ならびにブルガリアの一部にも存在した。ユーゴスラヴィアにおけるマケドニアが，「マケドニア国」として独立することは，ギリシャならびにブルガリアの分離独立運動へと影響を与える可能性が懸念されたのである。

　このように，地理的状況を俯瞰しただけでも，ユーゴスラヴィアが複雑な状況の下に存立していたことが推測できる。この上さらに，ユーゴスラヴィアの解体には，同国特有の問題が関わっていた。すなわち，非同盟と冷戦，ヨーロッパ共同体（EC）やドイツ，国境線（国家の増加）をめぐる問題，さらにはアメリカとロシア（旧ソ連）との代理戦争の側面である。以下，それらの状況について歴史的な経緯を踏まえながら，まとめていこう。

2　74年憲法体制

　ユーゴスラヴィア解体をめぐる２つの論点は，①内戦激化の要因（なぜ内戦

は激化したのか）と，その問いを逆に問い直した次の点，②民族構成が複雑な地域が１つの国家として存立し得た要因（なぜ１つの国家としてまとまることができたのか）である。ここでは，②の点について，「74年憲法体制」というキーワードを用いて解明を試みる。また，①の点については②の点を指摘した後，ユーゴスラヴィア解体の経緯の分析を通じて探る。

　74年憲法体制とは，1974年にユーゴスラヴィアにおいて制定された憲法を基礎とした国家体制を表現した言葉である（図13-1）。それはユーゴスラヴィアが最も繁栄と安定を享受した時期の国家体制であり，分権体制を基礎としていた。74年憲法体制は，ユーゴスラヴィアの複雑な民族事情に対応するために，各民族に大幅な権限と自治を認め（分権体制），各共和国（スロヴェニア，クロアチア，ボスニア・ヘルツェゴヴィナ，マケドニア，セルビア，モンテネグロ）ならびに各自治州（ヴォイヴォディナ，コソヴォ）には，独自の憲法，裁判権，警察権，経済主権が認められた。

　さらに分権体制により作用する遠心力に対して，国家を１つに束ねるために統合の３つの柱が想定された。それは，第１に象徴としてのチトー大統領の存在であり，第２に軍事機構としての連邦人民軍（セルビア将校を主力とした）であり，さらに第３に政治機構としての共産主義者同盟であった（ユーゴスラヴィア共産党は独自の発展を遂げた後，1952年にユーゴスラヴィア共産主義者同盟と党名を改称した）。ここでは象徴としてのチトー大統領の位置づけを，簡潔に指摘しておきたい。

　チトー大統領はユーゴスラヴィアにおいて，祖国の英雄であり，その威光は第二次世界大戦時におけるナチス・ドイツとの戦いのなかで確立した。第二次世界大戦時，ナチス・ドイツ（ファシズム）の影響下におかれた東欧各地は，ソ連の助力を得ながら，ナチス・ドイツの勢力を国土から追い払った。しかしユーゴスラヴィアは独力

図13-1　ユーゴスラヴィア：74年憲法体制

チトー大統領

スロヴェニア

クロアチア

分権体制
共和国と自治州の
権限の強化

セルビア

モンテネグロ

連邦人民軍　　　　共産主義者同盟

ボスニア・ヘルツェゴヴィナ　　マケドニア

（自力）でナチス・ドイツの勢力を国土から駆逐することに成功した。チトーはその中心で活動し，パルチザンを統率した。その際，複雑なユーゴスラヴィアの諸民族を結集した旗印（シンボル）が，「反ファシズム」の理念であった。こうして，反ファシズム，パルチザン，そして，チトーは，戦後のユーゴスラヴィアの再建におけるアイデンティティの中心を構成したのである。

　ナチス・ドイツの勢力を追い払った地域には，民族解放委員会が設置され，それを連結した組織がユーゴスラヴィア解放全国委員会の創設を決定し，その議長にチトーが選出された。1953年に大統領となったチトーの立場は，1974年の憲法によってさらに強められ，ユーゴスラヴィアの繁栄と安定を象徴する存在となった。チトーは冷戦初期に，東欧における独自の外交構想を追求したことからスターリンと対立し，1948年，ユーゴスラヴィアはコミンフォルムから除名された。1940年代後半から1950年代初頭，「ソ連・東欧圏」において粛清が激化すると，各国の支配的な指導者は，自らの政敵に「チトー主義者」の烙印を押して排除した。ユーゴスラヴィアは独自の外交方針を追求し，非同盟の立場を確立した。また，ソ連・東欧圏で追求された「スターリン主義」（ソ連型社会主義）の要素とは異なる社会主義経済体制として，「労働者自主管理」の実現を目指した。

　しかし統合の柱のなかの2つは，1990年までに相次いで崩れた。1980年，チトーは他界し，1990年，東欧革命の影響を受けるなかで共産主義者同盟は分裂し，事実上，消滅することとなったのである（セルビア将校を中心とした連邦人民軍が，唯一，存続することとなった）。

3　ユーゴスラヴィアの解体──クロアチア内戦

　ユーゴスラヴィアの解体は，冷戦後のヨーロッパにおける最大の地域紛争となった。危機の兆候は，北大西洋条約機構（NATO）内部において，1987年に分析が進められていた。それはセルビア内部から急進的な民族主義運動が台頭し，ミロシェビッチがセルビア共和国幹部会議長に就任（1987年）した時期であった。

　内戦へと至るユーゴスラヴィアの道程には，多様な潮流が存在するが，内戦

の勃発に決定的な影響を与えた2つの要因は，冷戦の終焉（国際問題）と，ミロシェビッチによる憲法の修正（国内問題）であった。

　冷戦の終焉は，ユーゴスラヴィアの立場を揺さぶった。社会主義に代わる西側のシステム（資本主義）への接近が現実のテーマとして浮上したのである。冷戦の終焉により，東欧各地では，社会主義体制の再編過程が始まった。外部（ソ連）から適合を強制された社会主義（「スターリン主義」）の体制が相次いで崩壊したのである。これに対して，ユーゴスラヴィアにおける再編過程は，自らが作り出したシステムが内部分裂する過程となった。ヨーロッパの1990年代は，「西の統合」と，「東の解体」と表現される。国際社会の変化（冷戦の終焉）が，国家の存立の基盤も変えたのである。

　しかし冷戦終焉以前にユーゴスラヴィアでは，ミロシェビッチにより，分権体制から集権体制へとシステムの変更が試みられていた。第二次石油危機（1979年）の余波を受けたユーゴスラヴィアの経済は低迷し，コソヴォでは住民による暴動（1981年）へと発展した。その際，セルビアは「74年憲法体制」が自治州に大幅な自治の権限を認めていたことから，コソヴォの暴動に直接，関与することができなかった。この事件を1つのきっかけとして，コソヴォに住む多数のアルバニア人と，セルビア人との関係が急速に悪化した。この状況を踏まえてミロシェビッチは74年憲法体制の修正を呼びかけることで支持を獲得し，1987年，セルビア共和国幹部会議長に就任し，1988年11月，共和国と自治州の権限を縮小させる憲法の修正案を連邦議会で可決させた。スロヴェニアとクロアチアは，これに反発し，分離離脱への傾向を強めることとなった。すなわち，経済的な先進地域であったスロヴェニアとクロアチアは，集権化の過程で，自らが生み出す富がセルビア（ならびにユーゴスラヴィア）の首都ベオグラード（政治の中枢）へと，吸い上げられる可能性を危惧し，分離独立の方針を検討し始めたのである。

　この2つの要因を中心としつつ，国際社会の対応がユーゴスラヴィアの危機を増幅させた。バチカンは，スロヴェニアとクロアチアを再びカトリックの影響圏へと取り戻すためにシグナルを送った。欧州共同体（EC）は，スロヴェニアとクロアチアの分離独立に理解を示し（1992年4月），統一後のドイツも，「民族自決」の原則から，スロヴェニアとクロアチアの分離独立を支持した。国際

社会からのメッセージが，スロヴェニアとクロアチアの政策過程において，分離独立を促す作用を与えていた。そしてひとたび内戦が勃発すると，ロシアがセルビア側を支援し，アメリカがクロアチア側（ならびにムスリム側）を支援し，旧ユーゴスラヴィアにおける紛争は米露間の代理戦争の様相も呈し始めた。その上，北大西洋条約機構（NATO）が介入する段階に入ると，軍事的介入の正当性（国際法との整合性）が問われるようになった。

　1991年6月，スロヴェニアとクロアチアは分離独立を宣言し，その阻止を目指すセルビアとの衝突が始まった。ここに，ほぼ10年間に及ぶユーゴスラヴィア全域へと拡大した内戦の火蓋が切って落とされたのである。セルビアは連邦人民軍を指揮下におき，ユーゴスラヴィア各地の分離独立の阻止を目指した。10日間にわたるスロヴェニアにおける戦争（「10日間戦争」）は，スロヴェニアの勝利に終わり，スロヴェニアはユーゴスラヴィアからの最初の独立国となった。

　これに対してクロアチアにおける内戦は長期化した。クロアチアでは，民族主義を前面に打ち出したトゥジマンが指導者として「クロアチア化」を目指した。クロアチアをクロアチア人のために組み替えること（クロアチア化）を追求したトゥジマンの政策には，排外主義的な傾向が含まれ，クロアチア内部に居住する少数のセルビア人（人口の12％）が，自らの生活圏に危機が及ぶ感覚を抱いたのである。その結果，生活圏を防衛する目的で，1990年9月，自治区（「クライナ・セルビア人自治区」）を創設し，隣接するセルビアに保護を求めた。1991年6月，クロアチアは独立宣言に踏み切り，1991年9月，セルビア指揮下の連邦人民軍がクロアチアの部隊と衝突し，内戦が開始された（1万2000人の死者）。1991年12月，停戦が合意されクロアチアの独立が既成事実となり始めると，クロアチアに居住していたセルビア人は，自治区を共和国（「クライナ・セルビア人共和国」）とすることを宣言した（その法的地位は不明確であった）。クロアチア内戦をめぐり国際連合が調停に関与したが，1995年，クロアチアが攻勢を強め，内戦はクロアチアの勝利に終わった。内戦の過程で，クロアチアに居住していたセルビア人の大半は一掃され，難民となって近隣の地域へと流出した。

　スロヴェニアとクロアチアの展開に続いて，マケドニアと，ボスニア・ヘル

ツェゴヴィナも独立宣言に向かった。マケドニアは1991年11月，ボスニア・ヘルツェゴヴィナは1992年3月に，相次いで独立宣言に踏み切った。これにより，ユーゴスラヴィアにおける内戦の第2段階（ボスニア内戦）の火蓋が切って落とされた。ボスニア・ヘルツェゴヴィナの民族構成は，クロアチア人15%，セルビア人30%，ムスリム45%であった。1992年4月，ボスニア・ヘルツェゴヴィナにおいて内戦（ボスニア内戦）が勃発し，それは，20万人の死者，250万人の難民を出し，旧ユーゴスラヴィア紛争における最大の激戦となった。

　3つの民族が相互に対立する構図（ボスニア内戦）は，やがてアメリカの支援を受けたクロアチアとムスリムの勢力と，ロシアの支援を受けたセルビアの勢力との間の紛争へと移行した。米露の代理戦争の様相を呈するなかで，ボスニア・ヘルツェゴヴィナ全土は破壊され，250万人の人々が故郷を追われた。

　難民の大半はドイツへと向かった。統一直後のドイツは難民の流入により社会不安が増大し，ドイツ社会の不安定化は，ヨーロッパ各国の外交政策の方針も揺さぶった。それによりヨーロッパ統合（EC/EU）における共通外交・安全保障政策（CFSP）の機能の強化が検討された。

　アメリカは和平を模索し，NATOによる空爆が実施され，また国際社会の関与により停戦が一時的に実現された。しかし停戦期間が過ぎると，再び内戦が開始され，停戦と内戦が繰り返された。ボスニア・ヘルツェゴヴィナの全土では，街が破壊され，道路が寸断され，孤立した集落が点在する状態が生まれた。そして，そうした集落のなかの1つにスレブレニツァという村があった。1995年7月，スレブレニツァをセルビアの部隊が包囲した。当地には，平和維持活動（PKO）の部隊（オランダ部隊）が派遣されていた。しかし，スレブレニツァの住民（ムスリム）を防護していたオランダ部隊（軽装備）は，セルビア部隊（重装備）の侵攻を阻止する上で，十分な装備を保持していなかった。オランダ部隊はセルビア部隊の侵攻に対応することができず，その過程で，スレブレニツァの8000人の住民（ムスリム男性）がセルビア部隊により連行された。これらの人々の大半は，その後，虐殺死体として発見された（「スレブレニツァの大虐殺」）。

　スレブレニツァの大虐殺は，ヨーロッパにおいて，ホロコースト以来の虐殺事件となった。その事件は，国際世論を揺さぶり，それ以前にも国際社会のな

かで高められていたセルビアの負のイメージをいっそう増幅させた。それと同時に，大虐殺を予防するための軍事的・外交的教訓を欧米の戦略に与え，それは，後にコソヴォ空爆を正当化する際の指針の1つとなった。

　スレブレニツァの大虐殺の後，アメリカのクリントン政権は，ボスニア内戦の解決のために，国際的なリーダーシップを発揮することを目指した。1995年11月，オハイオ州のデイトン空軍基地に，ボスニア内戦の当事者であった3勢力のリーダー（ボスニア大統領のイゼトベコビッチ，セルビア大統領のミロシェビッチ，クロアチア大統領のトゥジマン）をクリントンは招集し，和平会議を開催したのである。これによりデイトン合意がまとめられ，その成果により，「ボスニア内戦」は終結した。デイトン合意では，①ボスニア・ヘルツェゴヴィナを1つの「主権国家」として存続させること，②「ボスニア連邦」（クロアチア人とムスリム）（国土の51%）と，「セルビア人共和国」（セルビア人）（国土の49%）を承認すること（2つの政体の承認），について合意された。

4　コソヴォ紛争

（1）アルバニア人とセルビア人

　コソヴォ紛争はユーゴスラヴィア内戦において第3の段階に位置づけられる。そこでは国際法の問題が問われた。というのも，北大西洋条約機構（NATO）が国際連合の安全保障理事会決議を得ないで空爆を実施したためである。その上，コソヴォ空爆には軍事的国際貢献に慎重な姿勢を示してきたドイツが参加し，また空爆の時期はNATOの機構改革がまとめられた直後であった。これらの点から，ここでは，コソヴォ紛争，ドイツの軍事的国際貢献，NATOの機構改革の視点から分析を進める。

　コソヴォ自治州の民族構成は，アルバニア系住民が9割，セルビア系住民が1割を占めていた。対立の図式は，コソヴォ自治州の分離・独立を主張する「コソヴォ解放軍」（KLA）を中心としたアルバニア人勢力と，その阻止を目指したセルビアであった。

　コソヴォはセルビア人の聖地であり，またアルバニア人の聖地でもあった。セルビア人の覇権主義（大セルビア主義）とアルバニア人の覇権主義（大アルバ

ニア主義）が衝突する舞台でもあった。セルビア人とアルバニア人の対立は中世に起源があり，歴史的な不信感がコソヴォ紛争の根底にあった。

　1988〜89年，「74年憲法体制」の修正を通じて，セルビアを中心とした統制の強化を目指したミロシェビッチは，他の共和国と同様に，コソヴォ自治州の自治権の制限も追求した。コソヴォではこれに反発する暴動が発生したが，セルビアは軍隊を通じてそれを鎮圧した。コソヴォ自治州のアルバニア人は不満を高め，自治州を共和国の段階へと引き上げることを目指した。これに対してセルビアはコソヴォ自治州の政府と議会を解散させた。さらに，1990年９月，セルビアはコソヴォ自治州の自治権を剥奪し，アルバニア語の使用を制限した。コソヴォのアルバニア人は，教育や医療を受ける機会も制限された。

　危機的なコソヴォの状況のなかで，アルバニア人の不満を制御し，平和路線を進めていたコソヴォのリーダーはルゴバであった。ルゴバは凄惨なボスニア内戦がコソヴォへと飛び火しないように平和路線を求めていたのである。しかしその結果，国際社会の関心を集めることに失敗し，デイトン合意（ボスニア内戦の和平会議）にルゴバは出席できなかった。この段階の後，コソヴォでは武装組織「コソヴォ解放軍」（KLA）が，セルビア治安部隊との闘争へと向かうこととなった。

　1998年２月，セルビア治安部隊がKLAの掃討を開始した。国際社会は外交交渉を通じた事態の鎮静化を図ったが，紛争は長期化の様相を呈し，1999年３月24日，NATOは空爆へと踏み切った。

（2）冷戦の終焉と新戦略概念——ドイツとNATO

　コソヴォ紛争への対応をめぐり，ドイツはNATOの一員として空爆に参加した。その際，軍事的貢献への制約が厳しいドイツはコソヴォ問題（紛争，空爆，復興）に対して，アメリカとの同盟と「シビリアン・パワー」外交に基礎をおいた。

　ドイツのコソヴォ紛争への対応過程には３つの特徴があった。第１に，敗戦国として軍事的貢献に制約を自国に課してきたドイツが，1945年以来，初めて主権国家に対する攻撃的な軍事作戦に参加したこと。第２に，その軍事作戦（コソヴォ空爆）は，国際連合の安全保障理事会決議を得ないまま，NATOの自

己委任に基づいて実施され，それゆえ国際法体系から大きく逸脱する軍事作戦であったこと。第3に，それまで平和路線を主張してきたドイツ社会民主党（SPD）と，同盟90・緑の党（「緑の党」）の連立によるシュレーダー政権（「赤・緑」連立政権）が，この軍事作戦に対応したことである。

　ドイツは戦後，東西に分裂し，それぞれのドイツがNATOと，ワルシャワ条約機構（WTO）の加盟国となることで否応なしに軍事問題に関与してきた。しかし西ドイツ（冷戦期）は基本法（憲法）第24条2項において，「平和維持のために，連邦は，相互集団安全保障機構に加入することができる」と定めたものの，自国の軍事行動の範囲を，「NATO域内」に制限する憲法解釈を貫いた。

　この原則が冷戦終焉後，東西ドイツが統一されたことにより変化した。すなわちドイツは大国として相応しい軍事的貢献をすることで，欧州の平和に寄与することが重要であるとの立場が，保守系のコール政権（キリスト教民主・社会同盟）（CDU/CSU）により前面に打ち出されたのである。この立場は1994年に憲法裁判所の判定により基礎づけられ，ドイツは「NATOの域外」への軍事的貢献にも国会の承認を前提として関与する，とされた。「NATOの域外」に位置したコソヴォはボスニア・ヘルツェゴヴィナに続き，これらドイツの軍事的貢献の論理転換に際しての重要な試金石となった。そしてドイツの軍事的貢献の論理転換は次にみるように，NATOの論理転換から大きな影響を受けていた。

　1999年3月に開始されたコソヴォ空爆は，NATOの「新戦略概念」の採択（4月，ワシントン首脳会議）と時期的に重なっていた。冷戦の終焉によりNATOは，組織の存続意義を再定義し，ヨーロッパの国家間関係の安定のために予防措置を講じることを自らの使命の1つとした。すなわち「NATOの域外」であっても，「人権」侵害などの理由で，ヨーロッパの安全保障に不安定な要因をもたらす可能性があると認識された場合，「ケース・バイ・ケース」で，国家の「主権」の壁を超えて，当該地域の「人権」問題の解決に積極的に取り組む，とされたのである。「人権」の論理が，「主権」の論理に優位する場合もあるとされたこれらの論理転換の趣旨は，NATO創設50周年の機会に，「新戦略概念」の柱の1つとして体系化された。それは，ポスト・ウェストファリア的な兆候でもあった。

　しかしコソヴォ空爆に対するNATOの論理に対して，自国の「人権」問題への介入の口実を提供することを恐れたロシアは鋭く反発した。ここからコソヴォ空爆は，国連安保理決議を得ないで（国連安保理において，ロシアが拒否権を行使する可能性があったため），NATOの自己委任による空爆へと向かうこととなったのである。それによりコソヴォ空爆は，国際法という正統性を欠如した軍事作戦となった。

（3）シュレーダー政権とシビリアン・パワー

　ドイツにおいてコソヴォ紛争の対応に直面したのが，1998年に誕生したシュレーダー政権（SPDと「緑の党」の連立政権）であった。保守政権から革新政権へと政治勢力の配置が入れ替わる過渡期に（1998年10月16日），コソヴォ問題への対応が審議され，賛成503票，反対63票（投票総数584）により，ドイツがNATOの一員としてセルビアへの武力行使に参加することが決定された。

　平和路線を追求してきた革新系のSPDと，「NATO解体論」を主張していた環境政党「緑の党」が，紛争の解決策として空爆に踏み切ったことは，両政党ともこれまでの基本路線から外れていた。空爆は79日間に及び，ドイツはトルネード戦闘機14機を参加させた（約500回の出撃回数）。国連安保理決議を得ないで実施されたこの空爆は，事実上，セルビアという「主権」国家への攻撃となり，戦争の是非のみならず，国際法体系そのものを根底から揺さぶることとなった。

　シュレーダー首相ならびにフィッシャー外相は，一方でコソヴォにおける「人権」問題をこれ以上放置することはできないとの立場から，コソヴォ空爆を承認した。他方で，空爆の間に，フィッシャー外相は，米・露・独・EUの外交交渉の実現に向けて関係各国を訪問し，さらには，空爆後のバルカン地域の再建構想として，「南東欧安定協定」（南東欧地域の民主化の推進（紛争の抑止）や，経済復興の援助を目的として，38カ国18機関の参加により，1999年6月10日，採択）の策定を提案した。空爆がNATOさらにはアメリカとの同盟に基軸をおいていたとすれば，フィッシャー外相によるコソヴォ問題への取り組みは，「シビリアン・パワー」外交の一環であった。

　1999年9月2日，ベルリンにおいてシュレーダー首相はコソヴォへの対応外

交について次のように総括した。「今回はじめて——少なくとも20世紀はじめ
て——ドイツ兵が，真に欧州の価値のために戦った。そしてそこには次のよう
な違いがある。すなわち，分別を失ったナショナリズムのためではなく，諸外
国の征服のためではなく，あるいは戦略的関心の追求のためではなく，むしろ
最高の目標の１つ，すなわち人命の救助と人権の確保のために，ドイツ兵は
戦ったのである」(Schröder, 2000)。ここでシュレーダー首相が「人権」概念に
力点をおいていたことは，ドイツがシビリアン・パワーを，コソヴォへの対応
外交の基礎に据えていたことと関連していた。

　シビリアン・パワーとは，国家主義や，単独主義，さらには主権への固執よ
りも，多角的協調主義（多国間主義），制度構築，超国家機構への統合に力点を
おいた考え方である。そして，軍事力の使用を抑制し，法の支配と，紛争の平
和的解決，さらには人権を強化することで，国際関係を「シビリアン化」して
いくことを目指している。

　ハイド＝プライスによれば，ドイツのコソヴォへの対応外交は，次の３つの
点によって動機づけられていたとされる。すなわち，第１に，NATO の忠実
な同盟国として，さらにはアメリカのパートナーとして，ドイツの信頼性を示
す必要。第２に，ドイツや EU へと向かう難民の波を阻止する必要。そして第
３に，「エスニック・クレンジング」や人権侵害の拡大に対応するための規範
的動機である。この第３の点は，迫害の犠牲者を守る際に，多角的に行動する
ことで（多国間主義），シビリアン・パワーとしてドイツが貢献することを意味
していた，とされる (Hyde-Price, 2000)。

　コソヴォにおける「人権」問題の解決のために，多国間主義の方式に則り，
ドイツが対応する，という図式を作ることで，コソヴォ問題とドイツ外交が，
シビリアン・パワーを仲介として接合されたのである。それは指導者の世代交
代にも影響されていた。シュレーダーやフィッシャーといった，学生運動や政
府に対する抗議行動を政治活動の原点とする，いわゆる「68年世代」にとって，
「人権」は政治信条の核を成していた。

　空爆が，NATO ならびにアメリカとの同盟を基礎としていたとするなら
ば，紛争解決に向けたフィッシャー外交（米・露・独・EU の外交交渉，ならびに
南東欧安定協定）は，シビリアン・パワーを基礎としていた。コソヴォ問題に

際して，ドイツは，この２つの柱を基礎に据えて対応し，成果を上げた。もっとも国連安保理決議の欠如した空爆，という軍事作戦の是非をめぐっては，後にフィッシャー外相がコソヴォ空爆の「例外的」性格を強調せざるを得なくなったように，国際的に危険な前例を生み出した可能性もある。しかし空爆により，コソヴォ問題を発火点として，ヨーロッパ全域が不安定化することは最終的に阻止された。

　空爆後，2006年にモンテネグロが独立した。これにより旧ユーゴスラヴィアは６つの主権国家へと分裂した。旧ユーゴスラヴィアにおける武力紛争は止み，ヨーロッパは安定へと向かった。南東欧安定協定をはじめとした多国間主義の網の目に組み込まれることによって，コソヴォの状況も改善された。

　しかしコソヴォの地位をめぐっては，米欧とロシアとの間で外交紛争が続いている。コソヴォの独立に積極的な米欧に対して，ロシアは現状維持に固執し続けている。2008年，コソヴォは独立を宣言したものの，その独立を承認する国家と，承認しない国家とに分裂している。2017年１月現在，コソヴォを承認した国家は107カ国である。セルビア，ロシア，中国はその独立を承認していない。

第**14**章 「9.11テロ」とアメリカ外交の諸相

1 アメリカと冷戦後世界

　冷戦の終焉は，資本主義の勝利と，アメリカの勝利をもたらした。しかし，冷戦終焉以降の世界では，資本主義ならびにアメリカへの疑義と反感が渦巻き，幾重もの挑戦が繰り返されている。第14章では，冷戦終焉以降，今日に至るまでの国際政治の動向を特徴づけている「アメリカの時代」の課題と行方について分析しよう。

　冷戦の勝者となったアメリカのブッシュ大統領（第41代）（共和党）が新しい時代に最初に直面した外交課題は，湾岸危機とソ連の崩壊であった。1990年8月2日，東西ドイツの統一（10月3日）が目前に迫っていた時期に，イラクのフセイン政権がクウェートに侵攻した。

　イラン＝イラク戦争（1980～88年）の結果，戦費が増加したイラクは，クウェートの石油利権を収奪することにより国力の回復を狙っていた。国際社会はアメリカを中心としてイラクにクウェートからの撤退を要求した。国連安全保障理事会は，イラク撤退の期限を1991年1月15日に設定した。フセインはこれを拒否し，16日，アメリカを中心とした多国籍軍は，イラクへの攻撃（湾岸戦争）を開始した。

　「湾岸戦争」（Gulf War）は，戦場にメディアが同行し，現場（戦場）の様子がリアルタイムでアメリカ（さらには世界各国）へと伝えられた戦争であった。さらに西欧文明（アメリカ）とイスラム文明（イラク）が対決する印象を浮かび上がらせた。その印象は，ハンティントンによりまとめられた『文明の衝突』（1996年）の構図と酷似していた。アメリカならびに国際社会は，冷戦終焉後も，紛争が依然として続くことを知ったのである。その上，『文明の衝突』の世界観の影響も受け，イスラム世界への過剰な関心が広まった。

　さらに，ソ連の崩壊（1991年12月）はアメリカ外交のバランスを崩した。ア

メリカは自国に匹敵する構造物をソ連と捉え，ソ連を仮想敵国と捉え，外交方針を制御してきた。冷戦の終焉は，アメリカにとってそれまでの自国の外交を再検討する機会をもたらしたのである。すなわち，ソ連の崩壊により生じた中央アジアにおける「力の空白」（不安定化），ウクライナが国際兵器市場へと大量に流出させたソ連製兵器，ソ連が消滅したことによる核戦略の見直し，ソ連を仮想敵国とした NATO の役割の再定義，アメリカ軍産複合体における軍民転換の試みである。

　しかしアメリカは，このいずれに対しても「答え」を冷戦終焉以前に準備していなかった。冷戦終焉後の危機への対応過程のなかで，アメリカは現状に引きずられる形でこれらの問題に一つ一つ対応していったのである。

　その上，アメリカの国内課題は，いっそう深刻な問題となっていた。「双子の赤字」（財政赤字と貿易赤字）として知られる冷戦後のアメリカの経済危機は，アメリカの冷戦後の方針を方向づけた。財政赤字は，ソ連を仮想敵国として進められた軍備拡大路線のなかで激増した。とくに「新冷戦」（New Cold War）のなかで軍拡競争を推し進めたレーガン政権期に，その傾向が生じた。また巨額に上った貿易赤字は，自由貿易体制のなかで，そこに生存の基礎をおく国々に応分の負担を求めることとなった。とくに対象となった国が日本であり，日本の自動車産業により国内市場が席巻されていることを危惧したアメリカでは，「日本叩き」（ジャパン・バッシング），あるいは日米貿易摩擦（貿易戦争）の傾向が強まった。日本は自由貿易体制に「ただ乗り」しているとする論調（フリーライダー論）が拡大した。しかし，そうしたアメリカ国内の声は，日本が空前の大不況に突入したことで，次第に収束していった。1989年に「バブル」が崩壊した日本経済は，1990年代を通じて徐々に競争力を失い，「失われた20年」とされる停滞の時期に入ったのである。他方，アメリカはクリントン政権の下で，経済の立直しを進めた。

2　クリントン政権（民主党）

　新たに誕生したクリントン政権はこれらの課題（外交問題と経済問題）において，とくに経済の立直しを追求した。その際の特徴は次の2点であった。第1

に，新しい産業の開拓（収入の増加）を進めた点にあり，第2に，軍事支出の抑制（支出の削減）を達成した点であった。新規産業の開拓については，ゴア副大統領が策定した「情報スーパーハイウェー構想」に基づき，アメリカ全土における情報インフラ基盤の創出が目指された。アメリカ全土に光ファイバ通信網を整備する同計画は，インターネットに関わる環境の整備と向上を促し，新しい産業形態の創出を促す構想であった。もっとも同計画は，巨費を投じる必要があり，予算の問題から政府は途中で計画推進を断念し，民間によるインターネットの普及へと移行することとなった。その過程で，マイクロソフト，あるいはアップルなどの会社が巨大な企業へと発展し，インターネットやエレクトロニクスに関わる研究と開発を推進するシリコンバレー，またグーグルやアマゾンなどのインターネットを基礎とした新しい会社が次々と登場し，アメリカ経済を回復軌道へと乗せた。

　他方，軍事支出の抑制の点においては，クリントン政権が国際連合を中心とした国際協調に基づく外交政策を進めたことから，アメリカは自ら大規模な戦争を発動する（ないしは国際紛争へと引き込まれる）シナリオを回避することができた。クリントン時代の軍事行動は，ソマリア内戦，あるいはコソヴォ紛争などの地域紛争（内戦）への関与であった。ソマリア内戦では米兵は犠牲を強いられたが，限定化された地域紛争は，その後，アメリカが関与したアフガニスタン戦争（2001年10月），ならびにイラク戦争（2003年3月）との比較において，戦費を抑制させた。アメリカは軍事支出の増額を抑制することに成功し，クリントン時代に経済の立直しに成功した。

3　ブッシュ政権と「9.11テロ」

　2000年，激戦となったアメリカ大統領選挙において，ブッシュ（第41代大統領ブッシュの長男）が勝利した。対立候補のゴアが獲得した選挙人の数とは僅差であった。フロリダ州の開票結果により結果が左右されるという，大統領選挙史上，稀に見る接戦となり，開票結果には多くの疑義も投げかけられた。

　ブッシュ政権（2001年1月〜2009年1月）の発足時，アメリカは冷戦の勝者として自由主義への信頼を高め，またクリントン時代に進められた経済の立直し

により，好景気に沸いていた。その時に発生したのが「9.11テロ」であった。

　2001年9月11日，アメリカで4機の旅客機がハイジャックされ，1機目が世界貿易センタービル（北棟）に，やがて2機目が世界貿易センタービル（南棟）に激突した。世界貿易センタービルでは火災が発生し，ガラスは砕けた。高層階に取り残された人々を救出するために消防士が救助に向かうなかで，南棟が倒壊，続いて北棟も倒壊し，都市機能は瓦礫と埃で麻痺した。同じ頃，ハイジャックされた3機目が国防総省（ペンタゴン）へ，4機目は乗客の抵抗によりペンシルベニアの原野に墜落した。小学校を訪問していたブッシュ大統領は，側近から事件の発生を伝えられ，直ちに避難した。

　「9.11テロ」では死者は3000人を超え，その惨事は，報道機関によって世界中に伝えられた。間もなく1人の顔写真（ビン・ラーディン）と，国際テロ組織アルカイダによる犯行の可能性が高いことが伝えられた。世界中の人々は，世界貿易センタービルが倒壊する映像と，ビン・ラーディンの顔写真，さらには国際テロ組織である「アルカイダ」の名前に関する情報を，繰り返し伝えられた。

　こうして「対テロ戦争」が始まった。廃墟となった世界貿易センタービルの跡地に立ったブッシュ大統領は，「対テロ戦争」の遂行を繰り返し呼びかけた。アメリカ国民は熱狂的に呼応し，ブッシュ政権は，アフガニスタン戦争へと突き進んだ。

　アフガニスタン戦争の大義は，現地を実効支配していたイスラム原理主義組織タリバンが，ビン・ラーディンをかくまっているという点にあった。ビン・ラーディンの身柄引き渡しに関わる要求を拒絶したタリバンに対して，アメリカが戦争を開始したのである。2001年10月7日，アフガニスタン戦争（「不朽の自由作戦」）が開始され，表面上，アメリカは短期間で圧勝した。12月には，カルザイを中心としたアフガニスタン暫定行政機構が発足した。しかし，山岳地帯の奥地へと逃げ込んだタリバンは，報復テロを繰り返し，占領行政は難航した。その上，ビン・ラーディンは発見されなかった。

4　アメリカ外交とイラク戦争──ユニラテラリズム

　アメリカは，さらに，イラクへと戦争の範囲を拡大した。アメリカ国内ではテロへの恐怖が高まっており，そうした国民の不安心理が，ブッシュ政権に「ユニラテラリズム」（単独行動主義）の傾向を促した。ブッシュは，イラク戦争に関わる戦争の正義を，①フセイン政権が大量破壊兵器を隠し持っていること，ならびに，②フセイン政権と国際テロ組織アルカイダが連携していることに求めた。危機的状況においてはアメリカには先制攻撃も許されるとする指針をまとめ，その「先制攻撃」論は，「ブッシュ・ドクトリン」とも呼ばれた。さらに，アメリカには中東諸国を「民主化」する国際的な道義的義務があり，イラク戦争の結果，イラク国民がフセインによる独裁体制から解放され，「民主主義」の体制を確立すれば，イラクの繁栄と，さらには中東の安定化をもたらす，とされた（「拡大中東民主化構想」）。さらに，第一次世界大戦後の戦間期に英仏が進めた「宥和政策」がヒトラーを増長させ，第二次世界大戦を防げなかったとして，ブッシュ政権はそこからもイラク戦争の正義を引き出した。すなわち，ヒトラーとフセインとを重ね合わせることで，戦争の正当化を図ったのである。

　ブッシュ政権の外交は，共和党の伝統に方向づけられた側面も存在した。レーガン政権（共和党）がソ連を「悪の帝国」と表現したように，ブッシュ政権は2002年 1 月，一般教書演説で，イラク，イラン，さらには北朝鮮を「悪の枢軸」と表現した。仮想敵国にシンプルな輪郭を与える姿勢は，しかしながら国際社会から共感を得ることができなかった。その上，アメリカのイラク戦争への大義は揺らいだ。というのもアメリカは，イラク国内に隠されているとする大量破壊兵器の存在を確認できず，またフセイン政権とアルカイダとのつながりについても証拠を示すことができなかったのである。明白な証拠を得るために，国際社会ではイラク国内の査察を要求する声が高まった。

　こうして2002年11月 8 日，国連の安全保障理事会において，査察を求める決議1441号が採択された。イラクには関連内容に関わる申告が義務づけられ，国際連合を中心として査察チームが結成され，イラクにおける大量破壊兵器の存

在に関する調査が開始されたのである。しかし，国連は明確な結果を出せな
かった。それと同時に，査察時のイラクの非協力的な対応，また，イラクの申
告に虚偽の内容があることが指摘された。

　この結論を踏まえて，アメリカは軍事行動に踏み切る姿勢を示した。他方，
ドイツ（シュレーダー政権），フランス（シラク政権）は，国連の査察を継続する
ことを求めて，アメリカの行動を非難し，戦争の開始に反対した。イギリス
（ブレア政権）は，アメリカの軍事行動を支持した。国際社会のアメリカ外交（共
和党）への賛否が分裂するなかで，アメリカのユニラテラリズム（単独行動主義）
の傾向が際立った。

　2003年3月20日，イラク戦争（「イラクの自由作戦」）が開始された。圧倒的な
軍事的テクノロジーを誇るアメリカ部隊がイラク国内へと侵攻し，短期間でイ
ラクを制圧した。バグダッドへの侵攻の後，5月1日，ブッシュは戦争終結を
宣言した。12月，フセインは拘束された（2006年12月，死刑が執行された）。

　しかし，その後，大量破壊兵器は見つからなかった。2004年10月，アメリカ
の調査団は，イラクに大量破壊兵器は存在しない，とする最終報告を提出し
た。その上，フセイン政権とアルカイダとを結びつける証拠も見つからなかっ
た。2008年3月，アメリカ国防総省は，フセインとアルカイダの関係を示す決
定的証拠はない，とする報告書をまとめた。戦争の大義が崩れるなかで，アメ
リカ国内では，ブッシュ政権の進める占領行政への非難が高まった。イラク国
内では報復テロが繰り返され，治安は悪化し，そうしてイラク戦争はイラクを
中心として，テロの連鎖が中東各地へと拡大する原因の1つを生み出した。こ
の後，イラクとシリアをつなぐ地域から，「イスラム国」が出現することとなっ
た。

　フセイン政権が崩壊した直後，イラク国民の一部はそれを歓迎した。アメリ
カはそこにイラクの「民主化」の可能性を期待したが，イスラム世界と「民主
主義」とが十分に適合し得るかどうか，その分析は不十分であった。その上，
アメリカが求めた「民主主義」は，ヨーロッパ型の「社会民主主義」ではなく，
アメリカ型の「自由民主主義」であった。イラクと「民主主義」の接合の問題
が解決しないなかで，イラクの不安定化は進み，報復テロは続いた。「民主主
義」の世界化を国家戦略の一環としたブッシュ政権の対外行動は，『デモクラ

シーの帝国』としてのアメリカ像を世界に印象づけた。

5　リーマン・ショック

　イラクの占領行政が難航するなかで，アメリカは深刻な経済危機に直面し始めた。そこには2つの要因が存在した。1つ目の要因は，クリントン政権が一時的に解決した「双子の赤字」の再燃であった。イラク戦争の遂行に関連した軍事支出の増加は，アメリカ経済に伸しかかった。イラク戦争は，ヴェトナム戦争の戦費を超えてしまったのである。それは財政赤字が増加させた。さらにイラク戦争は中東を不安定化させ，その影響が原油価格を急騰させた。その結果，石油を確保する上で，アメリカの貿易赤字は増大した。また，原油の供給不足への不安から，原油市場へと投機マネー（オイル・マネー）が流れ込み，原油価格を高騰させた。それは世界各国のエネルギー（資源）供給経路に部分的な修正を迫り，ロシアの天然ガスへの依存を高める要因ともなったのである。

　経済危機の2つ目の要因は，「金融工学」に由来した，特殊な金融商品の開発にあった。低所得者層向けの金融商品が開発され，それは，「サブプライム・ローン」（証券）として発売された。回収の見通しが不確実な社会層にも貸付を行うサブプライム・ローンは，ハイ・リスク，ハイ・リターンの金融商品として販売された。実際には，サブプライム・ローンは，優良（安全）な金融商品（したがって，ロー・リスク，ロー・リターン）と一緒に混ぜ合わされて販売された。そうした混合の手法が，金融工学として注目を集めた。しかし，金融商品の欠陥はすぐに表面化した。サブプライム・ローンを通じて，低所得者は住宅を購入し，一時的に住宅関連市場は活況を呈したが，やがて返済の見通しがつかない状況が発生し始めると，巨額の不良債権が積み残されることとなったのである。信用収縮が拡大し，世界金融危機が始まった。アメリカ社会の底辺から深刻化し始めた経済問題は，2008年，巨大証券会社リーマン・ブラザーズの破綻によって頂点に達した。「リーマン・ショック」によって，世界の金融市場もダメージを受け，その余波は世界中に拡散した。

　リーマン・ショックへの関心が高まるなか，アメリカでは，「Change」を合言葉に掲げたオバマが，2009年1月，大統領に就任した。ブッシュ政権が，政

権終盤にハリーケン（カトリーナ）災害に直面するなど，支持率を急落させて
いたことから，オバマ政権の誕生は，当初，歓迎された。オバマには，アメリ
カ経済の立直し，不安定化する中東問題への対応，アメリカ国内に出現し始め
た新しい「格差の構造」への取り組みが期待された。しかし，解決への取り組
みは難航した。

6　オバマ政権と「イスラム国」の台頭

「リーマン・ショック」により金融危機が発生し，一時的に通貨への信用が
低下した。というのもアメリカは，金融危機に伴う景気後退を量的緩和政策を
通じて克服することを目指したためである。通貨の過剰傾向は，通貨の価値を
減退させた。その際，投機マネーは新たな投機先を探した。向かった先は穀物
市場（穀物マネー）であった。国際市場における穀物価格は高騰し，北アフリ
カを中心に，食料の需給バランスは悪化した。食糧供給の支障は人々の不満を
高め，社会不安が発生し，北アフリカは「民主化ドミノ」へと向かった。

2010年，チュニジアにおける「ジャスミン革命」は，ベンアリによる長期独
裁政権を崩壊させ，2011年，エジプトにおけるムバラク政権の崩壊は，民主化
ドミノの影響を中東地域へと飛び火させ，「アラブの春」の始まりとなった。
2011年，リビアでは内戦が始まり，カダフィ政権と，リビア東部のベンガジを
拠点とした反体制派との間の武力衝突が開始された。反体制派にはアルカイダ
が合流し，カダフィ政権は，NATOからも攻撃を受け，崩壊した。

中東では，2011年，シリアにおいて内戦が始まり，アサド政権と反体制派と
の間の武力衝突が開始された。シリアにおいても，反体制派にはアルカイダが
合流した。「シリア内戦」は，ロシアがアサド政権を支援したことから，長期
化し，やがて4勢力を中心とした内戦（アサド政権，反体制派，「イスラム国」，ク
ルド人部隊）の構図となり，激戦が繰り返されることとなった。

シリア内戦では，アサド政権により化学兵器が使用され，国際社会の非難が
高まるなか，シリアを逃れた無数の人々が難民として近隣地域に流出した。難
民はヨーロッパを目指し，ヨーロッパ社会に新たな問題を投げかけた。アメリ
カのオバマ政権は，シリア内戦への過度の介入が，アサド政権を支援している

ロシアを刺激し，かえって内戦を長期化させるリスクを認識した。また，アメリカはシリア辺境とイラク辺境に勢力を拡大した「イスラム国」を掃討する必要にも迫られた。軍事支出の増額を抑えたいアメリカには，外交上の選択肢は限られていた。アメリカは，2013年，「ウクライナ危機」（ウクライナ東部における，ウクライナ政府軍と，ロシアの支援を受けた反政府軍との武力衝突）に対しても，その推移を黙認した。

　国際協調に基礎をおくオバマ政権は，世界各地で噴出する紛争の展開を黙認する姿勢を続けた。その結果，オバマ政権は軍事支出の増額を抑え，経済の立直しに成果を収めた。確かにオバマ外交は様々な痕跡を残した。2011年，オバマはパキスタンに潜伏していたビン・ラーディンの殺害を指令した。2013年，イランと，2014年，キューバと，それぞれ国家間関係の改善を模索した。さらに2009年，核兵器廃絶へ向けたメッセージをプラハで実施し，2016年，広島への訪問を実現した。これらはオバマ外交の特徴であった。しかし，頻発する紛争は，アメリカの国際的な威信を低下させた。中国，ならびにロシアの国際的な発言力が増大し，アメリカの国際的優位が揺らぐ現象に幻滅した人々は，オバマ政権への反感を強めていった。

　オバマ政権は，中国との距離感においても，複雑な外交を進めた。米中（G2）が大国関係を築くことで，国際社会に調和をもたらすことを目指した初期のオバマ政権の外交は，尖閣諸島をめぐる日中関係の悪化，中国の海洋進出（南沙諸島，西沙諸島）に直面して，修正を余儀なくされ，「リ・バランス」（アジアと太平洋地域への積極的関与）へと向かった。また，クリントン（ヒラリー）国務長官は，アメリカを「大西洋国家」であると同時に「太平洋国家」であると定義づけ，太平洋におけるアメリカの存在感を示した。それは，かつて，西欧とアメリカとを大西洋を中心につなぎ合わせることで，双方の繁栄を目指した「大西洋共同体」の概念を，太平洋に当てはめる印象を与えた。すなわち，中国の海洋進出を「封じ込め」つつ，太平洋地域を，環太平洋戦略的経済連携協定（TPP）として連結することで，太平洋全域にアメリカの影響力を留めようとする狙いである。しかし，TPPは参加予定国のなかで，国益をめぐる対立が続き，アメリカ国内においても，十分な合意形成がなされていなかった。こうしてオバマ政権は，中国，太平洋，さらには環太平洋地域に対して，外交

の整合性に不備を残し続けた。

　オバマ政権の切札として脚光を浴びた「シェール・ガス」開発は，サウジア
ラビアからの原油価格競争の挑戦を受けて，迷走した。地下の深部を掘削する
ことにより入手するシェール・ガスは新しい資源の開拓として期待を集めた。
しかし，採掘に関わるコスト（費用）は高額であった。原油を輸出することで
発展の基礎を築いてきたサウジアラビアは，新しい資源（シェール・ガス）の開
拓が，自国の国際的な立場を弱めることを警戒し，価格競争を仕掛けたのであ
る。これにより原油価格は急落し，開発に高額なコストを必要とするシェー
ル・ガスは，利益を確保することができなくなった。原油価格が適正価格へと
回復するまで，シェール・ガスの開発は棚上げにされたのである。シェール・
ガスへの期待は急速に失われた。

7　トランプ政権と「1946年世代」

　アメリカは新しい大統領に，「1946年」に生まれたトランプを選出した。ト
ランプのリーダーシップは，オバマ政権とは異なる論理に基づく印象を内外に
与えた。

　オバマ大統領は政権末期に，対イラン関係，ならびに対キューバ関係におい
て和解を進め，さらに核軍縮への積極的な取り組み，また被爆地である広島へ
の訪問を通じて，道義的な指導力を国際社会に象徴づける立場を維持した。

　これに対して，トランプは，オバマ政権と反対の方針を打ち出すことで，有
権者の支持を集めた。アメリカの国力に限界があることを認めつつ，国際社会
におけるアメリカの道義的な指導力を維持し得ないことを率直に認めたのであ
る。その代わりに，アメリカ国民の利益を優先する立場（「アメリカ第一主義」）
を示した。しかしトランプ政権には，共和党主流派，親ロシア派，親イスラエ
ル派，さらには複数の情報関連（IT）企業関係者の影響が流れ込み，主導権争
いを繰り広げている。その結果，政権発足100日を経た後も，外交方針は確定
されていない。

　トランプ政権の分析には，「1946年」にトランプが生まれた事実を前提にす
る必要がある。第二次世界大戦直後に生まれたトランプ第45代大統領（出生：

1946年 6 月14日）は，ブッシュ第43代大統領（出生：1946年 7 月 6 日）と同期であっ
た。さらに，クリントン第42代大統領（出生：1946年 8 月19日）とも同期であっ
た。アメリカは，クリントン政権（ 8 年間），ブッシュ政権（ 8 年間），さらにト
ランプ政権へと，長期にわたり，「1946年」に生まれた人間を統治の責任者（大
統領）に据えた。「1946年世代」は，戦後復興期のアメリカの繁栄を象徴する
時代に生まれ，幼少期にソ連と社会主義の脅威を伝え聞き（「マッカーシズム」），
青年時代に「ヴェトナム反戦運動」の風景を見た。そして40代に，冷戦の終焉
を受け止めた世代であった。「世代」特有の共通の風景と共通の体験が存在し，
そうした背景から，指導者としての人格形成を探る分析が，今後，進められる
ものと思われる。

第15章 ヨーロッパ統合の「深化」と「拡大」

1 「ヨーロッパ」（Europa）とは？

　ヨーロッパの地理は，通常，ユーラシア大陸西部，すなわち，ユーラシア大陸のなかで，「ウラル山脈―カスピ海―黒海―ボスポラス海峡」より西側の地域と捉えられている。その総面積は1050万平方km，総人口は約7億2600万人，そして約40カ国が存在している。ギリシャとローマの伝統，キリスト教，白人による支配に特徴づけられ，ヨーロッパの「地域」は，「西欧」，「南欧」，「東欧」，「北欧」，そして「中欧」に区分される。西欧文明は，おおむね次のような歴史を歩んできた。(1)ギリシャ・ローマ（地中海文明），(2)ゲルマン民族の大移動，(3)フランク王国，(4)ルネサンス・大航海時代・宗教改革，(5)産業革命・帝国主義，(6)世界大戦，(7)冷戦，(8)ヨーロッパ統合。

　こうしたヨーロッパの特徴を表現する地理的概要をノーマン・デイヴィスは，著書のなかで示した（図15-1参照）。そこでは，①の地理的分割線を基軸として東西に分けられ，また，②のローマ帝国の境界線（ディビィスはローマ帝国の支配を受けたスペインやフランスと，支配を受けていないポーランドやスウェーデンとの間には異なる特徴があると指摘した），③のカトリックと正教との分割線などが示されている。⑥の線が区分したドイツには，西に西ドイツが，東に東ドイツが，冷戦期にそれぞれ成立した。なお，ヨーロッパ研究者の羽場久美子によれば，今日，欧州連合（EU）の東方拡大は，おおむね③の境界線まで拡大したとされる。また，旧ユーゴスラヴィアが存在した地域は，スロヴェニア，クロアチア，ボスニア，セルビア，モンテネグロ，マケドニアであるが，そこには無数の線が横切っていることが確認される。

　これらの特徴からしばしば，多様性の確認を基礎としてヨーロッパに関わる研究は進められてきた。また，今日，ヨーロッパでは，「多様性のなかの統合」が進められてきた。それは，多様性を尊重しつつ統合を進め，ヨーロッパの平

図15-1　ヨーロッパの東西断層線

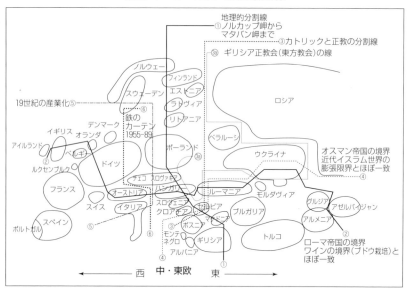

出所：ノーマン・デイヴィス『ヨーロッパⅠ』共同通信社，2000年，59頁。

和と安定，さらには繁栄と発展を目指した取り組みである。ヨーロッパ統合は多様性にヨーロッパの未来を描いている。

2　ヨーロッパ統合と「深化」

(1)「深化」と「拡大」

　ヨーロッパ統合の発展段階はしばしば「深化」と「拡大」の2つの視点から分析される。

　「深化」とは，制度的な機能の整備の段階を示している。それは，欧州石炭鉄鋼共同体（ECSC）から始まるヨーロッパ統合の各共同体が，1つの「統合体」へと収斂しつつ，制度上の脆弱性や欠陥，制度間の矛盾の除去，また制度間の「隙間」を埋め合わせていく過程である。

　他方，「拡大」とは，ヨーロッパ統合への参加国（加盟国）が増加していく過程である。「拡大」の過程において，ヨーロッパ統合の「域内」（内部）と「域外」

（外部）との区分が明確化され，それと同時に，「ヨーロッパとは何か」とする問いが再考される。

　しかし「深化」の過程は複雑な手続を生み出した。すなわち，各国は自らの国家主権を統合体である欧州連合（EU）へと委譲し，それにより各国の行動範囲がEUのなかで制限される傾向が生まれてきている。そうした主権の委譲は，ポスト・ウェストファリア的な現象である。しかし他方で，各国に留められる主権の領域も存在する。また，EUの政策過程の中心は，各国の首脳から構成される欧州理事会が担い，その点において国家中心主義（政府間主義）の方針に沿った手続が進められている。さらに各地方からの要求を受け入れる「補完性の原則」が備えられている。これらの手続の総体（「深化」の過程）は，しかしながら，かえってEUを複雑な統合体へと変容させた。それは一般の市民が全体像を把握することを困難な仕組みにさせている。さらに複雑な統合体の中枢で，政策の策定に関わるEUの官僚機構の権限は拡大した。これらの制度がかえって人々の不信感を拡大させ，ユーロ危機（2010年）以降，ポピュリズムの台頭を促している。

　また，「拡大」の過程も国家間関係に紛争をもたらす事例が発生した。すなわち，「域内」と「域外」との間に新たな境界線が創出される過程は，それにともない「自己」と「他者」との間のアイデンティティをめぐる問い直しを引き起こしたのである（その先鋭的な事例は今日，伝統的なコミュニティと移民のコミュニティとの間の緊張である）。あるいは，拡大に伴いEUと新たに境界を接するようになった地域が，EUへの加盟を希望し，紛争の誘発を引き起こした（その事例は，ウクライナに代表される）。

（2）「深化」の過程（図15-2）

　ヨーロッパ統合へと至る原型の1つにベネルクス諸国（ベルギー，オランダ，ルクセンブルク）の関税同盟が存在する。3カ国は関税の相互引き下げを進め，1948年，ベネルクス関税同盟を創設した。ヨーロッパ統合は，ベネルクス関税同盟の仕組みを部分的に参考にして進められた。

　1952年，欧州石炭鉄鋼共同体（ECSC）の発足により始まったヨーロッパ統合は，1958年，欧州原子力共同体（EURATOM）の発足，1958年，欧州経済共

図15-2　EU の機構

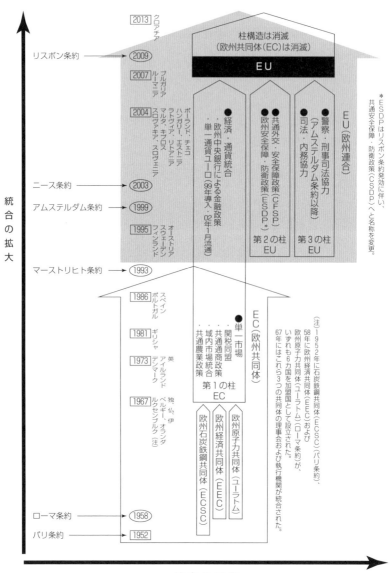

出所：羽場久美子編著『EU（欧州連合）を知るための63章』明石書店，2013年，20頁。

同体（EEC）の発足の後，1967年，三共同体（ECSC，EURATOM，EEC）を統合して欧州共同体（EC）を発足させた。1968年にはEC加盟6カ国は関税同盟を完成させて，域内の市場の自由化を促進した。1969年には，EC加盟6カ国は，首脳会議を開催し，経済通貨同盟の実現を目指した（通貨統合計画）。

　しかしそうした統合の前進の時期は，国際経済の変容に直面した。アメリカが，1971年，ドルの金との交換停止を発表し（「ニクソン・ショック」），ドルとの連結を通じて通貨統合の実現を目指していたECは，変動為替相場制度へと主要各国が移行するなかで，為替の急激な変動に対応できなくなり，通貨統合計画を維持できなくなった。さらに第一次石油危機（1973年）の影響は，西欧各国の経済を揺さぶり，インフレをもたらした。西欧各国において保護主義が広がり，各国は国内産業の保護を進めた。アメリカならびに日本との経済競争に後退を続け，西欧諸国のなかでは「ユーロペシミズム」（ヨーロッパの悲観主義）の気運が拡大した。

　1980年代初頭，西欧の後退の要因は，西欧各国の保護主義の傾向，西欧の市場が細分化されていること，国家間の障壁や規制が貿易に支障をもたらしていることに求められた。1985年，EC委員長に就任したドロールは，EC12カ国（当時）が，「人，モノ，サービス，資本」（4つの自由）に関わる国境を，1992年末までになくすことを通じて西欧の再生を目指した。それはボーダレスなマーケットの創出を追求した計画であった。その実現のために，コーフィールド卿により，『域内市場統合白書』がまとめられた。そのなかでは，共同市場を実現するための各国間の法令の相互調整が指摘された。『域内市場統合白書』を条文化する形で，「単一欧州議定書」（Single European Act）が1987年に発効され，1993年1月1日，欧州単一市場が実現された。

　他方でドロールの進める「深化」の手続は，冷戦終焉の影響を受けた。1989年，「ベルリンの壁」が崩壊し，東西ドイツの統一の可能性が高まった。ヨーロッパ各国の指導者は，巨大なドイツが出現することを懸念し，統一ドイツをヨーロッパ統合につなぎ止めることを目指した。こうしてマーストリヒト条約（ヨーロッパ統合の基本条約）には，経済・通貨統合の側面と同時に，政治統合の側面も盛り込まれた。経済・通貨統合の目標として，単一通貨の採用（1999年1月1日），欧州中央銀行（ECB）の設立が掲げられ，政治統合の目標として，

表15-1　EU の主要な基本条約

○ローマ条約	1957年3月，調印	欧州経済共同体（EEC）などを設立。	EEC 原加盟は，西独，仏伊とベネルクス3国の計6カ国。
○マーストリヒト条約	1992年2月，調印	EU を設立。単一通貨ユーロ導入も定める。	各国の批准過程でデンマークが国民投票で否決。
○アムステルダム条約	1997年10月，調印	国境検問の撤廃を盛り込む。	各国批准は順調。
○ニース条約	2001年2月，調印	EU 拡大の前提となる機構改革を定める。	各国の批准過程でアイルランドが国民投票で否決し，2度目の投票で可決。
×欧州憲法条約	2004年10月，調印	EU の基本理念をうたい，常任議長，外相設置を定める。	フランス，オランダ国民投票で憲法批准拒否。
○リスボン条約	2007年12月，調印	EU をより効率的・民主的に運営するための条約。	EU の機構改革，司法・内務分野での協力強化，欧州議会の権限強化。

○は発効した条約，×は発効されなかった条約。

外交・安全保障の統合，ヨーロッパ市民権の導入，「補完性の原則」（subsidiarity）が掲げられた。その上，1992年2月，EC 加盟12カ国により調印されたマーストリヒト条約（Treaty of Maastricht）は，3つの柱からなる列柱構造を創出した。その柱は，欧州共同体（EC），共通外交・安全保障政策（CFSP），司法・内務協力であった。司法・内務協力は，後に警察・刑事司法協力（PJCC）となった。マーストリヒト条約により，EC は欧州連合（EU）となり，統合の「深化」が決定づけられた。

　国益が激しく衝突した分野に ECB の存在があった。統一ドイツの巨大化を危惧したフランスのミッテラン大統領は，ドイツ統一の条件として，西ドイツの通貨マルクを放棄し，ユーロへと移行することを西ドイツのコール首相に迫ったのである。ミッテランは東欧各国がドイツの「マルク経済圏」へと組み込まれる前に，ドイツの通貨をユーロへと切り返させ，それにより東欧各国を「ユーロ経済圏」へと組み込むことを追求したのである。コールは統一の実現，また，「ヨーロッパのなかのドイツ」を達成するために，その条件を受け入れ

た。1990年，ドイツは統一された。

　もっともドイツは，ECBをめぐって，2つの重要な条件を示している。第1には，政治的独立性であり，各国の国益に左右されない立場をECBに求めた。また第2には，物価の安定であり，ヴァイマル時代にハイパー・インフレを経験し，ナチスの台頭を許したドイツでは，ECBに物価に関わる問題に注意を払うことを要求した。ドイツの意向が影響を与える形で，1998年，ECBはドイツのフランクフルトに開設され，その後，ユーロに関わる政策を推進する機関となった。

3　ヨーロッパ統合と「拡大」

（1）「拡大」の過程

　「拡大」の過程について**表15-2**に概要を示そう。

　「統合」は，ヨーロッパの中心部で開始された。独仏伊の大国と，ベネルクス諸国の小国から進められた。とくに独仏が「不戦共同体」の理念を中心としたイニシアチブを発揮し，ベネルクス諸国が関税同盟の経験を基礎とした手続上の役割を示したことに特徴があった。

　「第一次拡大」は，イギリスの加盟に特徴づけられる。イギリスはヨーロッ

表15-2　ヨーロッパ統合の「拡大」過程と特徴

1952年	「統合」の開始	フランス，ドイツ，イタリア，ベルギー，ルクセンブルク，オランダ
1973年	第一次拡大（北）	アイルランド，イギリス，デンマーク
1981年	第二次拡大（南）	ギリシャ
1986年	第三次拡大（西）	スペイン，ポルトガル
1995年	第四次拡大（中立）	オーストリア，フィンランド，スウェーデン
2004年	第五次拡大（東）	2004年：ポーランド，ハンガリー，チェコ，スロヴァキア，スロヴェニア，エストニア，ラトビア，リトアニア，キプロス，マルタ
2007年		2007年：ルーマニア，ブルガリア
2013年	第六次拡大（西バルカン）	クロアチア

（　）は「拡大」過程の特徴を示す。

パ統合への参加を希望したが，フランスのド＝ゴール大統領により，拒否された経緯があった。ド＝ゴールは，米英の「特別な関係」を警戒し，イギリスを通じてアメリカの影響力がヨーロッパへと流れ込むことを阻止するために，イギリスの参加を認めなかった。したがってド＝ゴールが大統領を辞任した後，イギリスはヨーロッパ統合へ参加できるようになった。

　「第二次拡大」は，ギリシャが該当した。ギリシャは，軍事政権が1973年に共和制へと移行したことによりヨーロッパ統合への参加の展望が開け，1981年，ECに加盟した。

　「第三次拡大」は，スペイン，ポルトガルが該当した。スペインは1975年以降，民主体制への移行を開始し，ポルトガルは1974年に勃発した革命をきっかけとして，その後，民主体制への移行が進んだ。それによりヨーロッパ統合への参加の展望が開けた。

　「第四次拡大」は，オーストリア，フィンランド，スウェーデンが該当した。これらの国々はいずれも，「中立」を特徴とする国々であった。フィンランドは，ソ連（ロシア）に隣接していることから，歴史的にソ連（ロシア）への警戒心が外交の基礎にあった。その結果，経済政策は西側志向（資本主義）を，外交政策はソ連に傾斜した「中立」を選択した。そうしたソ連への配慮は，しばしば，「フィンランド化」と呼ばれる外交のモデルとなった。

　他方，スウェーデンは，フィンランドと比較した上で，ソ連（ロシア）から一定の距離を保った場所に国土が位置していた。その結果，アメリカに傾斜した「中立」を選択した。またオーストリアは，ドイツと同様に，第二次世界大戦後，敗戦国として国土を「分割占領」（米英仏ソ）されたが，1955年に，「中立」を条件として統一を実現した。「中立」の実態には相違があるものの，冷戦の終焉により国際環境は変化し，その結果，これらの国々はヨーロッパ統合（EU）への参加について，国内の合意をまとめることができるようになった。

（2）第五次拡大

　「第五次拡大」は，それに該当する大半の国家が，東欧諸国（冷戦時代の旧社会主義諸国）であった。したがって第五次拡大は「東方拡大」とも呼ばれ，西欧で始まったヨーロッパ統合が，東欧へと「拡大」する過程であった。西欧と

東欧は，冷戦時代，「鉄のカーテン」によって分断された。1989年に冷戦が終結し，2004年ならびに2007年に，西欧と東欧が同じ制度（EU）のなかで共存する仕組みが成立したのである。

　他方，冷戦時代，西欧から切り離され，「ソ連・東欧圏」の一部を構成した東欧諸国のなかからは，「ヨーロッパ回帰」が実現されたことを祝う声が上がった。西欧と東欧との間には中欧が存在したが，冷戦はそれを分断した。冷戦の終焉により中欧は復活し，さらにEUの東方拡大により東欧諸国がヨーロッパへと回帰したのである。

　第五次拡大は，多くの加盟国を対象としたため，ヨーロッパの国際政治に大きな影響を与えた。さらに東欧諸国の「体制転換」（社会主義体制から資本主義体制へ）とも連動したため，EUは新たな制度設計に関わる挑戦に取り組まなければならなかった。東欧各国は，冷戦終焉後，自発的に計画経済体制から市場経済体制への移行を進めていたが，第五次拡大はその移行を後押しした。

　体制転換は，経済の側面に限定されたテーマではなかった。東欧各国では，冷戦時代，ソ連・東欧圏の一部として，政治の側面においても，多元的な民主主義の伝統が欠如していた（覇権（支配的）政党が無数の衛星政党を従える支配構造が成立していた）。したがって第五次拡大では，東欧各国が，西欧の民主主義の構造を取り入れることも課題とされた。

　こうして第五次拡大はEUと東欧各国との対話から始まり，EU側から加盟に向けた「基準」が提示されたことで具体的な政策課題となった。EU側の「基準」を概観すると，4つの柱——①民主主義，②市場経済，③法の支配，④人権の尊重——が確認される。EU側はこの4点の機能を強化し，また遵守できる体制を東欧各国（EU加盟希望国）が確立することを求めたのであり，それは東欧各国が，EU側の示す「基準」に沿った国内改革を進めなければならなくなったことを示していた。

　1997年，EUは東欧への拡大の検討を進め，1998年，加盟交渉国（第1グループ国：ハンガリー，ポーランド，チェコ，エストニア，スロヴェニア，キプロス）が交渉を開始した。さらに2000年，加盟交渉国（第2グループ：リトアニア，ラトヴィア，ルーマニア，ブルガリア，スロヴァキア，マルタ）が交渉を開始した。こうして12カ国は，EUが提示した加盟基準を達成するための国内改革を進めた。

　EU 側の基準は，具体的には，「コペンハーゲン・クライテリア（基準）」として提示された。それは，「政治的クライテリア」として，民主主義，法の支配，人権の尊重，マイノリティの保護を遵守すること，また，「経済的クライテリア」として，市場経済の機能を高めることが要求された。さらに，「アキ・コミュノテール」と呼ばれる 8 万ページに及ぶ EU 法の集大成を受け入れることが義務づけられた（羽場，2004年）。

　これらの包括的な改革は，しばしば，「ソフト・セキュリティー」と呼ばれる。すなわち，EU（西欧）は，東欧へと EU の拡大を進めるにあたって，東欧各国における「民主主義」の確立を，武力行使を通じた手段によって実現するのではなく，東欧各国に自発的に「民主主義」の確立へ向けた国内改革を促すことによって，自ら（西欧）の「安全保障」環境の整備を目指す試みである（庄司，2007年）。第五次拡大は，西欧の民主主義を，東欧へと拡大する過程でもあったのである。換言すれば，そこには，①「EU（西欧）への東欧諸国の加盟」の側面と，②「EU（西欧）システムの東欧諸国への拡大」の側面が共存していた。①の側面は東欧諸国の「ヨーロッパ回帰」を示し，②の側面は「EU の東方拡大」を示していた。

（3）「拡大」の行方

　「第五次拡大」の結果，EU は新しい境界線を生み出した。すなわち，EU は，ヨーロッパの東に，EU の内部（域内）と外部（域外）とを区分する長大な境界線を新たに創出することになったのである。

　「第六次拡大」は，2013年に実現し，それによりクロアチアが EU に加盟した。クロアチアの加盟には旧ユーゴスラヴィア地域（今日，同地域は西バルカンと呼ばれる）の平和と安定を促す役割が期待された。クロアチアの加盟により，EU は28カ国体制となった。

　しかし，28カ国へと拡大を続けるなかで，EU の制度疲労が際立ち始めた。「拡大」の行方が問われると同時に，28カ国内部における不均衡な発展が表面化し，さらには，グローバリゼーションへの適応が課題とされたのである。その上，2010年以降，「ユーロ危機」の発生，ウクライナをめぐるロシアとの対立，シリア（内戦）から流入する難民の問題，さらには相次ぐテロにより，危

機がEUの存立を揺さぶった。これらの危機が増幅する過程で，2016年6月23日，イギリスはEUからの離脱の是非をめぐる国民投票を実施し，イギリス国民は離脱を選択することとなった（この過程は，「Britain」（英国）と「Exit」（退出）を組み合わせた「ブレグジット」（Brexit）という言葉で表現される）。

　「拡大」の行方をめぐっては，ウクライナ，トルコ，西バルカンの各国家ならびに各地域が課題とされている。ウクライナはEUの加盟を希望するウクライナ西部と，ロシアとの関係を重視するウクライナ東部との間で国家の分裂現象が進んでいる。ロシアがクリミアを併合するなかで，ウクライナ危機が国際紛争へと拡大する兆候が生じた。またEUへの加盟を希望するトルコは，エルドアン大統領の進める権威主義的な政策が警戒されている。さらに西バルカンは，ロシアが同地域への接近を深めるなかで，「民主主義」への展望が問われている。このようにウクライナ，トルコ，さらには西バルカンとEUとの関わりが，今後のEUの「拡大」の行方において争点となっている。

4　フランス外交の諸相

（1）第五共和政とド＝ゴール

　ヨーロッパの統合は，ドイツとフランスが牽引してきた。そこで，次にフランス外交の諸相を扱う。フランスの近現代史は，フランス革命（1789年）以降，次のようなシステムの変容を経て，今日へと至った。すなわち，①第一共和政（1792〜1804年），②第一帝政（1804〜14年），③ブルボン朝（1814〜30年），④七月王政（1830〜48年），⑤第二共和政（1848〜52年），⑥第二帝政（1852〜70年），⑦第三共和政（1871〜1940年），⑧第二次世界大戦とフランス（1940〜44年），⑨第四共和政（1944〜58年），⑩第五共和政（1958年〜）の諸段階である。

　進歩と復古が相互に繰り返されつつ，フランスの近代が今日に至るまで模索されてきた。そして今日，フランスはヨーロッパ統合を牽引する中核国として，国際的な存在感を維持している。ここでは，とくに第五共和政の歴史を俯瞰しつつ，ド＝ゴール外交，国民戦線（FN）とポピュリズム，フランスとヨーロッパ統合の諸側面を指摘しよう。

　第五共和政の成立の要因は，アルジェリア独立問題に起源があった。1954

年，アルジェリア民族解放戦線（FLN）を中心に，アルジェリアの独立闘争が加速された。アルジェリアは1830年以降，フランスの植民地であったが，第二次世界大戦以降の世界的な植民地独立運動の気運が高まるなかで，アルジェリアにおける武装闘争が拡大した。フランスは軍事的圧力を強め，独立の阻止に国力を傾注させたが，アルジェリアにおけるゲリラ戦は拡大した。フランス国内の世論はアルジェリア独立問題をめぐって賛否が分かれ，また，軍事費の増額はフランス財政を圧迫し，第四共和政の統治を揺さぶり始めた。1958年6月，ド＝ゴールが首相に就任し，9月28日，第五共和政の憲法案が国民投票を通じて承認され，10月5日，同憲法が公布されたことにより，第四共和政は第五共和政へと移行した。1959年1月，ド＝ゴールは大統領に就任し，9月，アルジェリアの独立へ向けた政策調整を開始した。フランスとアルジェリアの和平協定を経て，1962年7月，アルジェリアは独立した。

　アルジェリア独立問題の過程で，フランス国内では，秘密軍事組織（OAS）や右翼を中心とした過激派によるテロが繰り返され，ド＝ゴールの（アルジェリアに対する）妥協的な外交方針への反発が表面化したが，ド＝ゴールは短期間にこれらの過激派の行動を押さえ込んだ。

　こうして，第五共和政の統治は，ド＝ゴールによる強力な指導力とともに始まった。ド＝ゴールの統治は多様な要素から成り立ち，個別の方針が時として相互に矛盾している印象を内外に与える。しかし，ド＝ゴールのビジョンには，フランス第一主義の観点から，一貫した自己主張の立場があった。すなわちド＝ゴールは，第1に，従来の対米従属路線からの脱却を試み，その姿勢は，1966年，ド＝ゴールにNATO軍事委員会からの脱退を決断させた。とはいえド＝ゴールは，NATOではなく，アングロサクソン・グループ（米英）がNATOを実質的に統治しているその決定のあり方を，問題とみなした。また，イギリスのヨーロッパ統合への加盟希望（EECへの加盟申請）に対して，ド＝ゴールは，イギリスの背後にアメリカの存在があることを警戒し（イギリスを「トロイの木馬」と見なしていた），加盟希望を退けた。さらに，ド＝ゴールはアメリカへの対抗心のなかで，独自の核戦略の体系を構築することを目指した。1960年2月，フランスは原爆実験を実施した。

　第2に，ド＝ゴールは，ヨーロッパの統合を評価しつつも，その統合が「主

権の共有」を加速することでフランスの国益を侵食する可能性を懸念した。
ヨーロッパ統合が超国家機構化されることを阻止するために，ド＝ゴールは，
数度にわたって，統合の進展に対してブレーキをかけた。

　第3に，ド＝ゴールは，（西）ドイツとの協調関係の促進に活路を見出した。
西ドイツのアデナウアー政権は，一貫して西側統合政策を進め，フランスとの
協調関係を追求していた。ド＝ゴールは，フランスの政治力と（西）ドイツの
経済力の結合が，ド＝ゴール外交を牽引するものと捉えた。

　第4に，ド＝ゴールは，冷戦がアメリカとソ連の力の優位を高め，フランス
外交がその間へと埋没することを憂慮し，フランス独自の外交構想として，
「デタント」を開始した。具体的には，民族独立運動に一定の理解を示すこと
で旧植民地諸国の支持を集め，また，「社会主義圏」との対話を通じて（中国
承認），フランスの国際的な発言権を高めることを目指した。

　これらのド＝ゴール外交の評価は，チャーチルの「3つの環」をめぐる構想
と同様に，1つではない。肯定的な評価（フランスの独自外交が冷戦に新しい側面
を与えたとする立場）から，否定的な評価（西側の同盟に不確実性を持ち込んだとす
る立場）まで，多岐にわたる。

　ド＝ゴールの統治は，しかしながら，1968年5月にフランス全土に波及した
学生，労働者，教員，農民を中核とする大規模な抗議行動，すなわち「五月革
命」により終焉することとなった。パリ大学の制度改革をめぐる大学と学生と
の対立を契機として，抗議行動は社会の各層に広がった。ド＝ゴールは，五月
革命の収拾のためにポンピドー首相の辞任を決断したが，自らの政治力は弱化
し，1969年4月，大統領を辞任した。

（2）国民戦線とポピュリズム

　進歩と復古を特徴とするフランス政治外交に対して，ド＝ゴールとは異なる
立場から影響を及ぼし続けた政治勢力が国民戦線（FN）であった。

　国民戦線は，1972年，ジャン＝マリー・ルペンを中心に結成された。「共和
政」への反対を中心課題として，反議会主義・反民主主義を主張した。そのよ
うな急進的な立場のため，当初，国民戦線は広範な支持を獲得できず，低迷し
た。しかし，1970年代末，国民戦線は路線を微調整し，一方で民主主義の伝統

への理解を示し，他方で争点を移民問題へと移すことで，次第に存在感を増し始めた。フランスは，マグレブ諸国（旧フランス植民地：モロッコ，アルジェリア，チュニジア）を中心に移民を受け入れ，移民労働力がフランスの戦後の発展を支えていた。しかし，1970年代，石油危機が西欧経済を停滞させ，各国で失業者が増加すると，状況は一変した。移民労働力は，受け入れ社会の雇用を奪う雇用問題の競争相手と見なされ始めたのである。国民戦線は移民排斥を主張することによって，フランス社会の底辺で日々の生活に不満を高めつつあった人々の声をすくい上げた。

　さらに，ヨーロッパ統合が段階的に進み始めていたことも作用し，西欧各国では，1970年代後半から1980年代前半にかけて，三層構造（西欧の「統合体」—西欧の「各国家」—西欧の「各地方」）から成る政治・社会空間が誕生し始めていた。西欧の市民は，それぞれの空間に自らのアイデンティティを見出すと同時に，それぞれの空間に活躍の場を見つけた。しかしそのことは，新たな問題の始まりでもあった。西欧の「各国家」は，それまでほぼ独占的に保持していた社会の統治力と調整力を，一方で「統合体」（ヨーロッパ統合）から，他方で「各地方」から，同時に奪われるようになったのである。国民戦線はこの状況を捉え，1980年代初頭，地方議会選挙，さらに欧州議会選挙において躍進した。

　国民戦線の躍進の背景には，既存の政治勢力の迷走にも要因があった。1981年に誕生したミッテラン政権は，左派的な政策を推進することを目指したが，1986年３月，保守連合が総選挙で勝利したため，ミッテラン大統領（社会党）が，シラク（共和国連合）を首相に指名することとなり，保守と革新が共存する政治状況が生まれた。「保革共存政権」（cohabitation）と呼ばれるこの政治状況は，左右の政策の相違を弱め，有権者を争点が見えにくい状況におくこととなった。国民戦線はそうした状況も読み取り，伝統的な保守や革新と，自らの政策上の相違とを際立たせることで，支持の拡大を目指した。フランスにおける国民戦線の躍進は「ルペン現象」とも呼ばれ，既存の政治勢力からいっそうの警戒心をもってみられることとなった。

　2002年，ジャン＝マリー・ルペンは，大統領選挙において，決選投票へ進出し，フランス政治に衝撃を与えた（同選挙では，1995年に大統領に就任していたシラクが再選された）。2011年には，マリーヌ・ルペン（ジャン＝マリー・ルペンの娘）

が国民戦線の後継党首に就任した。

　2017年5月，「危機の連鎖」に揺れるヨーロッパの影響を受け，国民戦線は躍進し，マリーヌ・ルペンは大統領選挙において決選投票へ進出し，再びフランス政治に衝撃を与えた。すなわち，ウクライナ危機，ユーロ危機，テロ，難民危機，イギリスのEU離脱過程（「ブレグジット」）に象徴される「危機の連鎖」が，ヨーロッパ各国の統治構造を揺さぶり，その過程で，フランスにおいては，同国の政治不信を国民戦線が吸い上げたのである。しばしばこれらの現象は，ポピュリズム的な政治手法と分析され，国民戦線は極右のポピュリズム政党と位置づけられた。

　ポピュリズムは，危機的な社会状況のなかで，人々の不満を喚起し増幅させることで支持を集め，政治に影響を与える現象であり，しばしば，カリスマ的な指導者（ないしは政治組織）が，ポピュリストとして，その運動のシンボルの役割を果たす。換言すれば，ポピュリズムは，人々の不満（社会的危機）とポピュリストの存在が結合した時に発生する現象である。さらに，ポピュリズムは，既存の体制を容認した上で，人々の不満を民主主義の手続に則って解決することを目指す。その場合，通常，人々に直接，呼びかける手法を用いることから，ポピュリズムは，直接民主主義の手法に重点をおく。こうして，間接民主主義（代表民主制：代議制）が生み出した既存の支配的社会層，すなわち「エスタブリッシュメント（既得権益層）」が潜在的な負の要素（問題の所在）と位置づけられるのである。ポピュリストは，エスタブリッシュメントに対して人々が抱く潜在的な不信感を増幅させ，攻撃することで，選挙に臨み，自らの主張の実現を目指す。21世紀に飛躍的に普及と開発が進んだ通信ネットワーク（インターネット）が，世界のコミュニケーションのスタイルを変え，ポピュリズム台頭の背景に影響を及ぼしている。

　さらにポピュリズムの台頭の背景には，冷戦終焉以降の政治的対抗軸（右と左）の弱まりも影響を与えている。冷戦の時代には，現実の「右」と，現実の「左」との対抗軸が争点を形成した。各国の現実の「右」には，その延長線上にアメリカが位置し，同様に，各国の現実の「左」には，その延長線上にソ連が位置した。そして，それぞれの「右」と「左」は，理念的な「右」（ナショナリズム）と，理念的な「左」（インターナショナリズム）との間で，政策の洗練化

を目指していた。国民戦線は，理念的な「右」を追求した代表的な政党であった。

　しかし冷戦の終焉以降，現実に存在した社会主義体制としてのソ連は消滅し，同時に，仮想敵国（ソ連）を失ったアメリカも，改めて自己の再定義に取り組まなければならなくなった。そのような世界的潮流は，世界各国の内政にも影響を与え，左右の対立軸は弱まりつつ，「中道」化が顕著な傾向となった。また各国の主要政党の「包括政党」化（幅広く支持を集められるように，多くの有権者から支持を得られやすい方針を党の政策とする傾向）も促進された。他方，冷戦終焉以降，グローバリゼーションが進むなかで，人の移動（労働の移動）が加速し，また富の偏在化の傾向が強まった。その結果，労働の場面で，新たな競争の環境が生まれた。国内労働力と移民労働力とが，同じ空間に同居し，競争する図式である。そこから発生した不満が，移民の排除を志向する排外主義の傾向を強めた。他方，グローバリゼーションのなかで富の集積に成功したエスタブリッシュメントは，グローバル社会の持続的な発展を求めた。こうして，排外主義を政治の争点として覚醒させたポピュリストと，グローバル社会の促進を追求したエスタブリッシュメント（それは，アメリカではワシントンを中心とした権力集団であると目され，ヨーロッパではEUの運営に携わる特権集団と見られた）との間の世界観をめぐる対立が過熱し，欧米政治における争点となった。

　2016年以降，ポピュリズム現象が世界的な潮流となった。それは，イギリスのEUからの離脱を問う国民投票（ポピュリスト政党：英国独立党），アメリカ大統領選挙における「トランプ現象」に代表され，オーストリア大統領選挙，オランダ総選挙，フランス大統領選挙，ドイツ総選挙においてもその動向が注目された。

　国民戦線の躍進は，これらのなかでも，とくにEU存続との関係において象徴的な問題をもたらした。マリーヌ・ルペンは，EUの統治構造がフランスの国益と合致していないとして，「フランス第一主義」と「反EU」を掲げていたのである。それは，2015年11月に発生した「パリ同時テロ」の惨劇が，人々の記憶に残り，恐怖心が高まっていたことも関連していた。国民戦線が主張する「排外主義」的傾向は，「他者」（異質な存在）への警戒心を強めるフランス国民の心理ともつながっていた。こうして，マリーヌ・ルペンの大統領選挙に

おける決選投票への進出は，フランスならびに国際社会の関心事となった。

　国民戦線の主張は，アメリカが（第一次世界大戦の過程で）国際政治の舞台に覇権国として登場して以来，国際的な潮流となってきた「4つの価値」，すなわち，①民主主義，②市場経済，③法の支配，④人権の尊重に対する挑戦と受け止められた。というのも，EUは，これら「4つの価値」を体現する「統合体」として，発展の過程にあったからである。「反EU」の主張は，したがって，従来の国際的な潮流（「4つの価値」），ならびにその潮流のなかで支配的な地位を得たエスタブリッシュメントへの挑戦でもあった。

　フランス大統領選挙の結果は，明白であった。フランス国民は，マリーヌ・ルペンを退け，EU支持を掲げたマクロンを選んだ。フランス国民は，「危機の連鎖」に苦しむヨーロッパのなかで，現状維持を選択したのである。それは，ヨーロッパ統合の歴史と伝統の強さを示す結果であった。

　マクロンは，大統領選挙を通じてEUの改革の必要を主張し，それができない場合，「フレグジット」（フランスのEU離脱）となる可能性を示唆した。マクロンは，「ユーロ圏」（19ヵ国：2017年現在）から構成される共通の議会や，共通の予算の成立をまとめる仕組みを提案した。それは，2017年3月に，ヨーロッパ統合60周年（ローマ会議）の際に，EUが国ごとに統合の速度や段階に差をつける方針をまとめたことを踏まえた提案であった。フランスはドイツとともに，EUからの離脱を表明したイギリスとの交渉への対応を迫られており，EUの分解を避けるために，統合の速度に違いを設定することを新しい方針としてまとめ，「EU離脱ドミノ」を阻止する方向を強めた。しかしイギリスとのEU離脱交渉において，EU各国が関心を寄せる分野は国によって異なるため，イギリスとの交渉過程に関心が向けられている。

5　ユーロ危機

（1）「危機」の連鎖

　2010年以降，「危機」が連鎖するなかでヨーロッパ統合に関わる信頼性が揺らいだ。グローバリゼーションが進むなかで国際政治の構造が変容し，ヨーロッパ統合の制度が揺さぶられたのである。そもそもヨーロッパ統合は，当初

からゴールを設定した上で進められた計画ではなかった。ゴールを設定することにより，加盟国の国益をめぐる対立がかえって強まり，それによってヨーロッパ統合が停滞し，場合によっては分解する可能性が危惧されたためである。したがって合意が可能な分野から，その時々の国際政治の展開に対応するように統合は進められ，欧州連合（EU）へと発展してきた。換言すれば，EUは完成された「統合体」ではなく，また完成された設計図が存在するわけでもなく，途上の「統合体」であり，したがって制度と制度の間には「隙間」や克服すべき「課題」が残されているのである。そのような「隙間」や「課題」は，国際政治が変容する度に，「統合体」のなかに住む人々の生活を揺さぶってきた。

　21世紀に入り，その争点として，①通貨ユーロならびに人の移動（移民と難民）をめぐる「域内」を起源とする問題が，また②ウクライナ関係ならびにテロリズムをめぐる「域外」を起源とする問題が浮上した。

（2）ギリシャ金融危機

　ヨーロッパ統合は，EU の東方拡大（2004年ならびに2007年）の時期に，繁栄と安定が達成された印象を内外に与えた。西欧の統合がヨーロッパの統合へと発展し，冷戦における「鉄のカーテン」が人々の生活の場面においても消滅したのである。

　しかし2009年10月，ギリシャにおいて政権が交代し，新たに誕生したパパンドレウ政権が，これまで財政赤字に関して同国が虚偽の報告していたことを認めると，それをきっかけとして金融危機が発生した。とくにユーロ（通貨）の構造上の問題が問われた。通貨は信用を得ることにより価値を獲得する。通常，通貨主権をもつ国家が，通貨政策に関わる権限と責任を有する。換言すれば，通貨は国家という土台の上に浮かんでいる信用の「総体」であり，一定の条件の下，交換が可能な手段である。したがって，土台である国家が揺らげば，通貨の信用も失われることとなる。日本では日本銀行，アメリカでは連邦準備銀行がその役割を担っている。

　これに対して，ユーロは土台の上に土台が築かれた構造となっている。EUは超国家機構としての役割を担っているものの，ヨーロッパ合衆国のような

「国家」としての実体（政体）は存在せず，ドイツ，フランス，ベルギーなどの国々が連合を形成している「統合体」である。換言すれば，28カ国（1つ目の土台）の結集の上に，EU（2つ目の土台）が成立しており，その上に，ユーロが浮かんでいる。その上，28カ国のなかでも，ユーロの導入を希望する国家と希望しない国家とに分類され，さらにユーロの導入を希望したとしても，導入のための基準を満たすことのできた国家と満たすことのできなかった国家とに分類される。

　様々な制約を満たし，ユーロを導入した国々は，「ユーロランド」と呼ばれる。これらの複雑な構造の結果，ユーロランドにおける個々の国家の経済状況の変動が，ユーロランド全体に過剰に影響を与えることとなり，それがユーロの信用を揺さぶった。

　EUはユーロの脆弱性に対応するために，ユーロを導入する条件として，財政赤字を国内総生産（GDP）の3％以内におさめることを原則とした。換言すれば，それは財政上，健全な国がユーロを導入することができることを認めた原則であり，そこにユーロの信用がおかれた。

　しかし，ユーロ導入から数年が経過するなかで，中心国のドイツならびにフランスにおいても財政規律を遵守することが難しくなった。そのようなユーロの構造のなかに，ギリシャは2000年に参加し，ユーロ加盟国となった。ギリシャは相対的に自らの経済力よりも，国際的に信用力の高い通貨を手にすることとなり，世界中から投資マネーがギリシャに流れ込むこととなった。

　2004年にアテネ・オリンピックを開催することとなったギリシャは，オリンピックの開催を名目として，次々と交通網や競技施設の整備を行い，世界中から流れ込む投資マネーがギリシャ経済にバブルをもたらした。オリンピックの後，ギリシャでは財政赤字が拡大し始め，2008年に世界経済に深刻な影響を与えた「リーマン・ショック」は，世界経済を緊縮の方向（縮小均衡）へと促した。これによりギリシャの財政赤字はいっそう増大した。ギリシャは政権交代をきっかけに，それまでの政権が偽りの数値を報告していたこと，実際の財政赤字はGDPとの比較において12％であることを一方的に発表した。

　ギリシャからの金融危機は，ユーロ危機へと連鎖した。その上，ギリシャ以外にも財政状況に問題のある国々が存在することが判明し，その実態の調査と

把握は，投資家やメディアの関心事となり，EUのシステムを揺さぶった。これらの財政悪化の著しい国々はPIIGS（ポルトガル，イタリア，アイルランド，ギリシャ，スペイン）と総称され，これらの国々の財政再建が喫緊の課題となった。

　ユーロへの信用不安が高まり，ユーロ危機がヨーロッパ全土へと波及する懸念が広がるなかで，欧州中央銀行（ECB）総裁ドラギは，2012年7月，ユーロを守るために最善を尽くすことを主張した。その決意は危機を一時的に沈静化させた。しかし，ユーロ危機の過程で，2つの点が明らかになった。すなわち第1に，「ユーロ圏」に属する各国が深刻な金融・経済危機を招いた場合に，危機への対処は各国が独自に対応するのではなく，ECBが主導的な役割を保持しながら対処することであり，さらに第2に，2011年以降，財政の規律を強化する仕組みが，EUのなかで段階的に整備され始めたことであった。この2つの点は，EUが危機に対処する構図を示しており，したがってEUの権限が強化されることを示していた。そうした傾向は，次に示すようにギリシャのチプラス政権が，EUとの交渉のなかで，政治外交上の主体性を次第に喪失し，その上，ギリシャが国益の空洞化を余儀なくされるなかで明白になった。

　すなわち，2015年1月25日，ギリシャ総選挙が実施され，左派系のチプラス政権が誕生した。チプラスは選挙戦のなかで，EUから緊縮財政を強いられ，日々の生活に苦しむギリシャ国民のために，新規雇用の創出や最低賃金の引き上げなど，過大な公約を提示した。債務返済をめぐり，チプラス政権の政策選択の幅は限られていた。しかしチプラスには，民意（民主主義）の後押しがあった。他方，EUはドイツのメルケル首相を中心に，債務危機をめぐる問題を解決するために，ギリシャへの支援策の拡充・整備の検討が進められた。それと同時に，ドイツ国内では，ギリシャへの支援をめぐり，世論の賛否が増幅していた。ドイツのなかでは，EUが提示する財政規律の強化へ向けた方針を，ギリシャが受け入れることが重要であった。危機の打開に向けた具体的な見通しが示されなければ，ギリシャへの支援に賛意の声が広がらないことは，ドイツにおいて明白であった。2015年7月12日，EUは，ギリシャが年金改革（年金の削減），増税，さらには民営化の推進を基礎とした緊縮財政の方針を受け入れることを条件として，ギリシャへの支援を決定した。チプラス政権は，ここ

において，事実上，選挙における公約の実現を断念し，EU の監督下に組み込まれることと引き換えに，EU からの支援を受けることとなった。

　この経緯は，論理的に深刻な問題を引き起こした。すなわち，ギリシャ国民から選出されたチプラス政権は，民意の後押しを受け，したがって，民主主義の基礎の上に築かれた政権であった。しかし，広く EU の視点から捉えると，ギリシャの民意は，28カ国から構成される EU の民意と同一ではなかった。ギリシャの民意は，28分の１の民意（民主主義）に過ぎないと受け止められたのである。その結果，ギリシャの要求には敬意は払われなかった。こうして，EU に加盟する国家の正統性が EU から奪われるという論理を生み出してしまったのである。国家の正統性を尊重した上で，段階的に統合を進めてきた EU は，危機に直面するなかで，統合を強化する道を選択しつつある。その結果，逆説的に，国家の正統性が EU に奪われる局面が発生したのである。

　「深化」と「拡大」を続けた EU は，「不戦共同体」に示される壮大な理念を中心として発展の道程を歩んできた。他方で，そうした壮大な理念と一般の人々の要望とが次第に乖離しつつある傾向に今日の EU はおかれている。EUの行方に世界の関心が集まっている。

終　章　国際政治学の課題

1　ウェストファリア体制の「深化」と「拡大」

　1648年以降，世界の構造のなかに国家間関係を基礎とするウェストファリア体制が出現した。それは，宗教的な権威構造とは異なる世俗的な権威構造であった。

　国家の基礎は，①主権，②住民，③領域の三要素であった。そして，ウェストファリア体制が始まって200年を経過した段階で，住民は次第に「国民」（ネイション）へと移行した。それは主権国家体制が国民国家体制への変容を開始した瞬間であった。西欧の中心では1848年革命が発生していた。

　近代国家は，官僚と軍隊を柱として発展した。換言すれば，近代国家は「豊かさ」（官僚と産業化）と，「強さ」（軍隊と戦争）を追求したのである。

　そして国際政治の展開の過程で，ウェストファリア体制は，一方で主権国家体制から国民国家体制へと質的に変容し，他方で西欧国家体系から西欧国際体系へと量的に変容した。質的変容は，国家の構成員が住民から「国民」（ネイション）へと「深化」した側面を，量的変容は，西欧から非西欧へと国家間関係の法則を受容する舞台を「拡大」させた側面を示している。

　これらの過程で世界規模の殺戮が繰り返され，テクノロジーが飛躍的に進歩した。また政治体制の優劣をめぐる競争が展開され，外交の洗練化が進められた。

　国際政治学はこれらの過程を探求しつつ，平和を実現するための仕組みを模索してきた。そのために，人類の「負の歴史」を究明することが課題とされた。それは，本書でも検討したように，二度の世界大戦，あるいは冷戦時代の核兵器をめぐる危機である。また，危機へと至る原因の探求も国際政治の課題であった。グローバリゼーション，帝国主義，あるいは社会主義と資本主義に内在する問題がそれに該当した。さらに，局地戦争，内戦，民族紛争に関わる課

題の分析は，国際政治の仕組みを解明する上で，重要な手がかりを与えている。

　他方，平和な時代に潜む社会問題をめぐるテーマも，国際政治の課題である。経済格差や排外主義，あるいは今日のヨーロッパ連合（EU）における諸制度の発展は，そうした分析が求められるテーマである。

2　国際政治の特徴

　国際政治の特徴は，近代国家の成立の点から捉え直せば，国家が「豊かさ」と「強さ」を際限なく追求した点にある。豊かさと強さは２つの点において交錯した。第１には，科学技術の進歩である。より効率的に富を生み出すシステム（豊かさ）と，大量殺戮兵器の存在（強さ）は，科学技術の一点において同じ課題となった。第２には，人類破滅への危機であった。豊かさの追求は資源の収奪を促し，強さの追求は兵器の高次化を加速させた。それは人類破滅へのシナリオにリアリティーをもたせた。国際政治の時代，科学技術の進歩と人類破滅への危機をそれぞれ両端として，その間に残された空間のなかで，人類は生存することを余儀なくされたのである。

　それにもかかわらず命の連鎖は続いた。そうして平和が国際政治学の最大の課題となったのである。二度の世界大戦，冷戦と核兵器，地域紛争，人種主義，格差をめぐる紛争は，平和を探求する点において国際政治学の重要な課題であり，繰り返し問い直されなければならないテーマとして過去から現在へと受け継がれてきた。

3　国際政治学の新しい課題

　21世紀における国際政治学は，新しい５つの課題に直面している。第１には国際政治における「力の空間」が錯綜する構造を生み出した点である。冷戦の終焉は，イデオロギーの問い直しを進め，市場経済が世界的な潮流となった。その過程で，中国を中心に新興国家が台頭し，アメリカの力を相対的に低下させた。

諸国家（アメリカ，新興国家，中小国家），国際連合，地域統合（EUなど）は，相互に対称を成しておらず，今日の国際政治は複数の「力の空間」が幾重にも折り重なる構造を生み出している。

　そのようななかで，欧米を中心とした民主主義，市場経済，法の支配，人権の尊重に関わる基本原理は，世界規模へと拡大しつつも，反発も引き起こした。中国ならびにロシアは，市場経済の法則に適合しつつも，その他の基本原理には抵抗を示し，またイスラム世界は宗教の視点から欧米の基本原理への問い直しを試みている。テロリストは欧米の世界観への反発を繰り返している。「力の空間」が錯綜し，その結果，国際政治のなかの不確実な要素が増大し始めているのである。

　第2には，テクノロジーの急速な発展が，新しい問題を噴出させている点である。情報通信技術の向上は，人々のコミュニケーションの展開にも影響を与え，サイバー空間の出現を促した。サイバー空間の拡大に伴い，国家間の対話と紛争の舞台は拡散しつつある。そこで繰り広げられる言葉は選挙の投票行動にも心理的な影響を与え，また，近代国家が築き上げてきた代議制民主主義（間接民主主義）の手続を侵食し，先進諸国において直接民主主義の兆候がポピュリズム運動として散見され始めた。サイバー空間は，国家の通貨主権への挑戦も開始し，仮想通貨が国際金融の仕組みに負荷を与え始めている。

　テクノロジーの発展は，一方で人々の生活を向上させ，他方で新しい問題を噴出させ，国家間関係に変化を促している。人工知能（AI）の開発，ロボット工学やドローンの開発は，一方で，医療，介護，福祉，災害救助の場面での活躍が期待され，他方で，軍事目的やテロ活動への転用が懸念されている。また核兵器やミサイルをめぐる開発が，中小国家の一部において進められており，軍備拡大への危機は高まっている。

　第3には，地球温暖化と環境破壊の危機，それらに連鎖した新型ウィルスの出現が，人類の生存を脅かしている点である。二酸化炭素（温室効果ガス）の排出が地球温暖化（Global Warming）を引き起こし，その結果，気候変動が進むとする調査結果は，1980年代から繰り返し学術の舞台で報告されていた。その取り組みのために，1997年，京都議定書（温室効果ガスの排出量削減の数値目標を定めた国際的取り決め）が採択され，また，2015年，196カ国が集まるなかで

パリ協定（世界の平均気温上昇を産業革命前と比較して2度未満に抑えることなどを内容とする）が成立した。環境保護と経済発展との両立をめぐる問題が，国際的な舞台で検討される過程は，各国の国益が衝突する過程であり，国際的な政治の課題となっている。

第4には，新しいグローバル・イシューの発生であり，人権や社会保障に関わる問題である。近代国家の成立過程で，人権は自由権として，社会保障は社会権として，国家の重要な課題と捉えられる傾向が進んだ。しかし第二次世界大戦の過程におけるナチス・ドイツによる人権侵害は，世界各国に人権に関わる問題を世界共通の課題として捉え直す傾向を促した。「ソ連・東欧圏」における人権関連問題，南アフリカ共和国における「アパルトヘイト」に関わる問題は，「人権の国際化」を国際社会の争点として浮上させたのである。同様に，社会保障をめぐるテーマも，戦後，国際労働機関（ILO）を中心に，世界共通の課題と自覚される気運が高まった。こうして国家の伝統的な課題とされてきた人権，あるいは社会保障など，人間一人一人に関わるテーマが，国際的な政治の課題となりつつある。

第5には，グローバルな人材の育成をめぐる問題である。今日，グローバリゼーションの進展のなかで人の移動が加速し，また移民労働力が世界各国で新しい就業環境の成立を促すなかで，グローバルなリーダーシップを発揮する人材の育成が求められている。他方，国際組織は，今日，無数に存在し，幾重にも折り重なりつつ併存している。国際的な問題を調整し得る人材の育成が，世界的な課題となっているのである。

冷戦の終焉と21世紀の新時代に，複数の課題が同時に引き起こされるなかで，国家はその役割を変容させつつ，多様な挑戦に対応している。国家間関係の変化は，国際政治に新しい展開をもたらしているのである。

参考文献

本書が参考にした文献，ならびに本書に関わる文献を，おおよそその分
野に対応するように分類して掲載した。

◆**全体に関わる文献，第Ⅰ部に関わる文献（国際政治：理論と歴史の総論）**

・有賀貞他編『講座国際政治』全5巻（山本吉宣編『(1)国際政治の理論』，有賀貞編『(2)
　外交政策』，木戸蓊編『(3)現代世界の分離と統合』，渡辺昭夫編『(4)日本の外交』，
　宇野重昭編『(5)現代世界の課題』）東京大学出版会，1989年。

・小川浩之『英連邦：王冠への忠誠と自由な連合』中央公論新社，2012年。

・鴨武彦『ヨーロッパ統合』日本放送出版協会，1992年。

・川田侃『国際関係の政治経済学』日本放送出版協会，1980年。

・土山實男『安全保障の国際政治学：焦りと傲り』有斐閣，2004年。

・日本国際政治学会編『日本の国際政治学』全4巻（田中明彦・中西寛・飯田敬輔編『(1)
　学としての国際政治』，大芝亮・古城佳子・石田淳編『(2)国境なき国際政治』，国分
　良成・酒井啓子・遠藤貢編『(3)地域から見た国際政治』，李鍾元・田中孝彦・細谷
　雄一編『(4)歴史の中の国際政治』）有斐閣，2009年。

・林健太郎編『ドイツ史〔増補改訂版〕』山川出版社，1991年。

・藤原帰一『デモクラシーの帝国：アメリカ・戦争・現代世界』岩波書店，2002年。

・細谷雄一編『イギリスとヨーロッパ：孤立と統合の二百年』勁草書房，2009年。

・益田実・小川浩之編著『欧米政治外交史：1871～2012』ミネルヴァ書房，2013年。

・歴史学研究会編『国民国家を問う』青木書店，1994年。

・渡邊啓貴編『ヨーロッパ国際関係史：繁栄と凋落，そして再生』有斐閣，2002年。

（訳　書）

・アンダーソン，ベネディクト／白石さや・白石隆訳『想像の共同体：ナショナリズム
　の起源と流行〔増補〕』NTT出版，1997年。

・ヴィンクラー，H. A.／後藤俊明・奥田隆男・中谷毅・野田昌吾訳『自由と統一への長
　い道：ドイツ近現代史』1（1789-1933年）・2（1933-1990年），昭和堂，2008年。

・ウェスタッド，O. A.／佐々木雄太監訳，小川浩之・益田実・三須拓也・三宅康之・山
　本健訳『グローバル冷戦史：第三世界への介入と現代世界の形成』名古屋大学出版
　会，2010年。

・ウォーラーステイン，I.／川北稔訳『近代世界システム：農業資本主義と「ヨーロッ
　パ世界経済」の成立』1・2，岩波書店，1981年。

・ゲルナー，アーネスト／加藤節監訳『民族とナショナリズム』岩波書店，2000年。

・スミス，アントニー・D.／巣山靖司・高城和義他訳『ネイションとエスニシティ：歴
　史社会学的考察』名古屋大学出版会，1999年。

・世界銀行編／新井敬夫訳『グローバリゼーションと経済開発：世界銀行による政策研
　究レポート』シュプリンガー・フェアラーク東京，2004年。

◆第Ⅱ部に関わる文献（国際政治史：個別研究領域）

・青野利彦『「危機の年」の冷戦と同盟：ベルリン，キューバ，デタント 1961-63年』
　　有斐閣，2012年。

・池田亮『植民地独立の起源：フランスのチュニジア・モロッコ政策』法政大学出版局，
　　2013年。

・石井修『国際政治史としての二〇世紀』有信堂高文社，2000年。

・伊藤剛『同盟の認識と現実：デタント期の日米中トライアングル』有信堂高文社，
　　2002年。

・上山春平・三宅正樹『第二次世界大戦』河出書房新社，1990年。

・大嶽秀夫『二つの戦後・ドイツと日本』日本放送出版協会，1992年。

・川嶋周一『独仏関係と戦後ヨーロッパ国際秩序：ドゴール外交とヨーロッパの構
　　築 1958-1969』創文社，2007年。

・齋藤嘉臣『冷戦変容とイギリス外交：デタントをめぐる欧州国際政治，1964～1975年』
　　ミネルヴァ書房，2006年。

・清水聡『東ドイツと「冷戦の起源」 1949～1955年』法律文化社，2015年。

・下斗米伸夫『図説：ソ連の歴史』河出書房新社，2011年。

・白井久也編著『国際スパイ・ゾルゲの世界戦争と革命』社会評論社，2003年。

・妹尾哲志『戦後西ドイツ外交の分水嶺：東方政策と分断克服の戦略，1963～1975年』
　　晃洋書房，2011年。

・高橋進「西欧のデタント：東方政策試論」犬童一男・山口定・馬場康雄・高橋進編『戦
　　後デモクラシーの変容』岩波書店，1991年，1～68頁。

・高橋進『歴史としてのドイツ統一：指導者たちはどう動いたか』岩波書店，1999年。

・永井清彦『現代史ベルリン〔増補〕』朝日新聞社，1990年。

・成瀬治・黒川康・伊東孝之『ドイツ現代史』山川出版社，1987年。

・橋口豊『戦後イギリス外交と英米間の「特別な関係」：国際秩序の変容と揺れる自画像，
　　1957～1974年』ミネルヴァ書房，2016年。

・細田晴子『戦後スペインと国際安全保障：米西関係に見るミドルパワー外交の可能性
　　と限界』千倉書房，2012年。

・益田実『戦後イギリス外交と対ヨーロッパ政策：「世界大国」の将来と地域統合の進展，
　　1945～1957年』ミネルヴァ書房，2008年。

・益田実・池田亮・青野利彦・齋藤嘉臣編著『冷戦史を問いなおす：「冷戦」と「非冷戦」
　　の境界』ミネルヴァ書房，2015年。

・松田道雄『ロシアの革命』河出書房新社，1990年。

・三須拓也『コンゴ動乱と国際連合の危機：米国と国連の協働介入史，1960～1963年』
　　ミネルヴァ書房，2017年。

・三宅康之『中国・改革開放の政治経済学』ミネルヴァ書房，2006年。

・山本健『同盟外交の力学：ヨーロッパ・デタントの国際政治史 1968-1973』勁草書房，
　　2010年。

・山本秀行『ナチズムの時代』山川出版社，1998年。

・横手慎二『スターリン：「非道の独裁者」の実像』中央公論新社，2014年。

・読売新聞20世紀取材班編『20世紀：革命』中央公論新社，2001年。

（訳　書）

・カー，E. H.／井上茂訳『危機の二十年　1919〜1939』岩波書店，1996年。

・ガディス，ジョン・L.／河合秀和・鈴木健人訳『冷戦：その歴史と問題点』彩流社，
　　2007年。

・グレースナー，G. J.／中村登志哉・中村ゆかり訳『ドイツ統一過程の研究』青木書店，
　　1993年。

・クロル，ハンス／三輪晴啓訳『大使の回想：独ソ和解を求めて』サイマル出版会，
　　1970年。

・ゴルバチョフ，ミハイル／工藤精一郎・鈴木康雄訳『ゴルバチョフ回想録』上・下，
　　新潮社，1996年。

・モーゲンソー／原彬久監訳『国際政治：権力と平和』上・中・下，岩波書店，2013年。

◆第Ⅲ部に関わる文献（冷戦後の国際政治）

・青木一能・大谷博愛・中邨章編『国家のゆくえ：21世紀世界の座標軸』芦書房，2001
　　年。

・青木一能編著『グローバリゼーションの危機管理論』芦書房，2006年。

・遠藤乾『欧州複合危機：苦悶するEU，揺れる世界』中央公論新社，2016年。

・坂井一成編『ヨーロッパ統合の国際関係論』芦書房，2003年。

・佐々木卓也編『戦後アメリカ外交史〔第3版〕』有斐閣，2017年。

・柴宜弘『ユーゴスラヴィア現代史』岩波書店，1996年。

・庄司克宏『欧州連合：統治の論理とゆくえ』岩波書店，2007年。

・高橋進『ヨーロッパ新潮流：21世紀をめざす中道左派政権』御茶の水書房，2000年。

・内藤正典『ヨーロッパとイスラーム：共生は可能か』岩波書店，2004年。

・走尾正敬『ドイツ再生とEU：シュレーダー政権のめざすもの』勁草書房，1999年。

・羽場久美子『拡大ヨーロッパの挑戦：アメリカに並ぶ多元的パワーとなるか』中央公
　　論新社，2004年。

・羽場久美子編著『EU（欧州連合）を知るための63章』明石書店，2013年。

・広渡清吾『統一ドイツの法変動：統一の一つの決算』有信堂高文社，1996年。

・水島治郎『ポピュリズムとは何か：民主主義の敵か，改革の希望か』中央公論新社，
　　2016年。

・吉田徹編『ヨーロッパ統合とフランス：偉大さを求めた1世紀』法律文化社，2012年。

（訳　書）

・デイヴィス，ノーマン／別宮貞徳訳『ヨーロッパ』共同通信社，2000年。

・ハンチントン，サミュエル／鈴木主税訳『文明の衝突』集英社，1998年。

・ルンデスタッド，ゲア／河田潤一訳『ヨーロッパの統合とアメリカの戦略：統合によ

る「帝国」への道』NTT 出版, 2005年。

【欧　文】

- Adomeit, Hannes, *Imperial Overstretch*, 1. Aufl (Baden-Baden: Nomos Verlagsgesellschaft, 1998).
- *DER SPIEGEL*
- *Die Frankfurter Allgemeine Zeitung für Deutschland* (*FAZ*)
- Europäische Kommission, *Beschäftigung in Europa 1999* (Luxemburg: Europäische Gemeinshaften, 1999).
- Fulbrook, Mary (ed.), *German history since 1800* (London; New York: Arnold, 1997).
- Fulbrook, Mary (ed.), *20th Century Germany* (London: Arnold, 2001).
- Djilas, Milovan, *Conversations with Stalin* (New York: Harcourt, Brace & World, 1962).
- Hailbronner, Kay, 'Ausländerrecht: Europäische Entwicklung und deutsches Rechts,' in : *Aus Politik und Zeitgeschichte*, (B21/22), 21. Mai 1999.
- Hailbronner, Kay, und Günter Renner, *Staatsangehörigkeitsrecht* (München: C. H. Beck, 2005).
- Herbert, Ulrich, *Geschichte der Ausländerpolitik in Deutschland* (München: C. H. Beck, 2001).
- Hofer, Walther (Hrsg.), *Der Nationalsozialismus : Dokumente 1933-1945* (Frankfurt am Main : Fischer, 1957).
- Hyde-Price, Adrian, *Germany and European order: enlarging NATO and the EU* (Manchester and New York: Manchester University Press, 2000).
- Kaplan, Morton A., *System and Process in International Politics* (New York: J. Wiley, 1957).
- Loth, Wilfried, *Stalins ungeliebtes Kind* (München: Deutscher Taschenbuch Verlag, 1996).
- Lundestad, Geir, *The United States and Western Europe* (Kyoto: The Doshisha, 1997).
- Reißig, Rolf, *Die gespaltene Vereinigungsgesellschaft* (Berlin: K. Dietz, 2000).
- Schröder, Gerhard und Ulrich Wickert, *Deutschland wird selbstbewußter* (Stuttgart: Hohenheim, 2000).

【映像資料】

- NHK・ABC『映像の世紀』全11集（放送：1995～1996年）。
- NHK『新・映像の世紀』全6集（放送：2015～2016年）。

人名索引

【執筆者紹介】

清水　聡（しみず　そう）

明治大学大学院政治経済学研究科政治学専攻博士後期課程修了。博士（政治学）。
明治大学政治経済学部専任助手，青山学院大学総合研究所客員研究員，法政大学社会学部兼任講師を経て，
現在：明治大学政治経済学部兼任講師，青山学院大学非常勤講師，玉川大学非常勤講師，東京家政大学非常勤講師。専門は，国際政治学，ドイツ冷戦史，EU 研究。

主な論文・訳書に，
『国家のゆくえ：21世紀世界の座標軸』（共著，芦書房，2001年）
『国際政治から考える東アジア共同体』（共著，ミネルヴァ書房，2012年）
『法社会学の基礎理論』（共訳，法律文化社，2012年）
『移民・マイノリティと変容する世界』（共著，法政大学出版局，2012年）
『EU（欧州連合）を知るための63章』（共著，明石書店，2013年）
『東ドイツと「冷戦の起源」 1949〜1955年』（法律文化社，2015年）
『冷戦史を問いなおす：「冷戦」と「非冷戦」の境界』（共著，ミネルヴァ書房，2015年）

Horitsu Bunka Sha

国際政治学
——主権国家体制とヨーロッパ政治外交

2017年12月1日　初版第1刷発行

著　者　清　水　　聡
発行者　田　靡　純　子
発行所　株式会社　法律文化社

〒 603-8053
京都市北区上賀茂岩ヶ垣内町 71
電話 075（791）7131　FAX 075（721）8400
http://www.hou-bun.com/

＊乱丁など不良本がありましたら，ご連絡ください。
　送料小社負担にてお取り替えいたします。

印刷：西濃印刷㈱／製本：㈱吉田三誠堂製本所
装幀：前田俊平

ISBN 978-4-589-03885-2
ⓒ 2017 Soh Shimizu Printed in Japan

中村 都編著

新版 国際関係論へのファーストステップ

A5判・248頁・2500円

貧困・紛争・資源収奪・環境破壊など地球社会が抱える問題を，24のテーマごとに簡潔に解説した入門書の最新版。3・11と原発事故など国内外の重要な情勢変化をふまえて全面改訂，コラムを11本増補。

三上貴教編

映画で学ぶ国際関係 II

A5判・220頁・2400円

映画を題材に国際関係論を学ぶユニークな入門書。国際関係の歴史・地域・争点における主要なテーマをカバーし，話題作を中心に50作品を厳選した。新しい試みとして好評を博した『映画で学ぶ国際関係』の第2弾。

高橋 進・石田 徹編

「再国民化」に揺らぐヨーロッパ
―新たなナショナリズムの隆盛と移民排斥のゆくえ―

A5判・240頁・3800円

ナショナリズムの隆盛をふまえ，国家や国民の再編・再定義が進む西欧各国における「再国民化」の諸相を分析。西欧デモクラシーの問題点と課題を提示し，現代デモクラシーとナショナリズムを考えるうえで新たな視座を提供する。

清水 聡著

東ドイツと「冷戦の起源」
1949〜1955年

A5判・262頁・4600円

ドイツ統一から25年。冷戦後の新史料と欧米の先端研究をふまえ，東西ドイツの成立と冷戦秩序の確立に関わる歴史的起源に迫る。「ドイツからの冷戦」論に立脚し，時間軸（ドイツ史）と空間軸のなかで欧米諸国の外交政策を検証。

山田文比古著

外 交 と は 何 か
―パワーか？／知恵か？―

四六判・138頁・1800円

外交官や外務省は普段どのような仕事をしているのだろう？　外交活動の実態から，外交の果たしている機能・役割・課題を解説した入門書。国際関係論や国際政治学の理論を応用し，筆者の外交官経験に基づいてわかりやすく展開。

坂本治也編

市 民 社 会 論
―理論と実証の最前線―

A5判・350頁・3200円

市民社会の実態と機能を体系的に学ぶ概説入門書。第一線の研究者たちが各章で①分析視角の重要性，②理論・学説の展開，③日本の現状，④今後の課題の4点をふまえて執筆。3部16章構成で理論と実証の最前線を解説。

————法律文化社————

表示価格は本体（税別）価格です